藤校精英养成记

——步步为"赢"的美国名校升学路

张恒瑞 著

上海科学技术出版社

内容提要

本书介绍了美国高中的申请准备，通过分享顶尖美国高中申请前后的信息，帮助家长和学生更深入地了解美国私立寄宿高中的申请。同时，本书对于学生进入美国高中后，如何合理规划四年的高中学习生活做了详细的阐述。既对有意申请美国高中的学生有很好的指导作用，对于选择在国内就读国际学校、国际班的学生也有非常好的借鉴作用。

图书在版编目(CIP)数据

藤校精英养成记：步步为"赢"的美国名校升学路 /
张恒瑞著. —上海：上海科学技术出版社，2018.1(2020.1重印)
ISBN 978-7-5478-3749-8

Ⅰ.①藤⋯ Ⅱ.①张⋯ Ⅲ.①高中－留学教育－概况
－美国 Ⅳ.①G639.712.8

中国版本图书馆 CIP 数据核字(2017)第 256653 号

责任编辑　李　艳　杨铮园　王韩欢

藤校精英养成记
——步步为"赢"的美国名校升学路
张恒瑞　著

上海世纪出版(集团)有限公司
上海科学技术出版社　出版、发行
(上海钦州南路71号　邮政编码200235　www.sstp.cn)
上海中华商务联合印刷有限公司印刷
开本 700×960　1/16　印张 17.25
字数 261 千字
2018年1月第1版　2020年1月第2次印刷
ISBN 978-7-5478-3749-8/G·803
定价：58.00元

本书如有缺页、错装或坏损等严重质量问题，请向工厂联系调换

前言

　　中国经济实力的增长和人民生活水平的提高推动了新一代高知、高智父母的出现与成长。国内一线城市的"幼升小""小升初"以及"学区房"是父母与一个家庭在解决了温饱问题后最为关注的问题。在最近30年中，经济水平的增长以及国内教育资源的日益紧张都不同程度地刺激着低龄出国热的不断升温。

　　在国内升学竞争已进入白热化的时候，许多父母对于如何把孩子培养成国际化、能力与素养并重的新时代人才有了更多的想法与思考。所以近年来越来越多的家长也会选择在高中就把孩子送到国外(比如美国)去接受教育。这样一来，一方面希望帮助孩子在学业上不断进步，另一方面不会使学生的天赋、兴趣与特长的培养让步于分数的提升。因为美国高中在寻找适合的学生的时候，会综合评估学生的学习能力、英语能力、文体特长，是否有思想且愿意分享，是否喜欢挑战新事物，是否具备较好的社交沟通能力。所以，孩子兴趣爱好的发现与引导、特长的培养，是家长为孩子必须明确的方面。当孩子入学后，学习与活动如何取得平衡发展、课外时间包括暑期时间拓展学习的安排、思维方式或者扩展方向都是值得重新梳理的重要领域。当然，在最重要的每个升学阶段，了解标准化(以下简称标化)考试并理性选择，理解学生的不同之处，并根据自身条件，在择园、择小和择中等几个关键期进行规划都是未来家长应该做的功课。

　　因为现在申请美国高中的难度越来越大，不只是"小常春藤"越来越难申请，美国前50名的高中要求也越来越高，日后竞争只可能更加激烈，所以建议家长提早准备。本书不仅全面地介绍了如何准备美国高中(以下简称美高)的申请，而且涵盖

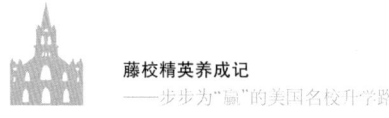

了如何以美高为标准培养孩子的方方面面,详细介绍了不同阶段的孩子该如何提早准备,从语言、思维、活动、课业成绩等方面做了详细的分享,让即使不送孩子去美高的家长,一样可以培养出具有国际视野的优秀孩子,希望对家长全面规划和提升孩子学业有所指导。

本书梳理和总结了多年来在教育咨询行业中积累的真正有价值的信息,从美国顶尖高中标准的方方面面入手,为希望了解最优质的基础教育——美国顶尖私立名校的家长进行引导,提供孩子基础教育阶段培养方案的全新思路。

除了完整介绍美国高中的各个方面,本书还通过分享美国顶尖高中的申请过程与信息,帮助家长和学生更深入地了解美国私立寄宿高中的申请。更重要的是,本书对于学生进入美国高中后,如何合理规划四年的高中学习生活做了详细的阐述。既对有意申请美高的家长有很好的指导作用,同时也对选择在国内就读国际学校、国际班的学生有非常好的借鉴作用。

此外,本书还整理了部分2016年成功申请到美国顶尖寄宿高中的学生和家长的心得,分享给广大读者,使大家更直接地体会美国顶尖私立高中之路的艰辛与喜悦。在最终章节中,我们还提供了从高中阶段如何准备即将到来的美国本科(以下简称美本)申请的指导,作为整个基础教育规划的完美终结,也希望广大学子和家长开始新的旅程。

本书涉及了各阶段择校客观分析、英语学习、兴趣爱好与特长培养、美国高中申请与就读,以及美国大学提前规划等内容,乃作者集20年行业经验之大成,希望从孩子的课堂学习、活动指导以及家长的教育理念等方面,为广大有志于对孩子的3~18岁基础教育阶段进行精确规划的家长提供培养方案。愿广大父母与天下学子能够在求学、治学、学以致用的道路上越走越开阔。博学之,审问之,慎思之,明辨之,笃行之!

目 录

第一章　基础教育阶段的择校面面观 / 1

第二章　提早计划英语能力培养 / 7
第一节　建立科学的英语学习系统 / 8
第二节　选择适合的学习方法和工具 / 11
第三节　教育专家谈英语能力培养规划 / 17

第三章　受用一生的英语备考思维 / 27
第一节　科学备考的方向与方法 / 28
第二节　培训名师解析英语备考 / 32

第四章　认识与选择夏令营活动 / 39
第一节　认识夏令营活动 / 40
第二节　评估夏令营活动的价值 / 41
第三节　量力而行选择合适的夏令营 / 43

第五章　兴趣爱好的培养及假期规划 / 45
第一节　读懂新形势下的美高招录审核 / 46

第二节　兴趣爱好培养与暑期生活安排 / 48

第六章　开启常春藤大学之门——去美国读高中 / 53

第一节　美国高中申请现状 / 54

第二节　美国高中留学优势 / 56

第七章　走近顶尖美国高中 / 59

第一节　美国高中概况 / 60

第二节　美国高中分类 / 62

第三节　美国私立高中特色 / 63

第四节　美国私立寄宿中学全解析 / 66

第五节　美国校园生活初体验 / 77

第八章　走上精英打造之路 / 83

第一节　申请前的深思熟虑 / 84

第二节　何时赴美比较合适 / 84

第三节　出国留学八大准备及三大症结 / 88

第九章　美国高中申请秘籍 / 93

第一节　高中申请所需的语言考试 / 94

第二节　美国高中申请秘籍全公开 / 103

第十章　赴美行前准备 / 119

第一节　行前要做的准备 / 120

第二节　留学专家谈行前准备 / 123

目录

第十一章　玩转美国顶尖私立名校 / 127
第一节　9 年级：旅程开始 / 128
第二节　10 年级：继续努力 / 134
第三节　11 年级：蓄势待发 / 139
第四节　12 年级：冲刺名校 / 146

第十二章　听家长谈培养和申请经验 / 149

第十三章　听孩子说读书和申请心得 / 169

第十四章　解读申请之路 / 181
第一节　美国高中申请总结 / 182
第二节　从美国顶尖高中到美国顶尖本科，你该怎么做 / 182
第三节　专家解读 / 183

附录 / 193
附录一　2017 年美国私立寄宿高中排名 / 194
附录二　部分美国高中简介 / 205
附录三　美国大学排名 / 256
附录四　留学行前准备及须知 / 261

第一章
基础教育阶段的择校面面观

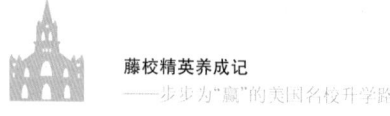

随着国内升学竞争升级，不少家长计划避开本科留学热潮，提早让孩子出国接受英语教育，成为一名能力与素养并重的国际化人才，选择了低龄留学。低龄留学的持续升温同时带动了中国国际学校的火爆，但国际学校是否可以代表高质量的国际化教育，却是一个值得深入思考的问题。

从高考独木桥拼出来的高知父母面对国际学校的态度是矛盾的。一方面，他们不惜重金，为孩子创造更为国际化的教育氛围，与世界接轨；另一方面，由于国际学校在中国的发展时间较短，很多家长并不了解国内国际学校的基本状况，无从下手选择适合自己孩子的国际学校。基本上大多数家长对公办和民办学校的区别有比较清晰的认知，但涉及国际学校、双语学校、国际班、国际课程等叫法类似、分类不明的称谓就一头雾水。

作为全球最重视教育的国家之一，中国的英语授课教育在近几年得到了迅速发展。据《2015中国国际学校发展报告》统计显示，中国国际学校数量全球第一，共计597所。但该报告中提及的国际学校并不是严格意义上的国际学校，不少学校仅是提供了英语授课，或部分国际课程的选修而已。目前中国的国际学校有三种承办形式：全外资国际学校（外籍子女学校）；民间资本联合境外教育机构合办的国际学校（双语学校）；公立学校的国际部。

全外资国际学校，20世纪90年代随着对外经济交流的日益频繁在中国兴起，最初为解决使馆、外商、外籍员工等子女就学问题所创办。国际学校不属于中国教学体制内编制，教学体系与体制内的学校体系完全不同。不同国家的全外资学校会依据其本国的教育体系独立设置，其教学成绩会得到该国或国际教育组织认证。因此，全外资国际学校也被称为外籍国际学校或外籍子女学校。

该类学校有很高的外籍教师资源比例，通常不招收中国学生，有的学校甚至对学生的父母国籍有要求。例如北京德威英国国际学校（Dulwich College Beijing）、上海美国学校（Shanghai American School）等。这一类的外籍国际学校一般是一贯制教育，可以从幼儿园直升到高中。这些学校原本入学门槛只限于身份问题，而没有严格意义上的招生考试。但随着最近几年许多国外华人家庭回国发展，还有大量为取得外籍身份而到境外生孩子的家庭，目前持外籍护照的学生日益增加，导致部分教学质量高的国际学校也设下严格的招生政策和入学考试。

第二类是民间资本联合境外教育机构合办的国际学校(双语学校),以中国学生为主要招生对象,提供海外课程教育。2013年至今该类学校数量增长速度很快,目前中国市场上所谓的国际学校大多属于此种类型。

这些提供国际课程教育的学校中,有些已经运营多年,具有良好的升学率和稳定的海外合作资源,但有些学校则仅仅提供某种类型的国际课程,其本身并没有招收国际学生的资格或者海外考试机构的认证。

从教学资源上看,由于受到中国九年制义务教育政策的约束和地方教育机构的监管,很多所谓的提供完整国外 K-12(幼儿园到12年级)教育的双语学校并没有在课程的国际化方面做出应有的努力,而是一味加强了英语方面的教育,将国际教育等同于英语教育。就双语学校目前的发展和实力而言,绝大多数在英语方面比不上真正的国际学校,在数理方面的教学又不能与国内体制内学校相比。另外,这类学校所涉及的教育阶段也以初中、高中居多。因为目前国内很多家长觉得小学阶段接受国内公立学校教育会比较好,在经济上也相对划算,因此很多家庭会等孩子打好基础后再转学到双语学校,所以家长在选择这类双语学校时要理性分析。

第三类是中国公立学校开办的面向有出国留学需求的中国籍学生的国际合作部。这类学校多是由公立学校高中部与海外学校共同建立,课程体系采用海外标准,例如 IB(国际文凭课程)、A-level(英国高中课程)等国际课程,生源多为本地的初中毕业生,在国际班可以获得国际课程体系认证的毕业证书,并申请海外高校。

该类学校在经济较发达的中小城市最为流行——一方面是由于本地经济的发展,市场需求较大,但国际生源有限;另一方面,公立学校在教育资源方面占有绝对优势,公立学校的国际班收费也相对其他国际学校更为低廉,更容易获得家长认可。

至此,很多家长可能会问,公立学校国际部是否也能被称作双语教育?是的,在某种程度上,公立学校的国际部属于双语教育。但大多数家长可能会片面理解只要是用英语教学便能称之为"双语教育",并且简单地将双语理解为"中文+英文"。其实最早的双语教学是伴随着双语现象出现的,目的是让学习者在学龄阶段就能掌握母语以外的另外一种本地或本国家通用的语言,熟练地在不同的人群之间进行交流和交往。这是一项维护民权的措施,1968年由美国国会发起组织。

国际通行的"双语"的一般意义是指在教育过程中,有计划、系统地使用两种语言作为教学媒介,使学生在整体学识、两种语言能力以及这两种语言所代表的文化学习及成长,均能达到顺利而自然的发展。其中需要关注的重点是第二种语言是教学的语言和手段而不是教学的内容或科目。因为对这个重点的误读,所以大多数民营国际学校只强调了英语方面的教育而没有深入探究国外的教育体系。

另一个广大家长感兴趣的问题就是不同的目标学校中都采用哪些国际课程设置。目前国内比较流行的国际课程有 IB、AP(美国大学预科课程)、A-level 和 IGCSE(英联邦课程)、加拿大系的国际课程、PGA/ACT(美国高考)和 VCE(澳大利亚课程)。

在这些常见的国际课程中,目前 IB 的势头越来越高。原本在数量上英系的 A-level 和 IGCSE 课程在中国开设最多,但因为 IB 的毕业生可以申请全世界的大学,而且课程严谨,高三结束后可以参加全世界的大学招考,有绝对的标准可衡量所有考生的水平,所以目前 IB 课程已经取代 A-level 和 IGCSE 成为市场的主流。第三位的是 AP 课程,该类课程多为公立学校国际部开设。因为 AP 是美国大学预科课程,学生可以根据自身兴趣和专长选择 AP 的学科,弹性较大,美国本土高中基本采用 AP 课程,每个学生不论有无上 AP 的课程都可以报考每年 5 月的 AP 考试。

诸多课程各有特点,而家长则会比较各国际课程的优缺点。其实,这几种课程是不能放在一起进行简单对比的。因为面向的国家不同,所属的教育理念和要求各不相同,家长应该根据孩子自身情况和日后规划选择相应的合适的国际课程。

我们根据各学校的特点,以关键指标编制了表 1-1,帮助家长在众多的国际学校、双语学校和公立学校国际部中选择适合孩子成长的学校。

表 1-1 各类型国际学校的关键指标

学校类型(高中部)	是否体制内	最常见的国际课程选择
外籍国际学校(外籍子女学校)	否	IB、AP
民营国际学校(双语学校)	是	A-level、IGCSE、IB
公立学校国际部	是	IB、AP

另外，有一些学生已经在国内就读国际学校，那么美国高中和国内的国际高中相比，又有什么不同呢？

国内的国际高中为了得到国际上的认可，所以基本上采用 IB 课程，因为它是被各个国家所认可的标准的教学体系和评分标准。但实际上美高很少有学校是采用 IB 课程的。IB 强调六大板块，每一个人都要学习这六大板块。因此如果你是偏科的学生，你就适合去读 AP 的课程。如果你的数学特别好就可以学 AP 的数学部分，或者文科特别好，就学 AP 的文科英语或历史的部分。如果不喜欢特定科目的，就读一般的常规课程。所以 AP 才是美国教育的主流，它尊重每一个学生不同的兴趣跟专长。

读美高跟国内的国际高中最大的一个差异就是，国内的国际高中不管是多么好的学校，都是中国孩子在读，没有美国学生。因此中国学生没法在生活和文化上进行交流。美高要求学生每天下午要参加体育活动，我们国内的国际学校就比较欠缺。国内的国际高中要培训托福、SAT，要考出成绩，其实它跟一般的体制内学校是一样的，只是它的内容不一样。另外，教师授课差异也很大。现在还有很多国际高中的理科也都是中国老师教，授课方式基本上还是沿用国内的方式，那么学生还是不能跟美国学生相比。因此，目前国内的国际高中还是有 80% 比较像中国的教育，20% 像美国的高中。因为教材是英语的，老师是外教，这 20% 是相像的，其余 80% 是不相像的。

在国际学校，中国学生彼此交流，还是中国人的想法和文化，完全不像在美国读高中，你会遭遇的各种困难是你在国内读国际学校不会遭遇到的，所以你并没有提早去适应美国的学习生活。虽然是为申请美国大学而做准备，但只是在你认为的国际化教育环境下，可能在英语学习方面提早一点，其实在生活和学习上面与在国内读公立高中没有什么差异。早期从重点高中毕业的学生学习能力很强，只是在社交上有问题。

国际学校的学生所具有的学习能力并不一定比国内重点高中学生的能力更强。因为学生上课的部分是用英语，所以给家长的一种概念就是可以早一点学习英语，在准备标化考试的时候就不会那么匆忙。如果去不了美高的话，国际学校也是第二选择。只是这个第一选择跟第二选择中间的差异性其实很大，有的孩子适合，有的孩子不适合。也就是说，不是每一个人都得去读美高，有的孩子的性格其

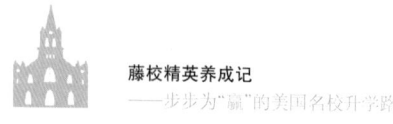

实是不适合的,有的孩子就是很会应试,但不易在美高的环境之下,找到自己的存在价值。那么不如在国内的教育制度之下,学生还更有自信,留在国内也不会差。或者孩子不大独立,确实需要多一点时间提升生活能力再出国,所以并不是所有家庭都要蜂拥去读美高。

目前,国内择校还是以家长为导向,以家长的想法帮孩子做一些计划,所以对于很多孩子来讲,并没有一个很清晰的想法一定要出国读书。对于需要以一个什么样的计划,需要通过去国外读书提升自己什么,没有一个非常清晰的认知,只是受到父母观点的灌输。有的学生会说,去美国参加一个夏令营,到各国旅游,就会觉得国外的环境很好,学习氛围也很好。其实他只是被表面的环境所吸引,当他真正到那里读书后,就会发现完全是截然不同的两个世界,随之产生一系列的不适应。

有的学生还是能够挺过来,但有的学生如果挺不过来,其实会受到比较大的伤害,或者会认为读美高就是失败的。所以在升学上并没有原本预期的那么好,家长要充分理解送孩子出国的目的到底是什么,你自己的孩子到底合不合适,家长的心态一定要调整好。

在选择就读什么学校的这个问题上,家长要根据自己孩子的具体情况,从实际出发,以孩子未来的发展为导向,即就读什么样的学校更有利于孩子未来的大学甚至是研究生的申请,孩子是不是适合,读起来会不会感到快乐都是家长需要考虑的问题。

第二章

提早计划英语能力培养

之前谈了那么多有关美高的方方面面，许多家长也许能意识到，不论是选择公办、民办，或者是双语、国际等各类学校，英语和数学成为首要关注的两大学科。因此不论是在体制内升学，还是选择在不同的年龄段送孩子到国外接受教育，为了更好地让孩子打下坚实的英语基础，将来适应国际化的就业环境，家长首先对孩子的英语能力尤为关注。在开始英语学习的过程中，不管是传统式的教学，还是创新型的引导，从幼儿阶段开始的第一步都是极为重要的。听、说、读、写四大基本面如何起步，单词量如何提升，口语与写作如何进行有效输出，口音如何矫正与调整，都是新形势下英语学习应该关注的重点。

第一节　建立科学的英语学习系统

相对世界其他发达国家来说，中国的英语教育起步比较晚，2000年以后英语教育才开始逐步普及，并且最初只在一些城市的学生从初中起才开始接触英语，学习ABC。这样就造成了很多人虽然到大学毕业也学了差不多十年的英语，但是依旧感到用英语交流起来很困难。这不仅让广大家长和教育工作者反思我们英语教育的症结所在，也促使越来越多的家长和教育工作者去探索英语学习的新方法与新途径。

青少年阶段是一个孩子学习成长的黄金时期，但这个阶段的孩子没有一个明确的学习方向，也不知道该如何学习。与成人学习不同，青少年教育有着其不同的特点，在这个过程中，家长发挥了很重要的作用，他们需要引导孩子找到正确的学习方向。青少年英语学习主要包含四个阶段。

一、第一个阶段：attitude（态度）

兴趣是最好的老师，是推动学习的最大动力。试想一个被迫学习的学生，即使家长全职在家监督敦促孩子学习，最终也无法取得良好的成效。真正热爱学习的孩子不需要监管也能起到事半功倍的效果。关于态度这点，成人与青少年学习有很大的不同。鉴于社会、生活的压力，成人会自发寻找学习的动力，自定目标来督促学习，具有一定的自主性。对青少年而言，他们思想发育并不成熟，他们中的很大一部分并不具备学习的自主性。这时就需要有人来引导他们学习。首先,要给孩子建立一个正确的价值观,给他们一个正确的方向。像我们在很小的时候,很多家长都会给孩子看一些名人传记。如果孩子从小就对物理有兴趣,可以给孩子看一些爱因斯坦、牛顿等物理学家的传记,这些名人的故事会对孩子产生一个潜移默化的影响。可以教导孩子以这些名人为榜样,向他们学习,日后也对物理学界做出自己的贡献。针对英语学习来说,在现代社会日益发展的今天,英语与其说是一门知识,不如说它成了知识传播的媒介。如今,越来越多的学生选择去国外留学,优秀的英语成绩在很大程度上决定了学生是否能上名校。作为家长,在孩子小的时候,就可以引导他,让孩子怀揣名校梦,并朝着名校的目标不断前进。

　　正确的目标会对学生的成长起到积极的作用。在不同的学习阶段,应有不同的目标。就像上台阶一样,让孩子一步一个脚印地登上去,在这个过程中,每登上一个台阶,孩子会自发地产生一种成就感,这种成就感会促使孩子不断向上,争取更高的目标。由此可见,目标的制定应该是科学的,而不是盲目的,最终的目标是要符合孩子的实际,虽然遥远,但通过努力最终是能达到的。但如果这个最终目标定得过于遥远,比如说在短时间内让一个托福考三四十分的孩子,考出100分的成绩,这无疑会给孩子增添很大的压力。孩子也会因为这个不切实际的目标而丧失学习的动力。另外,切忌将这个目标定为孩子的同学。我们经常会听到一些家长埋怨道:"你看你们班上的×××,学习成绩多好,再看看你。"每个孩子都是不一样的,他们之间没有可比性,若是将自己的孩子与其他同学做比较,无疑会打击孩子的积极性,造成孩子缺乏信心,从而导致其自卑的心理。

　　在确立了正确的目标后,仍需要保持这种兴趣的持续性。在学生的学习过程中,难免会碰到很多困难,一次考试的失败,同龄人的竞争都会使孩子的信心受挫。如何保持这种兴趣的持续性,即使面对困难,孩子也还能继续向着目标奋斗,解决的方法之一,就是提高学习的趣味性。在学习英语的过程中,有些学生感到背单词是枯燥的。如果只是让学生单纯地反复地背单词,不仅会使孩子感到厌倦,最终的效果也会不尽如人意。在这个时候,我们可以换一种方式,以游戏的形式来背单词。网上有很多背单词的小软件,将背单词的活动以游戏的方式呈现,这样背单词,无疑增加了学习的趣味性。在取得了一定的成效之后,这种成就感也必定会激励着学生,让他继续努力。

二、第二个阶段:access(接触)

在孩子还小的时候,家长就应该为孩子营造一个英语学习的氛围。在空闲时候,可以在家里播放一些英语歌、英语新闻。即使孩子并不会仔细地去聆听具体的内容,但随着时间的流逝,孩子会自然而然地形成一种习惯。在潜移默化之下,形成英语的语感。但在快乐学习的同时,家长应该有意识地引导孩子,指导孩子学习。很多时候,家长喜欢给孩子播放一些英语电影,但很多孩子只关注于其中娱乐性的内容,而忽略了其中的重点,比如很多孩子会习惯性地看中文字幕,但英语却是其中学习的重点。在形成习惯之后,孩子会对中文字幕产生依赖性,这样就会丢失一个很好的学习英语的机会。

自学是一部分,但更重要的是,家长应指导孩子更多地接触外在世界。现在,越来越多的家长会选择将孩子送往美高就学。美高的学习无疑给孩子创造了一个良好的英语学习环境。在这里,英语并不是一门附加、可选择的语言,而变成了生存所需的语言。在这种条件下,孩子应学会自主积极地学习,在学校中应积极寻求锻炼英语的机会,有选择性地参加一些英语活动,多跟外国学生交流,在交流中不断提升自己。

三、第三个阶段:absorb(吸收)

在一个良好的英语氛围中学习,孩子会被动地接触到很多知识,但只有主动吸收之后,这种知识才能真正成为自己的知识。上面提到,经常在家里播放一些英语歌或是新闻,若孩子没有仔细听,最后的收获并不会这么明显。怎样才能很好地吸收眼前的知识呢?首先,孩子需要有自主学习的意识,这又涉及态度这一点。在这个基础上,孩子应学会反复记忆。我们的大脑对新知识的遗忘是有一定规律的。一个新知识需要不断反复记忆,最后才能成为长期记忆。另外,在读书的过程中,要学会边读边思考。在思考的过程中,要学会做笔记,边写边记可以加深印象,也是一个记忆的过程。

四、第四个阶段：apply（应用）

在吸收之后，孩子应懂得应用所学到的知识。英语的应用可以包括听、说、读、写四个方面。从中国学生的现状看来，听、读是强项，而说、写两块稍弱一些。

听、读是被动吸收的过程，多数是家长和学校不断输出的结果。特别是学校，给孩子们营造了一个学习英语的良好环境。在英语作业中，我们经常可以看到听力和阅读作业，而真正的口语和写作的部分比较少，学校更注重学生听力和阅读的培养。然而，从某种程度来说，听、说、读、写两大部分又是相互联系，相互促进的。在听的时候，除了了解对方说话的大意之外，我们也可以学习对方的表达方式。这里的学习，同样需要反复记忆与背诵，对于好的表达方式，学生应不断记忆并演练，只有通过反复的演练，这种表达方式才能真正变成自己的东西。在掌握了这种学习方法之后，学生需要积极地寻找各种途径来锻炼自己的口语。相比于美高的学生，国内学生锻炼口语的途径相对较少，但一般学校都会提供英语角，英语俱乐部等平台给孩子们训练。但即使有了这些平台，有些孩子仍然不能很好地锻炼自己的口语，他们对英语表达并不自信，生怕自己说错了某些内容。家长应鼓励孩子不断尝试，增强孩子的自信心。

就读写这一块，从初中开始，很多学生就已经养成了看英语刊物的习惯。在看这些读物的过程中，他们的重点在于理解文中的主线，却少有人关注到文中的一些表达方式。写作是一个积累的过程，很多学生忽略了这一点，平时也少有写作的机会。学生应该学会从小做起，从单词词组开始慢慢积累，学会好的表达方式。平时也应该养成写作的习惯，学会记日记，对碰到的问题可以写一些评论性的文章。

综上所述，以上四个阶段环环相扣。第一阶段是根基，学生如没有了学习英语的兴趣，下面的三环即便是推进，也是寸步难行。第二阶段是土壤，有了根基和土壤，才有生长的可能。第三、四阶段是阳光雨露，有了这些辅助条件，这棵大树才会有更茂盛的枝叶。

第二节　选择适合的学习方法和工具

随着社会上需求的增加，许多英语培训机构如雨后春笋般崛地而起，每个所谓的名师都有一套自己的英语教学方法。真是让家长眼花缭乱,不知道该如何选择培训机构,也不知道该听哪一方的说辞。那么作为家长应该如何做到"从娃娃抓起"来培养自己孩子的英语能力呢?培训机构的英语老师结合自身的教学经验,为家长和学生总结了以下经验。

一、学龄前英语学习中早教机构的"功"与"过"

目前中国教育市场上针对3~12岁的儿童英语培训机构真可谓遍地开花。如何挑选机构?以什么标准来衡量机构水平?家长是如何规划孩子早期英语学习的?这些都是家长在规划孩子早期英语学习前就应该思考的问题。

对于孩子英语学习的规划应该摆在所有问题之首,只有明确了这个,那么挑选机构标准的问题也会迎刃而解。家长对孩子早期英语教育的重视程度,跟城市经济发展水平有相当大的关系。中国沿海发达城市,教育投资往往是一个家庭从孩子出生就开始规划的一部分,对于孩子的培养方向家长也会因为自己的经历和见识有自己独到的见解和看法。针对这些家长,培训机构需要的不是改变他们的观念,而是把较多精力放在如何赢得家长的信赖。而对于欠发达地区,家长由于自身的局限,在观念上就会对英语学习没有系统的规划,所以对于这些地区的培训机构来说,还需要花很大精力来说服家长改变他们的教育观念,同时也需要引导他们对孩子英语学习进行长期规划。

很多家长现在也慢慢意识到,英语学习已经逐渐成为中国孩子的"终身教育"。而培养孩子学习英语的目的,部分家长还是停留在为了孩子在今后的课堂学习中不落后,能得到好的成绩。另一部分家长,对孩子培养已经有了比较成熟的系统,他们希望孩子能学习到地道的英语,以便将来送孩子到英语系发达国家学习。这部分家长对孩子未来的规划是清晰的,学习英语的目的也是明确的。而中间有很大一部分家长,虽然没有对孩子有出国留学的规划,但是他们从世界经济环境的角度对英语学习的重要性已经有了足够清晰的认识,希望孩子能通过语言开启更加广阔的视野。无论家长的认识停留在什么样的水平,都需要为孩子制定一个学习的规划,否则孩子付出时间学习也有可能只是徒劳。对于孩子的规划虽很重要,但孩子的自身情况也需要列入考虑范围。所以对自己孩子情况最熟悉的家长以及培

训机构的老师,就需要肩负起为孩子,特别是在早期教育阶段的孩子,制定合理的学习计划。

近年来,国内英语培训机构已经进入充分竞争的局面。对于机构本身来说,想要大幅盈利并不像前几年市场刚打开时那么容易,有更多90后具有创新精神的年轻人加入,为教育培训市场带来很多新兴的技术;同时大机构也在不断完善自身的教学系统和教材开发,企图在细分市场的情况下攻占更多的市场,这样的竞争能带给家长和孩子更多的福利。通过充分竞争,那些浑水摸鱼的小机构慢慢会被淘汰,但同时也有一些小机构还是能突出重围,良好的学区优势、纯外教教学这些噱头还是会吸引很多家长。对于这样的小机构,家长也往往不明就里,只看到有外国人的面孔就感觉很厉害,但是对于外教资质的验证问题却毫不关心。同时在考察培训机构的过程中,家长会发现很多机构其实都会设置Demo(演示)课程,给家长和孩子提前接触和体验实际课程的经历,但Demo课往往"秀"的成分会多过于"教",孩子很容易被Demo愉悦的气氛吸引,这时家长可能就会因为孩子的兴奋而动摇了自己的选择标准,变成只要是孩子喜欢就好。当孩子真正加入了课堂以后,课堂上虽然也能寓教于乐,但是真正要问孩子学到什么,可能一学期下来,也就只记得那几个单词和句子,想要让他真正运用是不可能的。对于孩子来说,这只不过是重复训练以后的条件反射而已。这时,更需要家长坚定自己对机构质量的判断标准,一次体验课之后,也可以申请参观实际教学。对于早期英语教育来说,如果是中教老师授课的话,老师的口音是考量学校质量的一个关键点。同时对于培训机构的教材的选择和课程体系,家长也有必要做一定的了解。为孩子选择一家优质的培训机构的难度虽然不能跟买房相比,但是对于家长来说,也是一个费脑的过程,只要坚定自己对孩子的标准和未来的规划,相信家长能为孩子找到合适的培训机构。

对于很多高知家长来说,对于孩子教育的规划对他们而言显得尤为重要。他们中有很多人本身就具备很强的英语能力,而对于孩子的英语学习,他们自己也有一定的规划。他们首先还是会选择亲自教学,通过自己学习英语的经验来传授给自己的孩子。他们可以陪孩子一起阅读绘本,看英语卡通片,并且在家庭生活中也有能力跟孩子进行口语交流。但同时这部分家长往往没有足够的时间做家庭辅导,这时候,选择一家培训机构也是十分必要的。在经济条件允许的情况下,为孩

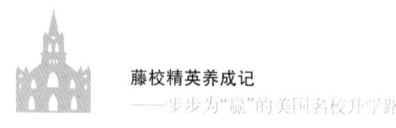

子提供和创造更多的英语氛围比起为孩子报很多培训班来说显得尤为重要,而针对培训班的选择,质量往往比数量重要得多。

由于孩子的年龄小,上课时间有限,家长要特别注意帮助孩子克服语言环境弱的问题。

(1)在家庭中制造英语环境。在不危害孩子视力的情况下多看一些英语片。但4岁以下的孩子不建议多看。5岁以上的每天看30~60分钟,建议分段看,在观看过程中要跟孩子有互动,讨论剧情。

(2)当孩子不想学的时候不要采用呵斥的方式,以鼓励引导为主,不可打击孩子的自信心。

(3)在房间里放英语歌,进行简易的英语对话,培养孩子的语感和听力。

(4)在有条件的情况下,家里买一台投影仪,把画面打在墙上,使里面的人物呈真人大小,这个方法对孩子的视力危害小,增加了孩子的参与感,有身临其境的感觉。

(5)定期出国旅游。

二、从小学开始建立科学的英语学习系统

英语,作为一门语言,它的掌握需要我们将它作为一门语言来学习,而不是单独地学习其听、说、读、写等技能,这样是学不好一门语言的。因此,在小学阶段,我们应该给孩子树立这样的思维:英语,是像中文一样的用于我们日常沟通的工具,而不是作为衡量学生成绩,或者学习能力的方式。只有这样,学生才能真正转变自己的观念并树立正确的英语学习思维。在确立正确的思维后,学生在学习过程中,有几个特别的地方需要关注。

首先,在阅读或者学习词汇的过程中,不要利用中文思维去理解英语的词义或者句义。尽管大部分的单词或者词句是能够通过翻译与中文对应,但是我们需要了解,这种对应只是词义上的,而不是每个单词都能在中文中找到完全一致的意义,而且这种中文转换的思维会大大妨碍你的英语学习。比如 infamous,你要是就记着是"声名狼藉"的意思,那么你每次遇到这个词就会先翻译成汉语,再去理解这个词,然后再把这个词放在句子里去解释,这太慢了,但是这个过程是大多数人的

过程。那么在学生还是小学阶段的时候,父母或者老师应该帮助学生避免或者改正这样不正确的思路与方式。编者认为可以具体采用两种方式:一是让学生对单词和句法能够快速掌握,能够对这个单词或者句子很快地反应,缩短这个单词或者句子的学习过程;二是尽量避免孩子去了解这个单词的汉语意思,而是让他真正地去理解这个词的解释,像学一个汉语词汇一样学英语词汇。比如前面的这个 infamous 单词,你可以不用单纯的"声名狼藉"来对应地代替这个词,而可以向学生解释这个词是名声很差的意思,这个概念在你大脑中只要存在,你就认识这个词,而这个概念在你脑中不是以某种语言的形态存在,而是以你的理解存在。

其次,对于句法,学生在小学阶段可以多阅读英语文章或者故事,并在遇到难的句子时认真分析一下,时间长了,自然就把理解能力提高了。比如,你遇到"What do you like?"时会去分析这个句子是特殊疑问句,然后再去理解吗?不会,因为你太熟练了,大脑根本不用去反应就知道这是什么意思。

下面介绍在小学阶段,学生可以采取哪些适合的学习方法,这些方法不仅能够帮助学生学习英语技能,更能帮助学生从小树立正确的英语学习思维。

如果学生没有英语学习的基础,在早期阶段,学生在学习英语的过程中,可以采取利用大量视觉辅助工具,直接建立"画面"与"声音"在大脑中的"联系",通过声音或者具体的画面信息帮助学生建立对单词或者词句的最直观的印象,而不是单纯将英语单词或者语句翻译成中文来帮助学生记忆;第一种方式能够帮助学生对某个单词或者语句在脑中形成自己的理解,这种理解会是长期而客观的,同时能够帮助学生在后面遇到这个相关单词时,运用自己的理解辐射出这个词的多种词义;第二种方式是在英语教学法中经常提到的一种英语学习方法,叫全身反应法。学生在小学阶段,父母或者课堂上的老师可以多采用这种方法。

全身反应法(total physical response,TPR)是美国加州圣何塞州立大学心理学教授詹姆斯·阿舍(James Asher)于20世纪60年代提出的。这种方法倡导把语言和行为联系在一起,通过身体动作教授外语。全身反应法主要是根据大脑两半球的不同功能,右脑主要负责形象思维,左脑主要负责逻辑思维,强调要在形象思维的基础上进行抽象思维的发展。因此它强调要在真正的情景里面来进行教学。根据学语言本身的规律,从小孩学语言的角度来看,首先是要学习听的能力,然后在

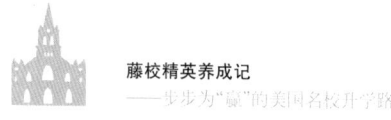

这个基础上,逐步发展成说的能力,再发展成读和写的能力。TPR 就强调首先培养学生听的能力,要大量听一段时间以后,听到一定的基础了,到学生愿意说了,就水到渠成地开始说了。这样学生说得不紧张,说得很自然,是在熟悉了的基础上再来输出(production)。

具体方式是让学生进入某个环境中,通过身体对环境做出相应的反应并自然地参与到教学过程中。但是在这个过程中,有几点特别需要注意的地方:在整个过程,尽量避免用中文解释,并尽可能为学生设定某个情境,让学生全身心进入这个情境里面。

三、中学生英语学习攻略

对于在国内教育体系下的学生来说,英语学习始终是困扰大多数人的一个难题。每天机械式地背单词,玩命式的题海战术,这是中国式英语学习的途径。但是并不可否认这样的战术也有其优点,那就是简单直接。但是这样的战术是得不到你想要的效果的。

在网络如此发达的今天,英语方面有关的材料可谓唾手可得,但是如何挑选适合自己的英语学习材料,并且进行深入的学习,这也是十分重要的。

在挑选英语素材方面,必须根据孩子自身的兴趣特点和能力。并不是只有陈列在书店里成套的英语培训资料才可以使用,根据材料的传播介质,比较推荐中学阶段的孩子采用以下几类资料。

1. **娱乐性音频视频**

包括欧美音乐、新闻播音、影视剧、音乐剧、话剧、纪录片等。这一类的材料下还可以再细分类别,这就需要学生自己根据自己的喜好方向,挑选自己感兴趣,并且能保持长期关注性的材料,花时间和精力对材料里面的细节进行研究。比如美剧中充满了各种地道的美式表达方式,随着观剧数量的增加,很多地道表达也能自然而然为自己使用,并且能使用得当。或是英语歌曲,通过自己喜爱的旋律,从歌词中也可以知道很多短语、习惯用法的使用语境。或者像纪录片,不但能了解自己所感兴趣的领域,同时也能拓展很多专业性的词汇及表达方式。这一类资料的一个共同特点,也是其他类资料都欠缺的就是听力的同步提高,以及地道英语口语的习得。而且这类资料对于中学阶段的孩子来说比较有趣味性,他们可以在学习之余进行。

2. 文学著作

包括各类小说、报刊等。对于这一类材料,很多中学生都没有坚持下去的动力,因为在短时间内,通过阅读小说和报刊,想要取得的效果并不会很明显,他们无法从中获得很大的成就感,也就很容易中途放弃。但是这一类的材料要是能坚持阅读,能够培养出较强的语感,以及地道的英语写作习惯,这是个循序渐进的过程,是最终会为自己带来很大收获的习惯,但是很多人在刚开始阅读的过程中,在碰到很多生词的时候,就已经轻易放弃了。对于现在的中学生来说,想要保持兴趣并坚持一段时间是比较困难的事情。然而正是因为容易被放弃,这类材料又恰好能培养英语学习者坚定的信念、面对困难不轻易屈服的坚毅品质。

而对于英语学习的侧重点问题来说,并没有一个固定的答案让每个学生都照做。英语"听、说、读、写"这四方面的能力是能在找到适合自己的英语学习资料的情况下互相影响的,并且针对每个人的接受能力,也应该自己根据自己的情况来找到强项和弱项,并有针对性地进行训练。

第三节　教育专家谈英语能力培养规划

陈姵廷 Lillian
学美常春藤培训学校创始人

问题一:学龄前儿童系统的英语学习方法及引导方式有哪些?

陈主任答: 我是这样认为的,你是怎么学中文的?你是怎么学母语的?如果要想把英语学得跟母语一样好,那就使用你学习母语的方法来学习英语。这是我一个最简单的想法。

大家学习语言的步骤其实都是一样的。比如我们在学习母语的时候,小孩子从一两岁刚开始讲话的时候,就是从"听"开始的。他是在生活中先训练"听"这个能力,然后才会说的。但现在很多学生学习英语都是从"背"和"读"开始,并不是从"听"和"说"开始,所以基本上已经变成以应试的方式在学习外语了。

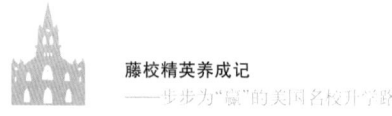

如果说你真的要想学好，家长对孩子有很高的期望，那么就需要孩子从小开始学习，但是这样就需要家长和孩子花非常多的时间和精力。如果孩子的父母英语水平比较高，父母可以通过简单的口语跟孩子进行沟通交流，这样的话就能为孩子在小的时候建立起一定的英语环境。

如果家庭条件不允许，父母就需要为孩子寻求一个简单的外教的环境，让他能够从"听"这方面训练起来。

可以回忆一下我们是从什么时候开始学拼音的，要么大班，要么就是一年级。其实英语也是一样的，在美国的幼儿园大班和小学一年级就已经开始学习自然拼读法（phonics）。如果我们真的要学习英语，除了前期的听力跟口语之外，就必须在大班或小学的时候就开始学自然拼读法。因为孩子只有学会了拼读的能力，他才可以进行阅读。

我们的中文学习也是一样的，孩子学了拼音之后，他就可以看拼音书了，然后他才开始具备自我成长学习的一个能力，因为他可以从阅读当中去学习。

当然孩子在学习中文的时候是纯母语的环境，所以他的词汇量是比较大的。但英语的词汇量，无论是采用什么样的培养方式，只要不是母语，就肯定会比较少。所以在初期阅读的时候，可能要父母在孩子小时候就读给孩子听，因为他可能还没有自己阅读的能力。通过父母给孩子阅读的过程，这样就已经跨过了开始的只有"听"跟"说"的阶段。因为"听"跟"说"是日常生活的过程，但是通过父母从绘本这样的故事书读给孩子听这个"读"的过程，孩子可以从简单的故事书建立起一些固定的模式，比如"这是什么""那是什么"。那么等孩子学会了自然拼读法之后，他们可以从阅读简单的绘本故事书开始，随着阅读绘本故事书页数的增加，然后去读一些英语书籍。所以一个重要的概念就是，你如何学习中文的就应该如何去学英语。

那么英语学习会不会对他的母语产生影响？对于这个问题，我觉得是完全不会的。比如上海有上海话，那么孩子学了上海话，难道就不会普通话了吗？他学了普通话他的上海话就不会了吗？其实是完全没有关系的两件事。唯一要注意的就是中文的拼音跟英语的自然拼读法不要在同一个阶段学习，可以前后学。你可以先学英语的自然拼读法，也可以先学中文的拼音。因为两者一起学的话，可能会让孩子感到困惑，导致学习较慢。但如果把这两个分开学，比如大班学一个，另外一

个就在小学一年级学,我觉得完全没有任何问题。当然这个过程中也需要父母有很强的毅力去支持和执行,否则的话是不太可能出现最佳效果。

常春藤名师答: 对此我深有体会,所以我比较赞同入学前6岁的孩子就可以进行英语学习。我举一个例子,当我在印度时,我有一个好朋友,他的孩子3岁。孩子2岁的时候开始学习英语,那个时候在院子里面,就跟当地的孩子们一起玩耍,然后他慢慢就能学习一些语言,但不是说得特别好,所以家人就觉得应该把他送到学校里面训练一下。结果读了大概3个月左右的时间,当我去他家拜访的时候,他竟然能跟我进行简单的交流,会问我"来干嘛呀""给我带礼物了没有呀"这样的问题,而且还会跟我开一些玩笑,基本上他能把想表达的意思通过肢体及简单的单词和句子把意思传达出来,而以前的话是不可能的。

这是一个伊朗的孩子,英语的学习会不会对他的母语有影响呢?我觉得不会,甚至我认为英语学习会对母语的发展更有帮助。因为孩子在学习语言的过程实际上是在建构一个完备的知识体系。通过我们对于事物的画面感的感受,然后传输到大脑。我们缺乏的是词汇,那么把词汇通过训练,当然不是学怎么写,而是老师每天会重复(repeat)这样的单词或者重复这样的一个动作(action),他就能记住,并且记得很清楚。其所反映出来的就可以用双语(bilingual)的形式表现出来。而且就他的家庭环境来说,他的母语是伊朗语系,或者其他的语系,所以父母对于母语的灌输和学习也会起到很大的作用。孩子在语言、思维完全没有建立的情况下,通过集中的语言训练,能更好地进行平衡。其实很多语言专家也在研究孩子的大脑,在这个低龄的阶段当中怎么会有如此大的能量。就是因为他的认知是在一个摸索的阶段,没有定型,大脑就把这些没有定型的东西变成一个已知的东西传输出去,才能以很好的效果呈现出来。

问题二: 对于父母来说,有哪些比较好的方法可以参与英语教学机构与孩子英语能力的培训?

陈主任答: 对于培训学校来说,比如口语的加强部分,有很多像拼音简写(DSN)这样的机构,就只有外教负责教,但是这样又不能满足我们下一个阶段的需

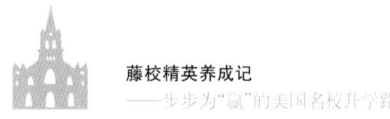

要,就是阅读的学术能力发展。那么孩子永远都停留在口语的交流阶段,这样是完全不会进步的,这不是我们认为的英语的真正实力。如果到那些针对新概念、中考、高考这样的英语培训机构,它所对应的等级就是国内公立学校的体系,这样的英语能力培训顶多就是提早一年学习而已。它是辅助体系内的学生,让他们在学校的成绩能够变好。它教授的课程的难度可能就是当你三年级的时候,它教你四年级的东西。但如果我们孩子是准备以后要出国的,我们知道所有要去读高中的学生,必须要达到托福100分(超过英语四六级水平),按照这种培训机构所培训出来的孩子,即使在学校里面成绩很好,其实他都完全达不到留学考试的难度和水平。所以以新概念这些教程来做英语培训都是不足以应付这样的一个留学考试的。

所以如果现在的目的就是要送他出国,那么其实从小学就要开始对孩子进行学术英语上的培养,也就是说孩子的目标是在四五年级的时候就能阅读英语原版书籍。不一定是要非常文学性的内容,但至少是有图片的小说、故事书,这样孩子才能达到考试时候不那么辛苦的水平。另外一方面是真正实力的提升。当孩子到国外去学习的时候,他只是会考试,但是没办法参与课堂讨论,或者写作水平停留在美国的二三年级小朋友的阶段,那孩子的英语水平仍处于较低层次。家长要是想要孩子的英语水平真的很好,那么就应该从小就对孩子进行能力的培养,而不是应试的培养。通过从小实力的培养,到出国的时候就可以水到渠成,应试的东西你都可以应付得了,更重要的是当孩子到美国以后跟当地的小孩、学生的差距就不会那么大。

问题三:中学阶段的学生在目前国内的教育体系下,如何在英语方面进行补充和提高?

陈主任答: 对于单词量、口音的问题,主要还是在中学阶段解决。如果说小学阶段就是以提升实力为主的学习的话,基本上老师肯定是外教。那么如果你在外教的教学环境中,虽然他教的是阅读,但是阅读文章里面包含了词汇量、听力、口语等方面的学习。因为你必须跟外教交流,所以在提升读写能力的阶段还提升了口语和听力。当你学习阅读和写作的时候,口语跟听力已经作为跟老师交流的一个

基础的工具和能力而得到同步提高。

常春藤名师答：在目前我们国内的教育体系当中,对我们的单词量、口语、口音,侧重度不高。上海地区可能稍微好一点,但也就是比其他的同等地区好一点而已,大部分同学还存在语音、语调不准确,词汇量比较匮乏的情况。我们自己的培训机构就会接触到很多初中学生,他们有意愿到美国读高中,所以他们的能力可以直观地反映出这一阶段学校的教学,而且恰恰还是比较好的一些学校的学生,他们在英语实际应用的能力上来讲是很差的。针对这个问题,我觉得单词量是要注重的,口音和语音语调上也是很重要的,它是一个人英语的门面。如果我们讲话的时候,英语是比较好听悦耳的,那在对方听起来,也可以评估认为你的英语学识可能到了一定的程度。举个简单的例子,学生要出国进行面试和考试的时候,面试中如果你的语音语调很好,措辞优美,那考官会对你的英语水平到什么样的阶段有一个清晰的认识。这一点是很重要的。

问题四：中国学生最难突破的英语口语方面的问题,比如口音的问题,如何解决和突破？

陈主任答：这就是为什么从小要学习,为什么还要跟外教学习的原因。因为只有这样,你自然而然发出的口音基本上才能跟美国人一样,至少是跟ABC(American-Born Chinese,出生在美国的华人)一样。但是如果当你到了中学,比如说初中,你还是有很重的口音、发音不准的问题的话,其实已经很难完全改变了。从12岁才开始学习英语的孩子是不可能跟6岁就开始学英语的孩子有一样水平的。

为什么面试非常重要,因为它是口语能力的展现,不仅是在口音的部分,也在于你回答的内容,这就是你在面试时候的质量的体现。

如你参加了很多很多的活动,你的学业成绩也很好,但你的英语说得就是不够漂亮,这个不够漂亮并不是你讲错话、用错单词,只是你的口音没那么地道,那么我觉得大部分的学校都是可以接受的。口音的存在并不会影响沟通,但是如果你讲话用错词,那你所表达的意思就不对,这个就需要通过培训改善的,但是口音是没

有那么容易改变的。

美式表达方式，在课本中是学不到的，需要通过你在日常生活中去学习。我建议可以在小学阶段暑假的时候，带小孩到英语系的国家参加夏令营（summer camp）。这样就算单纯是玩的也没关系，但是不要跟团去，一团中国孩子过去以后都在讲中文。最好去找那种里面一个讲中文的人都没有的环境，把孩子放进那种环境，通过这种活动的方式，很多英语他自然而然就学会了。这就是唯一可以密集学习的、可以创造出完完全全的英语环境的机会。但同时我们肯定要舍弃一些别的机会，比如小学生很多时候暑假是在学奥数，有的在补课，但是为了要学习英语你就得放弃这些。所以也需要孩子有较好的能力，同时父母能帮助孩子在学校体系内的学习取得一个平衡点，这其实并不是那么容易。当然能够真正做到这些以后，到初中就可以发现孩子能力比较强，英语很好，不需要应试方式就可以考出很好的分数。这样的孩子不是天生的，都是通过这样的环境和资源栽培出来的。所以不可能期望孩子自己就可以达到，这都是父母从小对他的一种规划。

如果是英语学习上遇到问题，父母如何帮助孩子呢？很简单，找老师，寻求专业的帮助。孩子的英语不好，那当然就需要找英语老师来帮助他。家长是要解决问题的，但不是需要自己解决。也不一定需要家长亲自来教孩子，去帮他解决学习上的问题。但家长必须要有能力去支持他、鼓励他，这是需要的，这是属于心理方面的帮助。

技术层次方面，肯定是需要专业的老师和专业的培训机构。如果背单词背不好，那就需要找培训学校，我们有辅导老师，单词背不好就陪你背，一个小时背不出来就三个小时，三个小时背不出来就五个小时，五个小时背不出来就两天。大部分英语学习上碰到的问题，都是以前学习的时候学习方式不对才会造成的。所以必须回头把他的学习方式、学习内容、教材，或者其他各种东西，都重新梳理一遍。由不同的机构和不同的老师来对孩子进行辅导，就是最正确的、最好的方式。其他就是用鼓励的形式，因为学生毕竟还是孩子，如果让他失去了学习的兴趣，再怎么提供好的资源，他都是不愿意的。因为他自己不喜欢，是你强加给他的。这也是我以前一直在强调的少儿英语的学习，不管你学什么，学到最后一定要有成就感，才有办法支撑你一直学习下去。如果你学得很困难，没有成就感，很容易就放弃了。

就好像弹钢琴一样,弹到后面你已经没有成就感了,你已经不想学了。学任何一个学科也是这样,一定要有成就感。你怎么样要有成就感?如果你一直都学很简单的东西,去外面跟别人比较的时候就一点成就感都没有了,所以说也不能光学那种简单的皮毛的东西,还是要有一个很扎实的体系和学习的方式。

孩子在一开始学习的时候是需要兴趣的,但后面要能够维持这个兴趣,不能靠单纯地喜欢。其实喜欢不喜欢就是你在这个领域表现得好不好,我自己觉得非常有成就感,别人觉得我很好,这样子才能维持下去。你没有成就感就不能维持兴趣,兴趣就荡然无存了,所以有小孩说我虽然这个科目永远考不及格,但是我对它还有兴趣,这个是不可能的事情。

所以希望父母知道,业余学习有问题,绝对是可以解决的。在初中阶段,我觉得都还是可以解决的。因为你毕竟是能够补得回来的,而且可以拉回来很多,但要是再到后面阶段的话就可能没办法了。

常春藤名师答:有极少数的孩子本身是具有一定语言天赋的,可能先天受到很多方面的影响,没有被开发出来,但真的有一天被开启那道门的时候,这个能力就能被开启,但这种例子是很少的。

所以在中国,我们那个时代的家长就不会注重去培养孩子各方面的兴趣和发掘他的潜在能力。现在家长好很多,比如我的弟弟、姐姐他们都有孩子,他们都会考虑很多很前沿的问题,比如"我的孩子要怎么样"。我是做老师的,他们也会问我有些什么建议,我建议他们注重培养孩子的实际能力。首先培养他的兴趣,跟陈主任讲的一样,因为我就是这么走过来的。很多东西我不感兴趣就学不出来,我发现很多感兴趣的东西,但是父母没有发现,没有发掘我,就会发现后天就没有很好地延展下去,这是很可惜的一件事情。比如我会跟姑姑说孩子嗓子很洪亮,可以去找声乐老师看看适不适合唱歌。有的老师会说你的嗓子不行,但是声线还行,适合唱歌,我觉得那都是小的时候该培养的事情。

有时候很多东西都是你发掘他潜在能力,你帮助他看适不适合,然后让他去发展,说不定就成了。很多人都是这样。像陈主任所讲的,从小就培养他,兴趣各方面都很好。我发现如果孩子在一个方面的成长很棒的话,会辐射到他的其他方面。

你会发现孩子一个方面好,比如很懂礼貌,很有家教,其他方面也很出色,文艺很好,体育突出,学习成绩拔尖,但这些东西并不是说天生就很好的,都是家长培养的结果,他会发现孩子在每个不同的版块有兴趣爱好,才会去栽培他。体育好,虽然不是所有球类运动都好,但可以游泳,这方面都积累起来以后,成绩再好的话,这样的孩子申请好的大学就事半功倍了。

学英语前期的时候,启蒙老师是非常重要的。这个老师他自身的资质(qualification),包括他的能力和对孩子的鼓励,以及教学方法,都是非常重要的。

其实我学英语已经算很晚了,我是从小学开始学,那个时候学得很不系统。我初一的时候成绩不算很好,初二的时候也不是出类拔萃的。因为很多初一的同学把初三的课程都读完了,而我属于那种不补课的孩子,然后我就跟不上进度,我怎么学也学不上去,因为他们的成绩都太好了,老师讲的什么东西都会。到初二的时候我就发现老师讲什么我都不会,再加上懒惰,单词也不怎么背,成绩就急速下滑。在初三的时候,有一次活动,要参加市里的英语演讲比赛,恰好我们的班主任是考官。我用一个月时间磨炼,练英语的朗读,挑选的文章也是我特别喜欢的。因为看了《泰坦尼克号》,非常喜欢那部电影。虽然也没有什么爱情的认知,但就觉得很好,就去模仿。还有《疯狂英语》,就照着读,我下了很多功夫。这次比赛我获得了市里第一名,当时完全没有心理准备,没有想过自己会获得第一名,这个鼓励很大,一下子就让我在班级里面扬眉吐气了,慢慢成绩就上升了。

问题五:如何对待孩子国外读书的适应期?

陈主任答: 选择合适的学校。孩子既然没有能力去读顶尖的学校,为什么要让他那么辛苦去读呢?这样是没有必要的。

现在也不存在这个问题了,因为现在没有实力也不可能进到好的学校。以前是有这样的问题,因为没有太多人竞争,只要有人申请,学校就可能录取学生了,为保障入学名额。但是这种情况不复存在了,现在是白热化的竞争。所以说现在其实也就不存在这个问题,因为只要能被录取的学生,就能够读下去。排名前50的学校,只要你能被录取,就已经打败了几百个人了,你不太可能会失败。

我们现在去美高读前50名学校的学生其实都是条件很好的,很多都超过了录

取标准(over-qualified)。有的学校5年前只要托福80分,但现在要到100分才录取,那么以前80分去读的人难道成绩就不好了吗?大学都申请得很差吗?其实不然,他们也一样申请得很好。但是现在美高寄宿学校申请人数剧增,水涨船高,导致它的录取标准提升了。

在录取标准提升那么多的情况下,这些中国学生去读书,英语跟得上,数学、理科超过美国学生,而且现在美高挑选的学生性格好,又能参加活动,这样的学生去美高后,他的生活适应能力比以前的学生要好太多了。这些学生能够去得了美高寄宿学校,那他其实就已经是合适的。我们现在可以不用担心这样的问题。

但是我们现在要担心的就是那些成绩差但也想出国的学生。一般来说,这些学生应该选择一个课业压力相对没有那么大的学校,并且学校提供相应的ESL课程。因为他其实本来就是要去学英语的,他不是学好了英语想去证明自己而展示给别人看的。他需要一个学英语的过程,那么你既然需要一个学英语的过程,你一定得选择一个学校,比如是有ESL课程的,这是特别设计教国际学生英语的。家长不要只看排名,就想把孩子送到那种没有ESL的学校(说实在的现在也送不进去了),也不要觉得小孩去了ESL的学校就说他的申请是失败的,其实他就是需要去学英语。孩子需要在这样的环境之下,还能够开展他的生活、交友圈,还要有自己的自信心跟能力,才能够在那种青春期的环境之下健康地成长。

这样的孩子即使去到80名、100名的高中,也不代表他将来大学就会差。因为如果他在学校成绩好,经常参加活动,老师喜欢他,那么申请大学也可以申请得非常好。可能他进不了常春藤联盟大学(以下简称藤校),但他还是有可能进到前50名的大学。他的高中在50名后,但是他的大学可以进前50名,可能到研究生的时候他就可以进到常春藤的学校了。他只是比别人晚一点到达同一个目标而已,但不代表就没有希望了。当然父母要让孩子一步到位,你必须从小就培养他。如果没有从小开始培养,你就要让他一步到位,难度是很大的。

所以讲到成就感,在帮小孩挑学校的时候,如果父母挑一个孩子去了之后成绩只能拿到C的学校,那其实是害了小孩,让他没有任何成就感。他如果课业上没有很强的能力的话,其实会严重影响他的社交。因为他根本抬不起头来,他也根本没

藤校精英养成记
——步步为"赢"的美国名校升学路

有心情去交朋友,别人也会看不起他。因为他成绩也不够好,再加上自己也不积极主动去开发他的社交圈,情况会变得更糟。所以父母一定要找一个合适的学校,把孩子定位好。不要只想着进去而已,而是要想到进去以后会是怎样的一种情形。

第三章

受用一生的英语备考思维

第一节　科学备考的方向与方法

一、英语学习之殇

虽然现在英语学习的人群在日益激增,以及越来越多的家长让孩子在幼儿阶段就开始接触英语,但是要说正式开始学习英语还是从升入初中开始。相比于初中阶段的偏重基础性的学习,高中阶段的学习在英语的听、说、读、写各个方面都做了极大的扩充和加深。进入大学之后,许多国内非英语专业的学生也失去了学习英语的动力,继续学习英语也只是为了准备四六级考试。所以,我们接受系统英语学习的时间也就是从初中到高中这六年。正常情况下,高中毕业的学生英语应该要达到一个中级水平,而现实是学生的英语能力水平整体低下,原因其实是很明显的。

首先,在国内有不少人认为,只要在考试中取得好成绩好像就能证明我们的英语水平很高一样,而老师和家长似乎也是这么认为的。所以,我们为了考试能考好,只能跟随老师的指导,一味地提高自己的应试技巧而忽略了本来的英语能力培养。因为考试考得好不好关系着我们能不能考上一所好的高中,能不能考上一所好的大学,好像这就是我们学习的目的。国内学生学习英语就存在各种各样的问题,英语成绩好的学生比例不高,差生比例也不高,中等学生却占了绝大多数,成绩好的学生却很难再有进一步的提升,成绩差的学生好像已经完全放弃了对英语的学习。还有一些问题,比如听力弱,英语写作完全套用汉语思维、汉语语法,乱写一通;而读方面还是比较好,我们确实教会了学生如何去读,却忘了教他们如何开口去说。因为我们没有一个健全的用英语交流的氛围,可能在上海、北京这些大城市这些问题正在慢慢改善,但是在国内大部分地区的学生都会存在这样的问题,而且是存在多年的难题。当前,我们的侧重点大部分还是放在学生的应试能力上面,其他好像并不太重要。

其次,学生在学习英语时对老师的依赖性太大,学习的自觉性太低。在学校,学生过度依赖老师的指导,因为英语对我们来说是一门新的语言、一个新的学科,好像必须要有专业的老师指导我们才能安安稳稳地学下去,离开老师学生可能就会陷入迷茫,失去头绪,不知道该如何学习。在我看来,最初阶段的引导是必要的,但是学生也应该逐步培养自己学习的自觉性,降低对老师的依赖。要提高学生学习的自觉性就要从一开始树立积极的学习态度,保持正确的学习观念,让自己意识到学习英语并非仅仅是为了考试,学好英语可能会是一项让自己受益终身的技能,注重英语各个方面的学习,提高自身的英语综合素质。相信在正确观念的引导下,学生的学习动机就会增强,这样学习的自觉性才能提高。此外,自觉性提高了,我们在学习英语的时候也要注重学习方法和学习效率,英语作为一门语言,有语言特有的规律性,所以如果在学习的时候能够找到这些规律,学习起来也是相当有趣的,比如英语动词过去式的变化,或是形容词比较级、最高级的变化,都是有特定的规则可依据的,我们需要记的只是少数的不规则。

二、应试与能力双重提高的重要性

当前,中考算是对学生英语综合能力的初步考查,但侧重点仍是英语的基础能力,想要取得优异成绩关键还是要把英语基础打牢固,在此基础上加强学习,就能取得显而易见的进步。现在英语学习越来越趋于低龄化,普通学生在小学就开始接触英语,这个阶段只是培养他们对英语的兴趣,他们所学习的英语语法也好,接触的单词和句型也好也只是停留在表层,因为小学生的认知能力有限。所以就存在一个现象,成绩好的学生不一定英语基础就牢固。而初中的英语学习是在他们对英语有一个初步接触的基础上进行的系统梳理,这个阶段才是真正打基础的阶段,所以可以从以下几方面来提升。

第一,尽早重新加强对基础知识的学习,比如英语音标的学习。这是基础中的基础,就相当于汉语的拼音,但是大部分中学生并不能完完整整地把英语的所有音标都发准确,因为我们的教学模式就是跟着老师来读单词,但是却不理解一个单词为什么这样读,这就造成学生对背单词的排斥,有些单词读都读不下来还怎么去背去用呢?单词是基础,单词不认识那就只能进入恶性循环。所以音标学习是我们比较容易忽视的一点,但也是初中升高中的学生应该具备的最基本的英语能力之一,然而现实好像并不是如此。学校往往只注重学生成绩,忽略对学生基础能力的加强，比如在初一初二，学生就已经开始接触音标，但是老师的重点往往在语法和句法上面，对于音标的学习也是一带而过并不会真正花时间系统地教学生学习。这就造成学生虽然有的语法是理解的，但放眼望去都是不认识的单词，一篇课文只能大致明白一半的意思。所以学生应提早加强英语基础的学习，及时学习及时改进，到初三的时候起码要具备一个自主学习英语单词的能力，这样才能把重点放在进一步的提升上面而不是还在进行基础学习。

第二，对初中的英语语法进行系统的梳理，并尽可能完全理解语法结构的含义，能够将学习的知识运用到实际中，以此提升解决英语实际问题的能力，要达到这样的效果当然离不开一定强度的练习。初中阶段，学生接触到的语法还是很多的，但是也比较琐碎。对学生来讲，在这阶段如果没有系统梳理，学习英语犹如在一张迷网中挣扎着前行，找不到头绪，拿捏不准，看到一道题不知道考查的语法点到底有哪几个，所以容易混淆，老是犯同样的错误。所以，初三的时候要摆平心态，要能够接受自己所犯错误带来的打击，不厌其烦地复习然后做练习，通过练习找出自己的缺点进而改进，当你突破这层谜网的时候你已经取得了很大的进步，成绩自然而然就上去了。

第三，牢固的英语基础和优异的成绩都离不开自身持续不断的努力和付出。英语学习最重要的还是自身知识储备的不断输入，归根到底英语是一门语言，长期的输入都算是一个量的积累，不管对升学还是出国留学都是有益的。所以除了学校的学习，学生在课外应该培养自己主动学习英语的意识，学习的目的并不是为了升学考试，而是出于自身对英语的兴趣，可以在课外放松的时候听听英语广播，读读英语报纸，看自己感兴趣的版块，了解一下西方国家的文化和习俗。泛读和泛听会帮助你锻炼英语思维，而且一个好的习惯会使你受益一生。

三、实现能力与应考双重提升的方法

国内现在中小学生学习英语存在着诸多问题，英语水平参差不齐，但这些问题并不是新出现的而是存在已久，有一些问题是根深蒂固的，我们要做的也就是努力提升学生的英语综合素质，积极改善中学生学习英语的状况，同时良好应对考试的要求。

第三章

目前国内的教育体系下,中学阶段的学生学习英语还是以考试为主,同时整个教育体系下缺乏一个科学的英语学习评价标准,单纯地根据考试分数来衡量学生的英语能力,这其实很不科学。英语,作为一门语言,语言能力的反馈应该是根据学生与外界的沟通情况来看。因此,在当前的学习环境下,学生特别是以出国为目标的中学生,很有必要在课外根据将英语作为母语的高要求来规范自己的英语学习。目前的教育体系下,英语教学侧重点主要在"读""写"方面,对于英语学习中更基础更重要的"听"与"说"却有很大的缺失。因此在中学生阶段,学生可以利用课外时间对听力和口语进行系统的补充和提高。

在听力方面,学生可以采取多种学习方式。首先,中学阶段的学生可以采取跟读的方式来提高自己的听力。学生根据原声一句一句跟读或者学生根据原声跟读整段或者整篇文章。这种方式可以帮助学生锻炼听力的同时锻炼自己的语音语调。后一种方式还可以帮助学生把握好整篇文章。其次,中学阶段的学生还可以采取大声朗读的方式来训练自己的听力,学生通过声情并茂的朗读来掌握文章的语音语调,这个不仅可以帮助提高学生的听力,同时也为学生的口语打下基础,是一种很好的学习方式。再次,学生还可以通过听写的方式来提高听力,学生将自己听到的原语音材料听写出来,刚开始可以是个别单词的听写,后面可以是整个英语句子的默写,再后面可以提高到整篇文章。听完整篇文章后,通过自己听到的信息写出文章的主要内容。这个练习方式可以阶段式持续性地坚持,会对学生的听力能力有明显的提升。

另外,中学阶段的学生在课外时间可以多看看英美原声的电影或者原版文章,扩大自己的视野以及知识储备。因为英语中有些听力是涉及英美的政治、历史以及文学相关知识的,如果学生能够在接触这些听力材料前对这些背景知识有一定程度的了解,会很大程度上帮助学生理解自己的听力。因此,阅读也是一种提高听力的方式。

对于口语方面的补充与提高主要需要学生在课外多说多练;如果学生能够接触到外籍老师,可以与外籍老师经常沟通、交谈。如果学生身边的环境无法做到这一点,利用英语与自己交谈是一个很好的学习方式。养成良好的学习习惯,每天将自己见到的情景小声地给自己描述出来;或者自己给自己模拟情景,采取自己与自

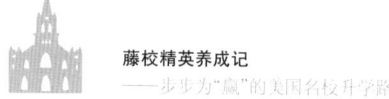

己对话的方式也是一种切实可行的方法；自己与自己对话或者情景模拟，可以在家里、在路上，甚至在车上都能进行，坚持一段时间后，自己的口语会有一个比较大的提高，而且自己也会慢慢适应这种语言的沟通方式，时间长了后，慢慢可以与外国人进行简单的口语交流，甚至会主动与外国人交谈。另外，大部分学生还可以尝试在家模拟电影配音的方法来提高自己的口语，可以在英语电影中选择一位自己喜欢的角色，通过模仿他的发音、语音语调来提高自己的口语能力。

在英语学习过程中，单词量肯定是学生学好英语的基础。单词量的补充跟提高，可以通过扩大自己的阅读量来相应地完成。在阅读的过程中，碰见自己不认识或者记忆比较模糊的单词，通过查阅英语字典的方式全面了解这个单词的含义，加深自己对这个单词的记忆。这种方式不仅能够帮助学生提高单词量，同时对学生扩大自己的知识面以及提高阅读理解的能力都有很大的帮助。口音对于中学阶段的学生来说也是重要的。如果学生能够在早期就把握好英语正确的语音语调，换句话说，在早期就训练好学生的纯正的英语发音将会对学生的口语以及听力方面都大有裨益。近几年来，出国留学的人数以及名校录取难度都大幅度提高，如果学生能够在早期就训练好自己的口音，将会让他在面试过程中大大加分。

第二节　培训名师解析英语备考

问题一：对于年龄较小的孩子，最初接触语言考试的时候采用什么方法能让孩子学进去？

目前低龄孩子参加的考试有小托福、少儿剑桥等各种选拔赛，那么在教学的时候要抓住核心点。

（1）从兴趣入手，以考试为主线，但是不可过分强调考试，否则孩子会逆反。

（2）分析考试，以此为指导来设计课程的内容和进度，要侧重故事性、趣味性、注意时长，课程时间不建议过长。另外，实践证明，卡通片教学的效果很好。

在教学中，要对不同阶段的孩子进行不同年龄层的区分。

（1）对于3～6岁的孩子来说，这个时候对学习是无自主性、无纪律、无习惯、无兴趣的。那么这个时候要让他们学习英语就要采用寓教于乐的教学方式。具体来

说主要分两类:

① 视频类。这个方式是现在采用得比较普遍的一种方式,在进行教学的过程中需要配真人讲解,最好采用逗趣的方式来引起孩子的兴趣。

② 游戏互动类。这类方式最好是有母语级别的带领者,这种方式细分下来又有两种不同的情景。

A. 国内。在国内的孩子们在接受这种教学方式的时候只有带领者是母语级别的,而一起进行游戏的同伴都是中国孩子。

B. 国外。在国外的孩子与国内的孩子最大的不同就是在进行游戏时的同伴也都是英语母语的孩子。在此做这种区分供大家参考。

(2) 对于6~12岁的孩子来说,这个时候孩子的自主性、纪律性都有所上升,也开始慢慢养成学习的习惯,并且有了兴趣。那么这时候教育孩子就要采取一半乐、一半学的方式:视频类;母语教师;出国活动,如夏令营、比赛等。

(3) 对于12~18岁的孩子则要以学为主,不可以太过娱乐的方式为主。

① 视频类。

② 老师。分中教和外教。中教主要用来学习阅读和听力,外教则用来学习提高口语和写作。在阅读和听力过程中遇到不懂的地方是需要一个中文老师来讲解的,尤其是对于英语程度较低、单词量少于3 000个的学生。

问题二:对于培养正确的英语考试思维有什么看法和建议?

以目前考生人数很多的托福考试为例,托福TPO(在线练习)目前有超过40套测试题,在备考托福的时候这些题重复的听力部分要去做10~20遍,口语部分不少于10遍,阅读部分要过3~4遍,写作的样文精读至少3遍。其实不同的学生在面对语言考试的时候是有不同特点的,比如国际学校的学生普遍口语和写作的分数要高一点,而普通学校的学生阅读和听力部分分数较高,这和他们平时的学习和积累有很大关系,所以在备考的时候要针对不同学生分别提高。

在这里要强调的是,英语语言思维和考试思维是不一样的。英语思维要从小抓起,3岁起步已经不早。但如果只要求英语流畅,5~8岁开始也不晚。建立思维就是建立母语思维,让孩子用英语去想问题,而英语流畅是表达的问题,孩子还是

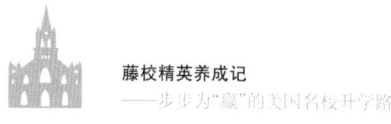

用中文思维去思考,用英语表达。有些家长对于什么时候送孩子出国感到困惑,诚然较早把孩子送出去可以帮助孩子接受国外的教育并且培养英语思维,但是过早出国的孩子对于中文是困惑而模糊的,他们放弃了中文,建立的是纯英语的价值观和人生观,在观念上跟父母也是割裂的。而高中出国的孩子对中国还是有好感的,而且观念上的不同也会少一些。

考试思维是以"考什么"为核心的,知道考什么了之后准备的时候才有针对性。以难度比较大的 SAT 考试为例,这个考试是需要大量的阅读作为背景支持的。它的阅读包含了以下这些内容。

(1) 文学(英美)。要去读英美中学课外读物,你只有跟国外的孩子读的东西一样了才能去跟他们一起考试。

(2) 科学。这部分包括生物、化学、物理、天文等的一些关键单词是要认识的,不然是没办法做题的。

(3) 历史。如美国近现代史、欧洲近现代史等。

(4) 心理社科。

问题三:中学生如何在英语综合能力和标化考试中"双赢"?

常春藤名师答: 英语考试拿高分和英语能力的提升是不矛盾的,在外面补习英语也好,在某一方面侧重也好,都是英语能力的提升。初中升高中直接决定升学结果的是所有科目的成绩,不仅仅是英语,所以其他成绩不行的话,只依靠英语培训机构也帮不了他。

陈主任答: 这个问题需要从两个方面来说,如果在外面机构参加英语培训班,中考英语成绩会好,而且会非常好。因为培训的都是留学的标化考试,其实就是托福,那么如果托福能达到 80 分的学生,基本上已经能通过大学英语四级了,那么中考的难度又算什么呢?所以学生不需要特别培训中考英语。中考英语满分 150 分,如果托福 80 多分的话,那中考都能考 130 多分了。如果只讲英语的话,这已经完全超过了中考所需要的水平。

除了英语之外,在升学过程中,学生的其他科目也要特别重视。如果学生当时

是想要申请美高或者美本(这里不讨论其他国家,因为每个国家的标准是不一样的)。美高和美本好的学校(所谓好的学校就是排名前50名的高中或本科)的申请,基本上录取率都是非常非常低的。它筛选学生绝对不只是看英语的标化考试,同时也会看重你在学校GPA的成绩。所以不管你想申请美高或者美本,即使英语标化考试能达标,但是你的学校成绩单却有很多B,或者一半A一半B,很多前50名的学校就会放弃你了。

所以想要读美高或美本,就是过独木桥,这不是一条康庄大道,不是大家都可以进去的,这是一条非常非常窄的路。只有你在校成绩好,标化考试成绩也好的人才可能申请到,否则你连走桥的资格都没有,或是走到一半就被人推下去了。所以不能说孩子学了英语,他的其他成绩就会不好。但如果是这样,家长就要放平心态。因为这也涉及小孩先天的能力,这个不是后天一定能改变的。后天能改变的是你本来的学习能力就挺好,但需要外界给你资源、给你环境,那么这个可以让你更好。

早前家长可能会有这样的想法,孩子在国内中考考不好,就到美国去读书,但是现在这几乎是不可能的。条件一般的学生可能可以去新西兰、加拿大的公立学校,或者你到美国的走读学校,但家长必须知道自己孩子的定位是在哪里。如果家长心态平衡,并且匹配孩子的学习能力、性格等各方面来选择学校,这样的做法是理性的。但如果你的目标是要进一个很好的学校,但是孩子又没有办法兼顾英语学习和在校成绩的话,那就代表现在这个阶段他不适合去这么好的学校读书,将来也会影响到后续升学。只是有很多家长无法接受现实,家长都会觉得自己的孩子很好,但他为什么还是没办法去好的学校留学?

美国的藤校,它们在中国录取几人? 8所藤校算起来有多少人呢? 如果说8所学校录取100人的话,你有办法进前100吗? 虽然你可能高考可以考到北大清华,你也可以考到复旦交大,但是这些国内名校所录取的学生远远超过100人,而藤校每年在中国招录的人数则是凤毛麟角。如果你在美高的话也是一样,前50名的学校,一个学校录取5个人,总共也就250个人左右而已。藤校的录取率本来就比我们的北大清华、复旦交大要低很多,而且它考核的方面是更全面的。

在国内,你只要会读书就好了,你的性格无所谓。你需要参加什么活动吗? 不需要。你需要面试吗？也不需要。但申请美国名校这些都是必要的，所以美国学校考核得更全面，也就是说你从小到大，必须把你的精力分散在它所要求的各个方面，所有考核点你都必须要去准备。但国内中考高考是相对简单的，只要考试成绩好，只要会读书就好。它是相对单一、相对好准备的东西。

如果家长有机会从小开始培养孩子的话固然好，但如果已经过了这个阶段，就只能尽量朝这个方向，尽量往录取和审核的标准去靠。这个是非常现实的问题。如果今天孩子的实力不够，那孩子是要补托福呢，还是要读小说阅读呢？那你只能补托福了。因为你要考托福，那怎么培养小孩的实力呢？那你只能先过了这个门槛，进到门里面，再去把这个缺口补起来。

问题四：从父母的角度，如何对孩子的学习效果进行科学的评价？

陈主任答：其实现在很多家长，在孩子中考完以后就开始选择方向了。也就是说如果想要到美本去读的话，基本上就会选择国际高中，学习国际课程。因为大家也都认识到，单以应试的方式去读书，学生并没有真正达到享受美国教育资源的能力。

比如前段时间一个在伯克利读书的孩子的妈妈，在微信上面分享的经历。她的孩子去读生物专业，GPA可能就3.5或3.6，她就觉得孩子读书读得很辛苦，教授都不教，都是讨论的，都是自学，她觉得孩子是没有办法交到朋友的。然后他在伯克利的四年是失败的，伯克利也不会记得她的孩子。她觉得如果再有一次机会的话，她会让孩子从小就读原文的小说、文学，让他能够真正融入美国的社会、文化。

早期去美国念书的学生，没人可以兼顾这个问题，因为他们事先没有一个概念必须要怎么做才能很好地运用美国的教学资源。对他们来说，去美国读书其实也就是去拿一个文凭而已。

但是现在的家长都希望小孩能够真正地成功。前例中的孩子在伯克利成绩也不差，也毕业了，但对他来说是失败的。家长认为成功的意思，就是说孩子可以既读得很高兴，成绩又很好，又能交朋友。那么回过头来，还不就是要提早做准备，提早选择路。因此，越来越多的家庭选择国际学校、国际课程或国际班，更有能力的人可能高中就出国了。这就是为什么低龄化留学的趋势会产生。

  大家有这样的经济条件,有这样的能力,对孩子的期望也越来越高,也知道要帮助孩子从更小的时候去获得这样的资源,但这样的优质资源是稀缺的,所以大家是要抢的。国外的这种教育资源也并不是每个人都可以享受的,不是有钱就能去的。可以说它又变成另一种中考和高考,而且是更难的。

  回过头来,我们在国内中考高考的学生,难道不是从小学一年级就在准备了吗?小学阶段不就是实力提升的阶段吗?不是在学语数英吗?这些不是中考要考的吗?初中学的东西不都是在为中考高考做准备吗?其实是一样的,大家准备这些考试都是从小开始。如果要去准备美国高中和美国大学的申请,也要参考美国学校招录的标准是什么,然后从小去准备。

  对于孩子的评价不是一定要从哈佛出来的人生才能叫成功,或者不能读藤校的话,将来事业就会失败。对孩子的教育投资必须要有良好的心态,不能把读什么学校与人生能不能成功画等号。适合读的人去读,不适合读的人心态要好,以后的路还很长。即使是从小就培养的也不代表你将来一定能进哈佛,这是不可能的。家长不能以想进什么学校为目的去期望孩子,而是你想让你的孩子素质提升上来,那这就是水到渠成的事情了。孩子有这个学习能力,你又给了他这样的资源环境,那他将来有很大可能是会好的,至少比他原来没有这样的环境要好,但也并不代表你给了他这样的环境就一定能够得到什么样的结果。家长不能把孩子当成理财产品,用心理预期和回报率去评价孩子的学习和教育成果。

第四章

认识与选择夏令营活动

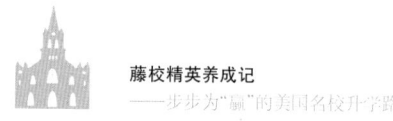

为了培养出全面发展的优秀孩子,越来越多的家庭让孩子去参加各种各样的夏令营活动。参加夏令营的意义不仅在于我们前文提到过的可以帮助孩子提高英语能力,对于有意向把孩子送到国外尤其是美国的家长来说,这也是美国高中申请非常重要的前期准备之一。那么在选择夏令营的标准是什么?究竟什么样的夏令营是适合自己孩子的并且能够为美国高中申请加分呢?

第一节　认识夏令营活动

有想法让子女去美国留学但还未有具体规划和目标学校的家庭,父母要对夏令营有正确的认识,才能辨别和判断夏令营的真正作用。

首先大家要理清夏令营跟夏校之间的差别。夏校就是"短期留学",夏校相对于夏令营来说对学生英语以及独立能力要求更高。选择夏校的学生最好之前就有出国的经验,要具有即使一个人在外也能照顾好自己的能力。

夏令营更多的是以活动为主,更倾向于挖掘孩子自身的特质和潜力,培养孩子的兴趣爱好,帮助孩子自主学习。参加夏令营学生的年龄段从小到大都有,有些更包含从幼儿园开始的活动。对于打算让子女去美国留学的家长还没有具体规划的时候,或者孩子的英语能力不是很强的时候,参加夏令营会有助于孩子对美国文化、生活、饮食有一个提前的了解,同时拓展小朋友的国际化视野,提高语言能力,为之后的留学做准备。

需要强调的是,目前夏令营的种类繁多,目标各异,家长要学会甄别哪些才是高质量的夏令营,这样才能让孩子受益更大。例如,纯粹游览观光的旅游团、跟随国内学校团体出发、走马观花参观美国学校的"游学团",都是水分比较大的夏令营活动。大家可以仔细想想,一辆大巴车带着40多个中国孩子,两周时间每天走马观花,孩子们很难把自己放到美国的本土环境里面去感受。因此类似这些没有特色的活动并没有多大意义和帮助。

另一类型如运动营、奥数营、辩论营、机械营、头脑风暴、Java、CTY等,以主题活动或者特色课程为主和美国小孩一起参加的夏令营对孩子是很有帮助的,可以让孩子在参与过程中了解美国的生活环境、思维体系以及价值观。孩子们也可以与自己的小伙伴建立起长久的友谊关系,这种友谊是非常特别、珍贵的。因为同住

一个屋檐下并整天接触,大家对彼此的性格都比较了解,也极大锻炼了孩子们的社交能力。许多这类夏令营活动中的工作人员和营员来自世界各地,成长环境不同,价值观不同,孩子可以更多地认识这个世界的多姿多彩,以及社会的不同层面。通过这类夏令营让孩子能够去了解一下自己是不是喜欢美国的学习模式,能否接受当地文化,对当地的生活模式是否习惯等。因此,对于夏令营我们是鼓励大家参与的,但是家长必须有正确的认知,进行理性的选择。

第二节　评估夏令营活动的价值

问题一:一些家长计划安排子女参加美国以本土孩子为主的夏令营,从哪些渠道了解、判断夏令营的质量呢?传统的"以价格看价值"的理论是否适用于评估夏令营的质量,"越贵越有保障"有道理吗?

首先参加美国以本土孩子为主的夏令营,可以通过学校官网以及专业的美国中学、大学留学咨询机构了解具体活动内容以及是否有语言能力的要求,而不是通过专门以夏令营、游学团等形式,以盈利为目的的机构。

我们建议可以选择最贴近美国孩子实际生活的夏令营,如动物、科学、艺术、厨艺、自然、工程、科技、体育和音乐舞蹈等不同主题。常听很多家长反映朋友圈中的孩子们觉得部分学校的夏令营活动和自己的兴趣特长不符,导致没有兴趣而坚持不下来。因此我们建议家长根据小孩特长、性格、爱好选择夏令营会更为精准。同时,通过已经去过夏令营有经验的孩子反馈更容易了解夏令营真实的质量,当然通过经验丰富的机构去了解则会更有保证。

至于暑期课程,也就是我们所说的夏校,费用大同小异,并不能成为考核质量的标准。而是应该通过对举办学校、申请要求、课程内容设置方面的考察判断是否是最适合小孩目前能力参加的活动。

问题二:学校主办的主题夏令营是否更值得信赖?也有利于申请者对学校做更多了解?

从幼儿园开始到小学、初中、高中都有各种不同的夏令营,基本都以活动为主题。但很多学校里面的夏令营实际上是交给外面的机构组织,租借场地来进行。有些以特色课程为主,结合各种户外活动主题,宗旨在于在几周的时间里跟当地孩子在一起进行各种团队活动,从而了解当地文化,为以后留学做好铺垫。

夏校(Summer School)大部分都是学校自己开办课程,以上课为主学习各种学科。参加夏校可以帮助学生体验美国学校的上课氛围。上课时,大家是以讨论为主,需要完成一些课题作业。从而让孩子初步了解名校的活动和学习是怎么样的一种方式。

另外,因为夏令营或者夏校的时间都是很短暂的,不太可能让孩子在这么短的时间就大幅提升语言能力,所以家长要对此有正确的认知。

问题三:上海、北京一些国际学校也提供国际夏令营课程,学习内容上和美国的越来越贴近,去美国本土参加夏令营的价值在哪里?

首先按参与人群类型,夏令营大致可以分为三种。第一种是美国本土的夏令营,大部分以招收美国学生为主,外国学生少,比较少有提供住校的选择。此类型对中国学生的英语能力要求很高,否则将无法融入学习和活动中去。

第二种是学校官方举办的,直接面向全世界招收各国学生,国际生比例高,中国学生只是所有国际学生中的一部分,适合中国学生参加。

第三种是打着名校旗号,实际上是跟学校租借的场地,临时聘请不正规、没有经验的老师举办的夏令营。这类夏令营中全部是中国学生,师资力量、教学水平、活动质量、学生能否有所收获和提升完全没有保障。

目前国内举办的类似于美国本土的夏令营也主要以体验为主题。比如说足球运动营,孩子都是来参加足球活动为主的,而不是以跟美国孩子相处为主的一个夏令营。如果质量上能够保证一样的话,那本土的夏令营跟在美国办的足球运动营的差别就是在于参与人群的不同。

但是,美国当地的夏令营是提供给美国当地孩子参加的,营地里全是美国同龄孩子,基本没有中国内地的孩子。所以如果中国的小朋友入营后每天和这些美国孩子们朝夕相处,吃住、学习等全在一起,"逼"得中国孩子开口用英语和他们交流,并且零距离参与美国孩子的各种学习和活动,并学习如何融入这样的环境,这样可

以接触大量的多元文化生活。这是旅游团的"游客"或者寄宿家庭短期住客这种形式的夏令营所绝对不能相比的。

第三节 量力而行选择合适的夏令营

问题一：有具体留学计划的孩子是否存在需要重点关注的夏令营，比如私立高中的夏校项目？参加夏校对日后申请学校有帮助吗？

如果有留学计划的学生在选择夏令营或夏校的时候，夏令营的主题最好是能够跟学生自己本身的兴趣和专长挂钩的、有关联的。

夏校和申请学校是没关系的，比如说学生参加哈佛的夏校和学生申请哈佛完全是两回事。但是参加夏校的这个经历能够增加学生对于名校的憧憬，当成一种目标，在回国之后孩子在标化考试准备上会比较认真，有冲劲地来准备。

所以，在挑选夏令营的时候学生可以挑选跟自己兴趣和特长相关的，而挑选夏校的话还是以名校为主。不仅是为了升学，而是让学生能够体验名校的一种学习和生活。

同理，即使参加过美国私立高中的夏校，虽然不能直接帮助学生被录取进入这所高中，但也有一定益处。比如参加安多弗菲利普斯中学的夏校，如果选修学分课程，并拿到不错的成绩，对于在国内读书而且成绩一般的学生来说，可以证明孩子有在美国读书的能力。另外，也可以说明学生来参加过夏校，在申请私立高中的时候可以用作活动经历。学生的夏校体验好，喜欢上课氛围、课后活动、运动社团，甚至晚自习，以及跟其他学生同住宿舍时相处愉快等，和其他学生相比，在让招生官了解这个学生适应美国读书生活的方面更具说服力。但这段夏校经历跟学生是否能申请上安多弗菲利普斯中学是没有任何关系的。因此夏校对申请确实有一些帮助，但是这个帮助并不体现在是否会被这所参加过夏校的学校录取上。

问题二：不少低年级小学生参加美国的夏令营，对不同年龄阶段的学生如何体验夏令营，家长应该如何把握？

美国的夏令营种类繁多，以下几类是比较常见的。

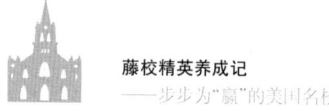

　　第一类是美国传统的夏令营,多以户外活动和体育技能为主来建设营地。适合低龄学生参加。通过此类夏令营,孩子们可以体验到个人的成长,增强未来的学习能力,结交不同类型的多元文化背景的朋友,获得足够的自信。因为寄宿营地不是一所学校,所以在这个平台上孩子们可以结交新的各国朋友,让孩子们在接纳别人的同时,自己也得到锻炼。孩子们会在一个宽松的、没有学习和竞争压力的环境下展示自己的特长爱好并挖掘自己的潜能。这种比较宽松和易于接纳的夏令营对于中国学生了解美国文化是一个非常好的机会。

　　第二类是学习综合类夏令营。通常美国的私立高中从 8 年级开始都会提供夏校,大学也会针对高中生提供夏校课程。但有些夏校的申请有一定的门槛,需要托福考试成绩也就是英语能力达到一定的水平。还有些名校的夏校课程要求学生提供视频介绍,一方面是学生的自我展示,另一方面学校也需要综合考虑学生是否可以被录取进入夏校。有些夏校课程非常优质,科目很多,不仅包括数理化,同时也有文科、戏剧、艺术、机器人、环境科学、模拟法庭、模拟联合国、农场种植、辩论、转基因等课程可供选择。这类夏令营对于将来想要申请美国学校的孩子来说是很有用的,因为可以帮助学生提前体验美国学校的环境、授课方式等重要内容。

　　第三类是社区服务的夏令营。到了高中以后,孩子们就有各种各样的培训领导力(leadership)的夏令营可以参加,大多数领导力培训都是 15 岁以上的孩子。相较于前两类夏令营,这种夏令营因为参与者的年龄、训练重点的局限,相对受众面更窄,但指向性则更明确。希望家长能够综合考量,选择适合孩子的夏令营。

　　从年龄来说,从幼儿园到小学再到初高中,任何年龄都有可以参加的、合适的夏令营。如果家庭条件和孩子时间都允许,可以在不同的年龄段多次尝试,而对于家庭条件或者孩子时间有限的情况,则可以考虑在小学高年级参加一次,中学再参加一次。

第五章

兴趣爱好的培养及假期规划

第一节　读懂新形势下的美高招录审核

如我们之前所提，越来越多的中国家长选择将孩子送到国外去读高中。美国拥有世界上最丰富的教育资源，当然是中国家长们的出国首选。这也与美国在全球范围内的政治经济地位相关联，把孩子送到国外读高中，是为了帮助他更好地申请国外的大学，美国的经济环境、就业氛围直接决定了孩子未来的起点。

在之前的章节中，我们也解释了为什么美国寄宿高中的申请越来越难：申请者越来越多，而招收名额却十分有限。现在优秀的寄宿学校每年可能会收到300～400份来自中国的申请，而他们可能只计划招收5～10名中国学生。其竞争激烈程度可见一斑，美国寄宿高中对申请者自身的学习成绩、综合素质、语言水平、软实力等各方面的考核也日益严格。

前几年，很多学生从确定出国，到准备托福、SSAT各项考试，再到开始申请，整个过程可能几个月就可以完成，但放到现在则完全行不通。近两年，大多数家长至少会预留一年甚至更长的准备时间给孩子做申请准备，家长自己的参与度也比以往更高。越来越多的家长也会通过培训班来提高孩子的成绩，求助于申请机构协助孩子申请。

但就在这样的情况下，2016年成为美高申请历史上的"最难申请季"，结果2017年又突破新高。这几年的3月10日，美高申请结果放榜当日，几家欢乐众家愁。尤其是在最有学术氛围的美国东北地区，名校竞争激烈程度让很多优秀申请者伤心沮丧。他们中很多人从小到大都是大家眼中的尖子生，不仅包括北师大实验、人大附中、北京四中的学生，就连ISB、京西国际、上海美国学校的学生，托福和SSAT分数都无懈可击，却都难逃被拒和候补的命运，许多被拒的家长和学生都百思不得其解，出现这样的申请结果原因是什么。

2016年后美高申请充满挑战性的原因主要有以下两点：

（1）僧多粥少。这是根本原因。近年来申请美国寄宿高中的中国学生数量不断增多，且留学的趋势继续低龄化，而美高录取中国学生的名额并没有增加，录取的学生人数不变，申请的人数增加，录取率当然只能更低了。碍于宿舍数量有限和

使校园语言、文化的多元化招录政策,前50名美高对国际学生的人数有严格限制。另外顶级美高也和藤校一样有优先录取名单,一些校友小孩、在读学生的学弟学妹、董事会成员或校长推荐的学生,大概会占一半的名额,所以真正对外招生名额又被严重压缩。

(2) 录取标准复杂。顶级美高要收的是最优秀的学生——学术能力强,综合素质高。单从语言要求来看就有许多国际学生达不到门槛。即使许多申请者托福成绩努力达到了最低分数线,但其他高分生的数量依然大于能录取的人数,所以学校还会通过面试和写作部分的考核来淘汰学生。另外,前30名美高学校的审核标准并不完全和排名高低挂钩,也就是没有所谓的"保底"学校。如果为了评估学生是否符合前10名美高学校的录取标准,而将排名前30名的学校当作保底学校,往往就会造成没够着前面的学校,保底学校也只是候补的"两头"空而没学校可读的悲惨情况。

美国寄宿高中申请失败未必是孩子的问题,根本原因是家长没有找到打开美高申请大门的那把正确的"钥匙"——没有提早培养孩子的兴趣爱好或者是合理安排暑假生活,或没有找到"中间人"来提高和更好地体现孩子的综合素质。

美高顶尖私立名校希望找寻"匹配"的完美学生:

(1) 学习能力。重点初中和国际学校的尖子生,GPA高,排名高。

(2) 英语能力强。标化成绩高,面试口语好,写作能力强。

(3) 特长生。运动特长生是最有优势的,其次是艺术音乐专长,而这两部分大都是国际学校学生比较有优势。

(4) 社交能力。性格开朗,友善,热心,能参与课堂讨论。

(5) 组织和领导能力。担任社团负责人或学生会主席,主持过大型活动。

从近几年的申请趋势中,我们能看到软实力对于录取结果的影响比重是不断增大的。目前几乎是已经占了录取因素50%的比重。我们无力改变僧多粥少的局面,也不怕学校对标化分数要求的提高,唯独就是在学生软实力的评估方面,家长没有头绪。广大中国的家长和学生要认识到提前规划软实力提升的重要性,并在申请过程中,充分展现自己的个性和特点,这点是特别需要专业人士和机构给予建议和进行规划的。

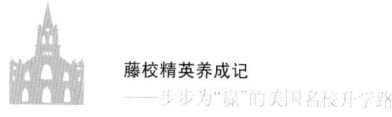

学生的软实力体现着一个学生的性格、价值观、世界观、社会责任感和发展潜力;它也展示个人的学习能力、领导力、沟通能力、团队合作能力及创造力;甚至它也是申请者个性和个人能力背后的家庭背景、家庭文化、教育文化、教育手段和教育方式的一种体现。在美高的竞争中,很多申请者都是足够优秀的,但是在面对其他竞争者时又无法让招生办在审核过程中感受到这位申请者是特别的"那一个"。所以,如何突出独特性,让自己成为与学校"匹配"的学生,是需要专业且资深的顾问进行整体打造的。同时,在选择升学辅导机构时,要注意选择能够迅速获取当年招录信息变动情况的机构。这种对于美高录取审核政策的微妙变化能够迅速感知的敏感度使得对学生的指导更加明确,从而避免了在做美高申请指导和咨询时所陷入的"猜测"误区。家长应该更自信、更理性、更客观,才能帮助学生在美高申请中取得更好的结果。

第二节 兴趣爱好培养与暑期生活安排

首先,在低龄阶段家长要观察孩子的兴趣,带领孩子一起参加各类型活动,从中挖掘兴趣点并给予长期鼓励。随着孩子的成长,课业压力越来越大,如果不是发自内心地感兴趣,那孩子很难持之以恒地练习以提升此项兴趣爱好的专业度。

其次,在找到乐趣确认方向之后,鼓励孩子坚持练习并参加学校的相关社团,如果有需要可以找专业老师带领孩子一起前进。然后,在水平有了相应的提升,可以报名参加相关比赛,以此来激发孩子的成就感和良性竞争的健康心理。美国高中和大学招生审核趋势,目前最看重的便是持久性和专业度。比如小孩对网球、篮球、游泳感兴趣,那是否加入了校队,是否参加了排名赛;小孩对乐器感兴趣,那是否有当众表演的经验;小孩对艺术设计感兴趣,是否有专业的作品集等。

暑假期间,在安排好之前提到的学习内容外,根据小孩的爱好水平,初期可以安排孩子参加相关的夏令营,后期寻找专业的教练来指导。以运动方面来讲,美国学校更多的是看重学生的运动水平,有没有加入校队,而不是运动经历,在学校审核学生的运动水平时也不是招生办而是学校的教练来评判。在标化成绩差不多,其他条件相同的情况下,一个是辩论社成员,另一个是学校校队,那学校校队学生

被录取的概率要高于辩论队的学生。一般的学生在录自我介绍的视频时应展示自己的体育特长而不是参加夏令营的经历。参加运动和夏令营活动的目的是可以展示给学校看,这个学生喜欢运动、性格开朗、阳光积极,更多的是让学校有一个连带想法。

更重要的是,在实际运动的过程中可以培养孩子的独立、自主性;拓展孩子的知识面,增强体质;提升孩子的独立生活能力;有助于孩子形成乐观自信、勇于探索、创造性思考的性格;使孩子在人际沟通、团队合作方面也得到锻炼;同时可以结识新朋友。所以美国学校不单把体育看成强健孩子体魄的方式,还是对孩子意志品质的训练,是对孩子教育的重要部分,这一点也体现在了美高的活动和运动安排上。

表 5-1

What We Offer — Interscholastic			
	Fall	Winter	Spring
Girls	Cross Country Field Hockey, Varsity Field Hockey, JV Field Hockey, III Soccer, Varsity Soccer, JV Soccer, III Volleyball, Varsity Volleyball, JV	Basketball, Varsity Basketball, JV Ice Hockey, Varsity Ice Hockey, JV Squash, Varsity Squash, JV Swimming, Varsity	Golf, Varsity Lacrosse, Varsity Lacrosse, JV Lacrosse, III Softball, Varsity Tennis, Varsity Tennis, JV Track Water Polo, Varsity
Boys	Cross Country Football, Varsity Football, JV Football, III Soccer, Varsity Soccer, JV Soccer, III Water Polo, Varsity Water Polo, JV	Basketball, Varsity Basketball, JV Basketball, III Ice Hockey, Varsity Ice Hockey, JV Squash, Varsity Squash, JV Swimming/ Diving, Varsity Wrestling, Varsity Wrestling, JV	Baseball, Varsity Baseball, JV Golf, Varsity Golf, JV Lacrosse, Varsity Lacrosse, JV Lacrosse, III Tennis, Varsity Tennis, JV Track
Coed	Equestrian	Equestrian Skiing, Varsity	

以表 5-1 为例，美国高中的运动校队会根据等级分为 Varsity, JV (Junior Varsity) 和 III 队，也就是校一队、二队和三队，其中校一队水平最高，在申请大学的时候最有优势。按照开设时间分为秋季、冬季和春季，而且这些校队也会根据性别有所区分，有分别为男生和女生开设的校队，也有男女生都可以参加的校队马术和滑雪等，可以说非常全面。

所以当学生进入美高后，课外活动是四年学业生活中极为重要的部分。如何考察学校课外活动，学校的众多课外活动是否有自己特别感兴趣的，如何与课外活动对比自己的爱好和特长，从而充分发挥自己的能力，体育、艺术以及社团如何选择，需要专业人士或机构提供重要思路给学生和家长，使学生在活动中获得真正的成长与提高。下面介绍几种在美国高中很普及很受欢迎而在中国正在逐步发展的运动供家长参考。

（1）网球。网球是一项优美而激烈的体育运动，网球运动的由来和发展可以用四句话来概括：孕育在法国，诞生在英国，开始普及和形成高潮在美国，现在盛行全世界，被称为世界第二大球类运动。网球通常在两个单打球员或两对组合之间进行。

美国高中大部分都设有网球校队，所以建议有意向培养小孩将网球作为特长的家长要尽可能从小开始着手培养。目前在国内，尤其是北京、上海等一线大城市，有非常多的网球兴趣特长培训班和私教课程，如北京网球训练班等，家长可以根据身边朋友的推荐或者在网上找到各种各样的资源。

（2）壁球。在国内，相比乒乓球、羽毛球，壁球属于小众运动，又被贴上贵族标签，让很多人望而却步。壁球是 19 世纪起源于英格兰的一项室内运动，由于它可以不受季节、天气的限制，是一项全天候的运动。

当然，它的另一大优势是不像很多球类，必须有搭档才能打。壁球可以单打，也可以双打，如果你的孩子以后有留学美国的打算，不妨让他学打壁球。美国从小学到大学都有壁球联赛，假如你的孩子有这方面特长，申请美国名校时会有帮助。对于有兴趣的孩子，家长可以选择把孩子送到中国壁球协会等专业的机构去进行培训，还可以参加协会举行的比赛等。

（3）高尔夫。随着中国经济的发展，越来越多的中国家庭开始接触高尔夫，这

也使得很多小孩有条件把高尔夫作为运动特长来发展。这些年来日益兴起的高尔夫俱乐部、高尔夫私教课程,以及专业的中国高尔夫球协会都为有意学习高尔夫的孩子提供了非常多的机会。

(4) 马术。国内的学生在上学期间很少有机会能接触到马术这项运动,但是在美国高中,很多学校都提供这项运动供学生选择,如肯特高中(Kent School)。而且由于运动的特殊性,学校在学生选择这项运动的时候建议学生最好在之前是接触过此项运动的,那么对于有意让孩子去美国高中参加马术运动的父母,为了孩子的安全和更好地适应,最好也让孩子提前做一下准备。学生或家长可以查询自己所在区域内是否有可参加的马术俱乐部,如中联骑士联盟等。

(5) 滑雪。随着中国申请冬奥会成功,滑雪运动也跟着越来越受欢迎。滑雪场的纷纷建立和滑雪设施的完善,都为想要学滑雪的孩子提供了很好的平台。在美国高中,有一些学校尤其是新英格兰地区的学校是有滑雪校队的。冬季的时候老师或教练每周都会带着学生到附近的滑雪场进行训练,或参加校际比赛。所以,国内的家长可以利用国内越来越丰富的资源和越来越完善的条件来提前培养小孩的滑雪技能。

第六章
开启常春藤大学之门——去美国读高中

在了解了中国国内不同类型学校的特点和区别之后，有些家长的心中可能已经有了答案，而有些家长可能觉得既然要让孩子尽早接受国际化的教育，为什么不直接跳过选择国内学校这一个环节，而把孩子送到美国去接受教育呢？那么，美国高中的申请到底是怎样的情形？美国高中对中国学生的要求到底是怎样的？其中又有哪些是区别于国内高中入学而需要特别注意的呢？在接下来的内容中，将会为大家解开美高申请的神秘面纱，解答大家关于美高的疑惑。

第一节 美国高中申请现状

根据美国国际教育协会所发布的《美国国际中学留学生报告》显示，2013年全美国共有大约7.3万名外籍的中学留学生，中国学生占比超过三成。根据美国2015年所公布的数据显示，在美国就读小学加中学（K-12）的中国留学生人数达到34 578人。在2015年美国私立寄宿高中年会（SSATB）会议中也提到，美国私立寄宿学校的国际学生中，大约40%是中国学生，排名表上前50名位于美国东岸的寄宿高中，在2016年申请的中国学生平均人数达到300人以上，部分热门学校甚至有高达700位中国学生表达申请意愿。美国《2016门户开放报告》统计，2015—2016年度留美的中国学生达到328 547人，同比增长8.1%，占在美国留学生总数的31.5%；而在2005年，全中国仅有65名学生持因私护照去美国读中学。随着国内家庭经济能力提升，各国对于中国低龄留学生秉持的开放政策，如认可中国高考的国家和学校逐渐增多等因素，刺激了低龄留学生人数的增多。在市场经济背景下成长起来的新一代"中产"家长，已明确认识到明智的教育投资对孩子前途与人生的重大意义，因此他们不约而同地将目光投向国外。申请美国学校的日益盛行、众多利好政策的出台、美国签证的开放，为"中产"家庭的子女入读世界一流名校创造了条件，于是高中出国留学队伍逐渐壮大，留学多元化、低龄化趋势愈来愈明显。

通过对前几年赴美读高中的国际学生比例进行进一步分析可知，美国私立高中留学生中，中国学生占很大比重，但今后这个局面可能会出现重大调整。美国私立中学很可能对国际招生人数做出调整及重新分配，以平衡校园内各国国际学生的人数。根据2016年申请的情况，美国私立中学在中国的招生人数已经在减少，因

第六章
开启常春藤大学之门——去美国读高中

此美高申请竞争日益加剧。

2005年以后,中国高中留学人数逐年递增。与此同时,美国高中国际学生人数在学生总数中所占的比例,也从原本的10%～20%上升到15%～35%。但是这点增长对于五年来增长近10倍的申请人数仍然是僧多粥少。美国的私立精英寄宿高中学生人数很少,一个学校大约300～600人,一个年级大约75～150人。因此当每所学校将招收的国际学生人数平摊到每个年级,数量是相当有限的。一般每年每所学校在中国招收的学生在5～15个左右。因为美国高中是四年制,新生入学后平均停留三年,这样估计一所学校就约有30名以上的中国学生,占全校国际生总数的1/3以上。鉴于此,部分美国学校(尤其是顶尖知名高中)为了调整国际生比例,甚至一年仅招3～5位中国学生,审核标准渐趋严苛。又因为美国高中没有预科制度,国际生无法先读预科班然后再进入正式课程,所以对国际申请者的要求更高,申请形势严峻程度可见一斑。

从上面的数据不难看出,美国高中的申请竞争空前激烈,那么为什么还有越来越多的家庭想要送孩子去读美国高中呢?

大致归纳,中国学生去美国读高中主要有三个目的:

(1) 提早打好英语基础。根据第二语言学习专家研究,孩子学习英语的年龄越小,效果越显著。高中生一般都是十五六岁,正处于学习第二语言的"黄金时期"。因此家长送孩子去美国读高中最重要的目的就是学好英语。

(2) 提早为申请比较中意的大学做准备。留学机构咨询专家接触的家长中,大部分人认为去美国读高中,对孩子将来申请本科大有益处。

(3) 为孩子将来在美国的工作和发展奠定基础。去美国留学,无论是读本科还是读研究生,大部分学生都希望毕业后能在美国大型的知名企业中先累积3～5年的工作经验,然后回国或继续留在美国发展。可现状是,因为人力资源市场竞争和当前经济状况等原因,许多留美学生毕业之后很难找到工作。所以中国家长不约而同地将赴美时间点提前至高中,然后再申请本科。因为在美国读过高中的学生,美国社会认同度更高,学生毕业后不论是工作机会还是升迁机会一般都比只读本科或者研究生的学生有优势。即孩子与美国文化融入得越好,就越有机会在美国找到好的工作并创造好的职业生涯。

第二节　美国高中留学优势

在了解了美国高中申请如此激烈之后,我们是否还要坚持把孩子送出国?究竟什么条件下将孩子送出国对其未来发展更为有利?什么样的年龄最合适?是去欧美国家还是韩日亚洲国家?诸如此类的疑问是学生和家长首先要面对的问题。客观地讲,对于经济条件殷实且有能力的家庭来说,赴美国读高中乃是优先选择。

一、其他国家无法比拟的语言环境

由于英国、澳大利亚等国家的高中学校对中国学生开放较早,因此出现同一学校中国学生人数居多,导致语言环境被弱化的情况。相对而言,目前就读于美国高中的中国学生人数较少,因此选择到美国读高中,会拥有比其他国家更优越的语言环境。

中国应届高中生通过直接申请方式入读美本院校后,因语言困扰和繁重的课业等问题,很难在短期内适应美国大学的教学和生活。但学生如果先入读美国高中,从小就接受正统的美国教育,可以说是获益良多。首先,为日后大学申请的基础课程和应试能力做充分准备。其次,美国大部分高中均开设 ESL 语言课程(供母语非英语的学生学习的语言课程),并且根据学生的英语能力分为高、中、低三个层级。对国际学生来说,这种模式少了由语言学校转入高中的门槛,可以更加有效地提高学生的英语能力。第三,学生可以选修 AP 课程或 IB 课程,所修得的学分进入大学后可直接转为大学学分,既节省学生时间,又减少家庭开支,一举两得。

二、更高比例升入常春藤级别名校

众所周知,中国高中毕业生如要直接入读美国大学本科,尤其是被录取常春藤本科名校极其困难。因为国内学生不仅需要准备繁重的高考,还要同时安排 SAT/ACT 考试及托福考试,时间和精力受到极大的分散和影响。而在中国的 SAT 考点又只有一处,这不仅造成应考难度大,备考极其不方便,而且考试支出成本也增加不少。再者,相当一部分的常春藤级别名校直接面向海外招收国际学生的名额很少,这也让部分学生入读的机会大大减少。而如果学生在美国读高中,许多问题便迎刃而解。

(一) 获得申请顶尖大学的重要砝码

首先,就读美国高中的中国学生,他们参加SAT考试变得便捷。国内学生必须出境参加考试,而美高学生大都在自己学校考SAT,而且根据最新的规定,2017—2018年以及2018—2019年美国境外的SAT考试从原本一年的六次减少为四次,考生规划考试的时间必须要更加谨慎,以免影响了大学申请。

其次,美国大学非常看重学生高中阶段的GPA,能够申请到私立美高的学生一般学术能力都很强,再加上美国高中有灵活的选课空间,会比国内学生更有机会获得优异的GPA,这会使学生优先获得招生办的肯定,而在国内读高中的申请者,大多只能在SAT考试分数上拉开差距。

再次,就读美国高中的学生能够利用丰富的教学资源,额外取得一定数量的大学预修课程(AP)的成绩和学分,这些课程的学习也使学生在大学申请的过程中拥有学业上的竞争优势。

(二) 活动经历成为进入名校的关键

美国私立中学非常强调对学生综合素质、宏观视野和领导能力的培养。对于学生在音乐、艺术、体育、社区活动、表演、竞赛等活动上所取得的良好成绩非常重视。而学生在美国校内、地区性、联盟、半州或全州、全国性各项竞赛中的经历或得到的奖项更容易得到招生官的肯定与认可。因为大学招生办对美国历史悠久的各项活动的含金量非常清楚,所以在审核过程中这些活动经历就成为申请者进入名校的关键。

(三) 优秀表现与多元化的文化背景造就申请竞争力

在美国就读私立寄宿高中的国际生,离开父母后因海外生活经历形成的独自解决问题的能力,使自己在磨炼和锻炼中变得成熟。美国大学的招生官非常重视这些优秀的个人素质,如果一个英语非母语国家的国际学生能在全校所有的学生中(包含美国本地生)取得一定的领导地位和成就,就更加不容易,因此也更会得到招生官特别的肯定。

(四)专门的升学咨询部门与教师的强力推荐会为大学申请加分

较之中国高中学生,由于教育体系不同,在美国读高中的学生所获得的老师推荐信和升学顾问评估(此两者是申请本科名校的入学审核条件之一,对录取有极为重要的影响)对美国名校来讲更具说服力和可信性,含金量更高。在申请的审核过程中往往能起到"临门一脚"的作用。

(五)美国优秀高中创造更多机会进入美国前50名大学

美国优秀高中也会给学生创造更多进入美国前50名大学的机会。美国知名高中如马萨诸塞州的安多弗菲利普斯中学(Phillips Academy Andover)、新罕布什尔州的菲利普斯埃克塞特中学(Phillips Exeter Academy)、康涅狄格州的乔特罗斯玛丽中学(Choate Rosemary Hall)、新泽西州的劳伦斯维尔高中(The Lawrenceville School)、加利福尼亚州的凯特中学(Cate School)等,好似美国顶级本科院校的生源基地,一旦入读,成绩优秀的学生就等于一脚已踏进美国顶尖院校的大门。

三、更安全、更稳定、更有效的学习生活环境

在美国读高中可以使得国际学生在培养独立生活能力的同时更快地适应美国的生活方式。因为中美教育、文化等方面的差异,中国学生独立生活能力、心理素质和环境适应能力相对较弱。但是,美国寄宿制学校可以接收国际学生,通过严格的管理、封闭式的住宿生活,让学生学习与生活均在学校内,避免了寄宿家庭中学生的孤独感、陌生感和不适应感。此外,通过学校内的集体生活,中国学生有更多的时间去接触美国当地学生,增进与他们的交流与互助,可以更快适应当地的学习环境,学会在国际环境下独立生活和多元化思考,对日后成功入读名校大有裨益。

四、孩子素质得到更全面的发展

在美国读高中还有一个好处是,美国高中注重因材施教,尤其是在高中阶段更为注重学生全面素质的培养。学生不仅可以根据自己兴趣选课,而且选修课程非常丰富,例如声乐、器乐等音乐类课程及体育运动类课程,使学生各方面综合能力得到全面发展,潜能也获得进一步挖掘。

第七章

走近顶尖美国高中

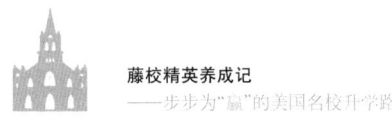

据联合国经济指数调查显示,美国的教育水准位列世界第一。优质的教育资源使美国成为全世界最重要的教育枢纽,每年都有众多来自世界各地的学生慕名前来求学。

那么美国高中的学校生活是什么样的呢?它真的有那么令人着迷吗?在解答这些问题之前,你要做好心理准备,因为你将要迎接另一种与国内教育体制迥异的全新的教育模式。

第一节 美国高中概况

想要对美国高中有通盘了解,首先要了解美国高中的学制,其次是重视美国灵活的选课制度,它与国内教育模式有着很大的区别。只有了解了这些,你才有可能进一步了解美国高中。

一、美国高中的学制

美国学校按年龄阶段可分为以下四类:

(1) 小学:1~5年级(6~11岁)。

(2) 中学:6~8年级(12~14岁)。

(3) 高中:9~12年级(15~18岁)。

(4) 大学(学院):一般为两年制的社区大学,提供副学士学位;或四年制的本科学院,提供学士学位;另有1~3年的"研究生学院",为本科毕业学生从事研究而设立,提供硕士学位。

二、中美学制对照表

中美学制对照表见表7-1。从表7-1中可知,美国高中的学制有四年,也就是9、10、11、12年级,大概相当于国内的初三、高一、高二、高三。

三、美国高中选课制度

与中国高中不同,美国高中实行选课制,同一所学校、同一个年级的学生可能修

表7-1 中美学制对照表

年龄(岁)	中国学制	美国学制
6	小一	小学1年级
7	小二	小学2年级
8	小三	小学3年级
9	小四	小学4年级
10	小五	小学5年级
11	小六/预初	初中6年级
12	初一	初中7年级
13	初二	初中8年级
14	初三	高中9年级
15	高一	高中10年级
16	高二	高中11年级
17	高三	高中12年级
18	大一	大一
19	大二	大二
20	大三	大三
21	大四	大四
22	研一	研一
23	研二	研二
24	研三	

完全不一样的课程,学生修满学校规定的学分就可毕业。学生可根据自身的兴趣爱好、特长等,有的放矢地去选课,自主而灵活。美国高中不分文理科,采用学分制,必修课有五大模块——数学、英语、自然科学、历史和社会学科以及外国语文等。选修课非常丰富,包括商业、环境、经济、海洋等,凡是学生感兴趣或有择业需要的内容,都有相应的课程可供选择。学生在完成必修及选修课程外,也可按照自己的能力和兴趣选修大学预科课程(AP课程),为进入美国一流高校打基础。

第二节　美国高中分类

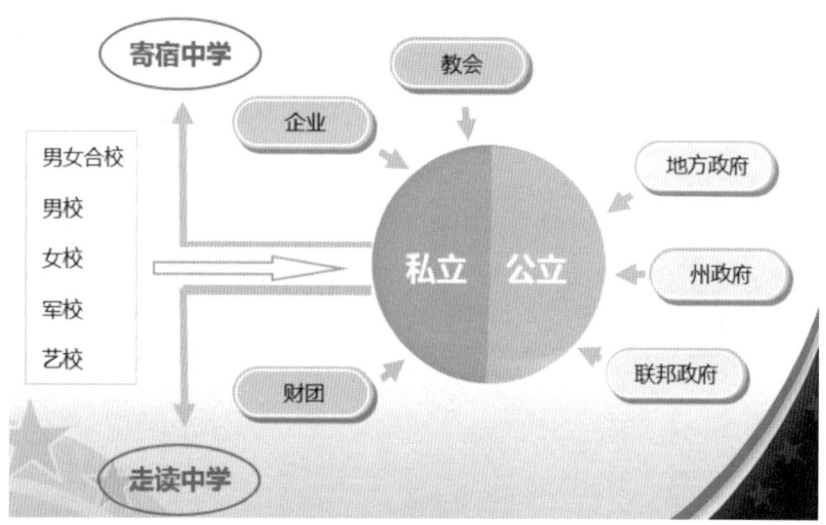

图7-1　美国高中分类

如图7-1所示,美国的中学分为公立和私立两种。公立高中没有学费,但美国法律规定公立中学允许外籍学生就读的最长期限为一年,所以只有一小部分国际学生以交换生的形式就读。私立中学对外籍学生没有公立中学的就读时长限制,国际学生本质上属于持F-1学生签证赴美留学,不属于交换生(美国移民法规定国际学生若需就读美国高中课程,必须自费就读私立学校才可发入学许可),可以自由择校,但私立高中费用要昂贵许多。

私立中学又分为私立走读学校和私立寄宿学校。私立走读高中提供白天教学,下午3点结束。私立寄宿高中不仅提供白天的教学,同时还提供住宿以及下午和周末的活动。教学下午2点半结束,之后就是活动时间,大概晚上7~9点回到宿舍自习,之后就是自己的时间了,一般晚上10点半之后为休息时间(断网熄灯)。

第三节 美国私立高中特色

美国约有10 000所私立中学,它们的特点如下:

(1) 学术要求更高。

(2) 学生大多来自经济殷实或是格外重视子女教育的家庭。

(3) 师生比例低,学生能得到更好更个性化的教育。

(4) 社区环境舒适且安全性较高。

一、美国私立高中分类

(一) 按照学生住宿情况分

(1) 走读学校(day school),每学年平均收费约19 000美元。

(2) 寄宿学校(boarding school),寄宿生比例从5%到100%(因学校而异,平均为75%)。每学年收费40 000~65 000美元(学费+生活费)。有的学校100%学生住校,学期内七日住校(7-day boarding),也有学校可以让学生选择周日至周四住校(5-day boarding)。

(二) 按照学生性别分

(1) 男女合校(coeducational schools),占绝大多数。

(2) 男校(boys schools),只招收男生。

(3) 女校(girls schools),只招收女生。

(三) 按照学校培养方式和方向分

(1) 大学预科(college preparatory schools),学生以考大学为目的学校。

(2) 表演艺术学校(pre-professional arts schools),帮助学生训练成为不同艺术领域(音乐、视觉艺术、戏剧、芭蕾舞、创作等)的艺术家。学生将来既可以进入任何传统大学,也可以进入像音乐学院这样的专业院校。

(3) 军事化学校(military schools),这种军事化学校具有和其他私立学校一样的优势,但是更强调团队合作的重要性和价值,教给孩子纪律和服从。通常这类学

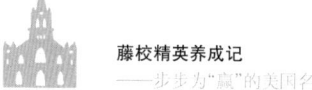

校要求统一着装和进行演练。

(4) 有宗教附属关系的学校(religious schools),最多的是天主教学校、基督教学校,教派学校会有宗教教育课程。这些学校也欢迎拥有不同宗教背景的孩子,并尊重他们不同的哲学体系。

(四) 按照学校提供的年级

(1) 高中校,只有9～12年级。一半以上的寄宿学校只提供9～12年级高中段教育。

(2) 高低年级合校,除了高中段,学校也提供6～8年级,也有少数学校提供1～8年级。还有一些学校收7～12年级或者8～12年级的学生。

二、美国私立高中优势

(一) 学术水平高

相比美国其他中学,美国的私立高中整体学术水平较高,这和国内情况差别很大。美国的公立高中实行学区制(一般不能筛选学生,学生就读家庭所在地附近的高中,除非是特殊的数理实验性高中),造成其学生及教育水平参差不齐。美国富人通常会把孩子送到私立高中,因为学生申请私立高中需要通过入学测验、申请筛选,故整体水平比较高。美国私立寄宿中学约少于300所,占中学总数的3%左右。一般来说,全美国只有金字塔最尖端的1%的家庭才有实力选择就读美国私立寄宿中学。

美国人读公立高中不需要学费,因为他们实行免费义务教育长达12年。那么美国家长为何不选择免学费的公立学校,反而争先恐后要一年花4万美元以上供小孩读私立寄宿中学呢?原因很简单,也很纯粹——他们的目的是培养小孩以及帮助其大学升学。在美国所有的学校中,私立寄宿中学是最注重升学的学校,学校薪资和福利好,师资水平也高,因此升学率最高,升学结果也最好。所以国际学生如果希望凭借就读美国高中为日后进入美国大学打下坚实的基础,那美国私立寄宿高中可说是最正确的选择。

(二) 良善管理

美国私立高中管理相当严格,尤其是私立寄宿高中。公立高中每日课程结束后,学校对学生再无其他安排和生活的管理,而私立寄宿高中对在校学生则是有24小时的细心照顾和严格管理。

(三) 弹性选课

私立寄宿高中可以根据个人的能力来选课。不乏这种现象:有些学生在国内时并不是很优秀,但到美国后却表现优异,成绩名列前茅,大学的申请结果也非常棒。深究其变化的根源,就是美国私立高中特别的选课方式。美国高中使用学分制,不限制所有的学生都要修同样的课程,只要你修满足够的学分就可毕业,也可申请大学。

学分要求是:英语4学分,数学3学分,自然科学3学分,社会科学3学分,艺术类1学分,健康教育0.5学分。一门课程完整地读一学年(通常是上下两学期)就是1学分。社会科学3学分里面必须包含1学分的美国历史。

学分制度对国际学生来说有很多的方便之处,也是美国高中对某些能力和兴趣比较明显的学生给予的一些弹性选择和优势支持。

例如,如果你的英语不及美国学生,第一年需要上ESL课程,这个课程同样能获得英语学分,上完后再接着上常规英语课,这样并不会延误毕业时间。

再例如,一般来说,中国学生数学水平比美国学生好,假设你去美国读10年级,发现10年级的数学太简单,那你可以直接跳读11年级的数学、12年级的数学,甚至大一的数学,同样直接取得3学分。

又比如,自然科学并没有要求学生物理、化学和生物课程都要上,你可以选一年的高中物理、一年的大一物理和一年的生物,而不选择化学类课程。

(四) 国际学生衔接较易

美国学校录取国际学生有漫长的历史,所以他们ESL课程衔接得很好,而不会像澳大利亚、新西兰、英国的高中那样,国际学生必须先到国际学生部门强化英语后才能正式进入高中部门。

美国有些私立寄宿高中长期招收国际学生,所以会提供ESL课程来帮助国际学生克服英语问题。学生可以利用这1~2年的时间来提高自身的英语程度,以便日后成功申请到心仪的大学。而不提供ESL课程的私立高中也接受国际学生,只是录取要求较高,申请者的英语程度必须达到美国同龄学生水平(因为你入学后必须和美国学生选修一样程度的英语课)。

(五)小班教学

一般美国私立高中一个班平均 12 名学生。小班教学能够保证学生与老师有充分沟通,老师能够照顾到班级中的每一位学生。这有利于学生适应学习环境,提高学习效率。

(六)升学跳板

因为美国私立高中学术质量受到美国大学的广泛认可,因此就读美国较好的私立高中会成为学生日后进入美国前 50 名大学的跳板。

(七)提早适应激烈竞争

因中国学生申请美国高中人数众多,其中大多数也更中意大城市(例如纽约、波士顿、旧金山、洛杉矶、西雅图等)附近的高中,而美国较好的私立高中学校数量少,开放给国际学生的名额更少,学生水平高,所以美国私立高中名校的申请是非常困难的,竞争非常激烈。

第四节　美国私立寄宿中学全解析

在美国,私立寄宿中学虽然仅占所有高中总数的 3%,但其先进的教育水平在美国中学中堪称典范。在私立中学中,300 所左右的寄宿学校属于特别的一类。

一、私立寄宿中学特点

(一)历史悠久

美国许多私立寄宿中学的建校时间是在 19 世纪中期,它们的平均建校时间是 1906 年,历史非常悠久。例如米尔顿高中(Milton Academy)是 1798 年建校,而美国最古老的高中菲利普斯埃克塞特中学建校时间是 1781 年,基本上是同美国一起成长的。

（二）校园美丽宽阔

美国私立寄宿中学的校园面积非常宽阔，尤其是前50名的学校，基本上平均每个学生占地都有1英亩*（私立寄宿中学生源规模400人左右，而校园面积一般是300多英亩）。

米尔顿高中的教学楼前面有一大片草地，学生们课后经常在那里探讨学习上的问题。

布莱尔学院（Blair Academy）本身就是美国著名的历史文化建筑。当学生走进这所学校的时候，就像走进一座城堡，置身于如此古典的校园，徜徉于知识的宫殿中，可以切身感受美国文化历史的风貌。

许多国际留学生也非常喜欢朴次茅斯修道院中学（Portsmouth Abbey School）。它毗邻大西洋，住在这里，就像住在海景房。每天沿着校园的跑道进行晨练，伴随着浪涛声，感觉怡然自得。整个校园给人的感觉是还没有离开，就已经不可抑制地开始想念了。

（三）设施一流

美国私立寄宿中学的运动设施非常齐全，这是很多走读制中学所无法比拟的（走读制中学受校园面积限制，很难为学生们提供优越、广阔的健身锻炼场所），这也成为许多学生选择就读私立寄宿中学的一个重要原因。

这里也有类似的申请案例。有一位学生，他最终选择坎特伯雷高中（Canterbury School）就读的一个重要原因是这个学校有8个网球场。作为网球特长生，8个网球场对他而言是极具吸引力的。因此，当发现这所学校有8个网球场时，他就将自己的目标学校直接锁定为坎特伯雷高中。

美国私立寄宿中学的游泳池、篮球场、综合运动场等运动场地和设施，都是国际级标准。学生在这里享有得天独厚的运动设施优势，因此体育运动课毫无疑问成为他们的必修科目。

美国私立寄宿中学的教学设施也非常先进。现在很多学校是"iPad school"，教

---

*　1英亩≈0.4公顷。

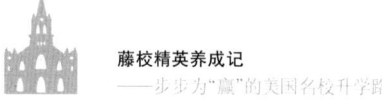

学授课模式是电脑智能化模式,老师教学、学生作业、父母沟通等都是通过互联网完成。

在美国,中学生需要修很多艺术类的课程,而美国寄宿中学会为学生提供良好的学习环境和设施。例如霍奇基斯中学(The Hotchkiss School)的礼堂,这里是学生活动的艺术殿堂。每一年或每一阶段,都会有相应的艺术表演。而剧院的装饰、艺术表演的创作和呈现等,都是由学生自主完成的。

特别需要提及的是米尔顿高中的基因实验室。在美国,很多大学都没有基因实验室,而仅仅是美国的一所高中,竟然有这样的实验室。由此,美国私立寄宿中学一流的教学设施可见一斑。

美国私立寄宿中学的学生宿舍一般是以两人间居多,也有单人间。学校一般会把单人间留给高年级的学生,尤其是11~12年级的学生,因为高年级的学生在这个时候需要更多的私人空间。

美高学生宿舍的配备是非常齐全的,厨房、洗衣房、活动中心等一应俱全。一般宿舍里会安排不同年级的学生,比如9~11年级的学生混合住宿。他们都可以在宿舍的公共区域活动,这里就像他们的起居室一样,他们的大部分闲暇时光都在这里度过。在这儿,可以演奏乐器,进行联谊活动,探讨问题。不同年级、不同国度的学生汇集到一起,不同的文化就像分股的溪水,汇聚成多样的国际文化,促进了学生们的交流,有利于双方友谊的升华。

(四)师生比低,小班教学,师资优良

美国私立寄宿中学的师生比非常低,一般学生平均人数在300人左右,甚至更少;而学生规模达到六七百人的高中,在美国可以说是规模宏大。在学生人数较少而师资规模较大的教育环境下,老师可以兼顾到每一个学生的兴趣和特长,更有利于因材施教。私立寄宿美高就像一个大家庭,这个家庭成员之间(学生和老师)都是非常熟络的。

每年特定时间段都有美国高中的校长或者招生官主任访问留学机构,并和学生及家长零距离亲切交谈。曾经有一位校长给某个学生的评语是:他是我们学校起床最早的学生!这让这位学生的家长感到异常意外和惊喜。意外的是作为一个校长,竟然不仅仅知道他学生的名字,而且连学生的学习情况、生活习惯都了如指掌。惊喜的是学校的老师对学生如此关心,那将更有利于帮助、跟踪孩子日常的学习和生活。由此可见,低至1∶7的精英私立中学师生比例,无疑能保障小班教学和因材施教的教育质量。

另外,美国的教学模式和国内不同。国内学生的所在班级基本上是一学年保持不变,而美国的上课地点却是根据所选修的课程的类别而定。值得一提的是,美国的教室里面摆放了许多课程相关的材料、图片、模型和器材,老师也会在这间教室里面办公,可以说这是一间集合"教室+办公室+实验室"的典型美国教室。学生在课后如果遇到课业难点,都可以第一时间返回这间教室请教老师。

(五)学术优良,课程丰富,因材施教

1. 提供丰富的学术课程,满足不同兴趣、不同水平的学生需求

美国私立寄宿中学的学术课程丰富且多元化,可以满足不同水平拥有不同兴趣的学生需求。有一些人对美国的教育有些误解,他们认为在美国学习会很轻松,轻而易举拿高分,数学会比较容易,但真实情况不是这样的。美国的课程学习并不容易,尤其是寄宿制高中,他们的课程相当有难度。

根据就读于萨菲尔德中学(Suffield Academy)的洪同学反映,美国高中的数学课程并非我们想象得那么简单。中国国内的数学课程教学是超前了美国的一个年级甚至是两个年级的,但这并不意味着美国的数学课程就很容易。洪同学在校期间修读了AP微积分,这个课程全校仅有两名学生选修,而这两名学生都是全校数学拔尖的。为什么仅有那么少的学生选修这门课程?因为AP微积分难度真的很高。

美国私立寄宿中学的课程是很广泛的。我们国内主课是语数外,如果是理科,那只要学习物理、生物、化学。而美国的必修课却有很多种选择,比如数学有代数、几何、微积分、统计学和数学建模等。

我们可以参考一下萨菲尔德中学的课程设置:

数学:代数一、几何一、代数二、几何二、微积分、统计学、数学建模等。

英语:英语、高级英语、美国研究、电影和文学作品、创意写作、希腊文学、莎士比亚文学与戏剧、文学写作等。

自然科学:生物、物理、化学、环境科学、生态学、基因学、计算机科学、法医学等。

人文学科:历史、宗教、哲学、经济学、政府与政策等。

第二外语:西班牙语、德语、法语、拉丁文、中文、日文。

视觉艺术:绘画、建筑学、陶艺学、摄影学、电影制作、艺术设计。

表演艺术:表演学、钢琴、爵士、音乐理论等。

ESL 课程:初级、中级、高级。

从萨菲尔德中学的课程设置我们可以看出,即使是必修课,其选择性也是很广泛的。比如自然科学,可以选择生物、物理、化学,除此之外,还可以选择环境科学、生态学等,而这些都可以算作学分。由于美国高中教育课程设置非常注重培养学生的兴趣,学生可以根据自己的兴趣来选修不同的课程,因此许多学生在读大学之前就有一个非常清晰的学习目标和职业目标。

美国中学的课程设置有很大的梯度性,部分学科会分成基础课、荣誉课或 AP 课。学生可以根据自己的学习能力选择不同难度的课程,而学校会尽可能尊重学生的决定,满足他们的需求。例如 ESL 课程根据难度可以分为初级、中级、高级。如果学生的英语较好,那就可选择无 ESL 课程的学校,直接和美国学生一起学习;而如果学生的英语水平还没有到直接和美国学生一起上课的程度,那就应该考虑选择一些提供 ESL 课程的学校,这样就可以帮助学生顺利度过前期留学生活的磨合期。

2. 注重学生综合能力培养

(1) 动手实践

美国私立寄宿中学非常注重培养学生的综合能力。在美国,做实验对于美国学生来说是家常便饭,这远远区别于国内很多高中,做实验都是要提前预约的。国内学生做实验也只能在预约的那一天进行,且实验器材非常有限,不能保障每个学生都有足够时间进行手动实验。在美国,实验和课堂基本上是同步进行的,课堂的前半部分用来讲授理论知识,下半堂课就会立马进行实验(这也是美国私立中学学费昂贵的重要原因,因为优良的教学设施需要大量资金的投入)。

(2) 创造能力

美国私立寄宿中学对学生的创造能力极为重视。大部分学校有一间艺术教室甚至艺术大楼,墙上挂满了学生的画。学校认为每个孩子天生都是个艺术家,学校的教学使命就是保护孩子天性的发挥,让他们成为真正的艺术家。但是,这并不是说美国学校鼓励学生在任何墙上乱涂乱画,他们会开设专门的艺术教室,鼓励每一个学生在墙上设计自己独一无二的签名。每一届学生毕业后,他们又会对墙壁重新粉刷,而下一届的学生又可以在墙上进行个性创作了。

(3) 领导能力

领导能力一直都是美高教育的重点之一。如萨菲尔德中学专门为学生们开设领导能力课程。课程设置是要求每一个学生都会做公共演讲,并鼓励他们尝试带领团队将某个项目在全校进行推动。学生们的领袖气质也是在这些老师的循循善诱和切实实践中逐渐形成和发展的。一般来讲,毕业于这些寄宿制中学的学生,他们有一个鲜明的共同特点,就是演讲能力超强。他们在演讲中所展示的自信,可以深深感染所有听众,而这一切都得益于学校独特的授课模式和精英化的培养方法。

3. 注重学生的均衡发展

为了促进学生综合素质的全面发展,美国私立寄宿中学的课程还涵盖了艺术项目、体育项目和课外活动等多元化的课程。

在这里我们特别介绍洪同学的活动经历。她代表学校参加康涅狄格州的射击比赛,并拿了冠军(打破了学校的纪录)。关于射击,洪同学在国内的时候很少接触到,更谈不上擅长了。但是到美国学校之后,经由学校的培养和自己的不断努力,她在射击运动中逐渐崭露头角,并取得了优异的成绩。可以说,美国的课程设置真的非常有益于学生全面素质的开发,加之老师的精心辅导,学生的兴趣和潜力都将被充分挖掘出来。有些学生可能会比较担忧,觉得自己运动细胞不发达,到了美国之后可能会不适应美国课程的节奏。其实这种担忧是多余的,因为这些运动都是学生日常学习、生活中一个非常重要的部分,只要学生充分利用学校优质的教学资源和课外时间,勤于锻炼,那无论是帆船、骑马,还是击剑,都将成为自身亮眼的特长。

(六) 系统的大学升学辅导

美国寄宿高中有非常系统的大学升学辅导,从而保证学校的升学率高达100%,这是怎么运作的?美国高中有专业的升学辅导顾问,很多学校从9年级就开

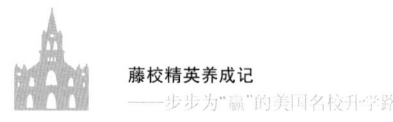

始给学生规划大学申请的事宜,引导学生选择合理的学术课程和课外活动,鼓励他们挖掘自我潜力,并有意识地培养个人能力。同时,升学辅导顾问也会告知学生美国大学申请的注意事项与专业设置,指引学生未来的职业发展方向。此外,学校还会帮助学生安排 SAT/ACT、托福考试,指导他们撰写个人简历、申请文书、递交大学申请等。

另外,美国私立寄宿高中凭借其悠久的办学历史与优良的学术传统等条件,也会吸引大批美国大学来校进行招生宣讲,学生足不出校就可以获得第一手的院校招生信息。不仅如此,寄宿中学也会安排自己的学生去大学进行面试或者实地考察。可以说,就读美国寄宿中学可以零距离接触美国大学,更不用担心接触不到美国的大学资源。

(七)完善的管理,关爱的氛围

美国寄宿高中,管理非常完善,整个学校就像一个大家庭。

1. 住宿日常管理完善

学生入学之前都要填写完善的信息表格,外出的时候必须填写外出表格,并经过自己的父母同意。美国学校对学生外出是有相应规定的,比如外出时间只限定在周末或者假期。另外,他们对学生外出的审核条例也非常严格,比如外出时乘车的司机是有驾照的人,还是有驾照的父母,或是有驾照的同学等都有明确的规定,而这些都是为了切实确保学生的安全。

美国学校对学生的着装也有相应的要求,一般都要求穿制服。男孩子要穿衬衫,着西装,打领带(在出国前,家长最好给孩子准备几套西装);女孩子则要穿裤子或者裙子,正式场合和教堂则要求穿洋装。如果穿裙子,美国校方对裙子的长度也有一个相应的要求,不能太短(美国寄宿制中学对学生的管理非常严格)。

进入美国的寄宿制中学以后,家长一般不用太担心孩子会变坏,这一点大大区别于走读制中学。学生住在寄宿家庭,脱离学校的环境和管理,家长很难跟进孩子的最新学习和生活状态等情况。寄宿制中学对学生的管理则非常完善和严格。下课之后,学生们会有学校组织和安排的相应活动和作业任务,学生的在校时间非常充实。而辅导员老师和宿舍管理员老师也会跟进和沟通学生的各种情况,因此学生根本不会存在荒废度日或无所事事的情况。

2. 校园氛围充满关爱

美国寄宿制中学充满了关爱。学校一般有学生 400 人左右,而教师却有五六十人,基本上 80% 的老师都会住校。每一层楼都有一个老师照顾学生们的起居,且每个学生都有相应的辅导员。舍监和导师的职责是关注和跟进学生的学习状态,并定期和学生的家长沟通、反馈孩子在校的诸多表现。而学生无论是学习上的难点,还是生活中的问题,都有倾诉的对象和寻求帮助的对象,这对孩子身心的健康发展都是非常有帮助的。

二、私立寄宿中学费用

私立寄宿学校的费用一般是 40 000~60 000 美元/年,大部分集中在 50 000 美元/年,这包括学费和生活费。部分比较昂贵的学校费用会超过 60 000 美元/年。ESL 费用一般是在 5 000 美元/年。走读中学虽然学费较低,但需支付寄宿家庭监护人或第三方机构的费用,因此每年费用大致在 50 000 美金以上。

三、私立寄宿中学日程安排

私立寄宿中学日程安排见表 7-2。

表 7-2 私立寄宿中学日程安排表

时间	安排	时间	安排
7:30	早餐	18:00	晚餐
8:00	导师交流	19:00~21:00	自习
8:45~15:00	上课	22:30	关灯休息
15:00~17:00	课外活动		

四、私立寄宿中学和公立中学、私立走读中学的对比

(一) 学术实力与课程难度

美国私立寄宿中学的升学率一直是遥遥领先的,很多学校的升学率甚至达到

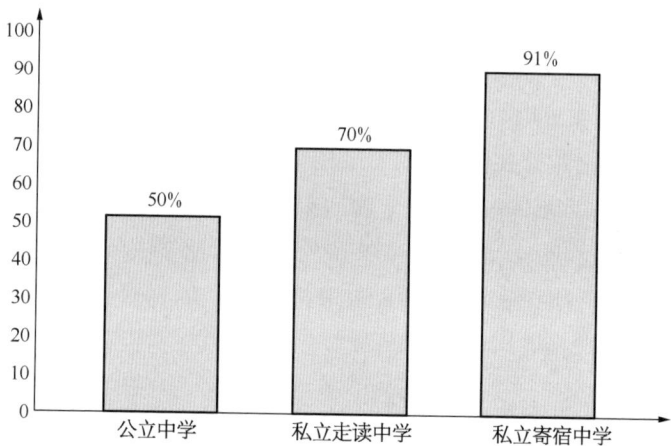

图 7-2 美国中学学术与课程难度比较

100%,而这和学校雄厚的学术实力和极具挑战性的学术课程密不可分。从图 7-2 中可以看出,91% 的学生表示私立寄宿中学的课程非常有挑战性,这个数据远远高于公立中学的 50% 以及私立走读学校的 70%。

(二)学生每周花费在家庭作业上的时间

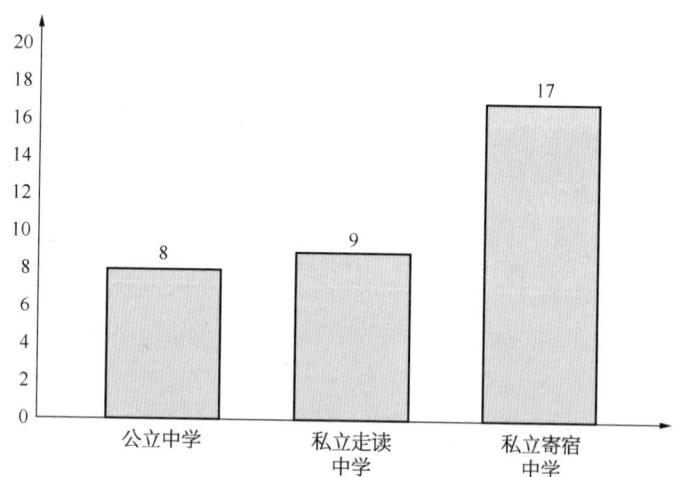

图 7-3 美国中学学生每周花在家庭作业上的时间比较

从图 7-3 可以看出,美国中学学生每周花在家庭作业的时间分别为:公立中学 8 小时;私立走读中学 9 小时;私立寄宿中学 17 小时。相较其他性质和类型的中学,私立寄宿中学的学生每周平均要多花 2 倍的时间在功课上。我们都知道美国私立寄宿中学拥有非常完善和严格的管理制度,学生们只能花更多的时间在功课上,才能应对繁重且并不简单的学术课业,而这从根本上保证了学生的成绩和升学率。

(三)学生兴趣和活动丰富活跃程度

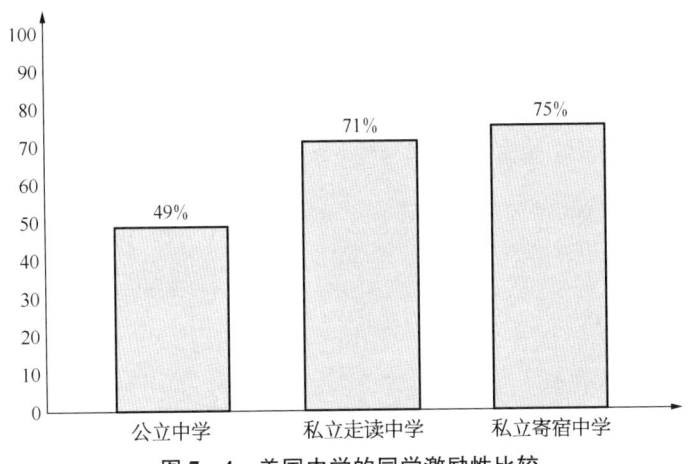

图 7-4 美国中学的同学激励性比较

美国私立中学的学生在招录时是经过筛选的,学生大多是自发性地学习和参与活动,他们设有目标并有很强的执行力。处于这样的学习氛围中,学生自然而然也会受到同学的激励,这比来自父母的督促更有效。相对地,公立中学的学生是经过学区分配进去的,学生好坏程度差异很大,行为不好、学习不好也不会被退学,处于这样的环境中,被同学带坏的概率就高多了,图 7-4 中可以看到 75% 的私立寄宿中学学生认为他们同学是有激励性的,而公立中学仅为 49%,私立走读中学为 71%。

(四)领导力实践的机会

私立寄宿中学的领导能力课程,会要求每一个学生都要做公共演讲,并设计某

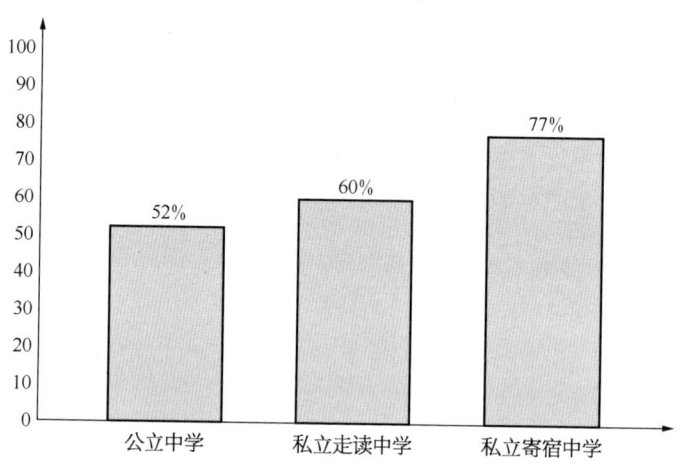

图7-5 美国中学提供给每个学生领导力实践的机会比较

个项目在全校进行推广。可以说,美国私立寄宿中学的学生的演讲能力都是非常卓越的。据统计(图7-5),学校给每个学生领导力实践机会的百分比分别是:公立中学52%;私立走读中学60%;私立寄宿中学77%。

(五)升学预备程度比较

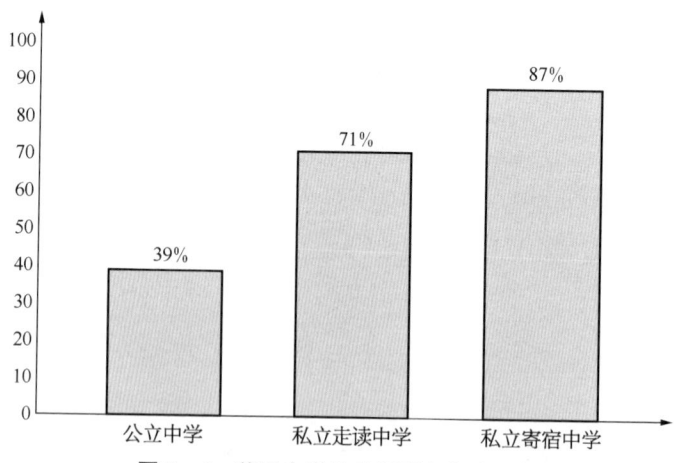

图7-6 美国中学生升学预备程度比较

大家都说美国大学很难读,即使有些国内学生在高中很优秀,但是到了大学也读得很辛苦,其实说明学生原就读高中的学术基础不够扎实才会有这种现象。越是排名靠前的大学作业更多,考试也更难,还需要完成很多课业和演示作业报告。在对进入大学就读的学生调查后可以发现,87%的私立寄宿中学的毕业生认为他们的高中对他们就读大学的准备非常充分,而公立中学这一比例仅为39%,私立走读中学为71%。

(六)毕业生职业发展

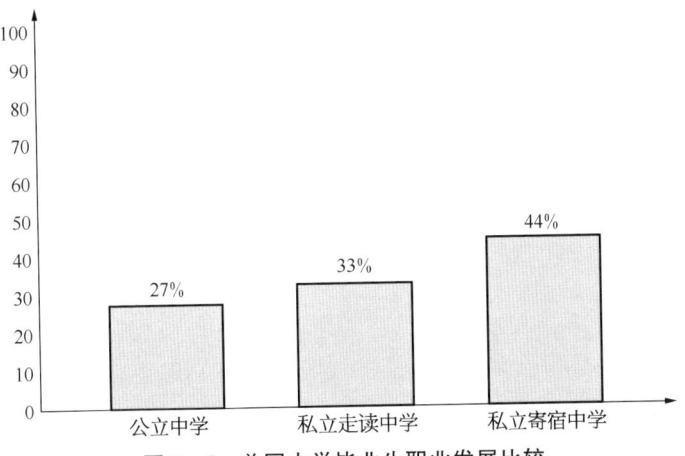

图7-7 美国中学毕业生职业发展比较

美国私立寄宿中学的教育是精英教育,其卓越的学术和课程设计、优越的校园环境和教学设施、严格的教学管理和周到的升学规划辅导,都是为在校的每一个学生的未来生涯夯实成功的基础,这是公立中学和私立走读中学都难以比拟的。如图7-7所示,毕业生在职业生涯中期可以坐到高管的比例和后期可以保持在高管的比例:寄宿中学44%;私立走读中学33%;公立中学仅为27%。

第五节　美国校园生活初体验

谈及美国高中,我们首先了解一下美国高中生活。

藤校精英养成记
——步步为"赢"的美国名校升学路

一、校园规则

在美国,学生初中学业一结束就进入高中(9～12年级)。学生们需要完成某些必修课(如英语、社会学、数学、自然科学、外语和体育等)及选修课(音乐、美术等)才能完成高中学业。

每位学生在学校都有属于自己的储物柜,这个小小的空间可以用来存放书本或私人物品。课本可以选择放在储物柜内而无须随身携带。

诚实是美国社会最基本的价值观,并且大家都奉行不疑,不诚实就会受到公众唾弃。任何形式的作弊在美国学校里都是严令禁止的。若学生被抓到剽窃、弄虚作假,或抄袭其他学生的作业,都会受到严厉的处分,甚至开除。

二、课外活动

美国高中设有非常丰富的课外实践活动,主要有学术性活动、社会活动、艺术类活动、能力锻炼活动以及一些特色活动。

(一)学术性活动

这些活动往往是为了满足学生某一领域学习的深度,在课外能够就这一领域学习到更多的内容或达到更高的高度。这些活动包括奥林匹克科学活动、美国国家荣誉生、智力抢答题小组、图书馆咨询委员会等。学生在这些活动中不仅可以回顾课本上学习到的东西,在课外还可以学习到更丰富的知识。

(二)社会活动

美国非常重视学生的社会贡献意识,强调学生不管在哪里,都是所处社会中的一员,要有大局观,要对这个社会有所贡献。所以学校会鼓励学生参加一些学校和社区服务,参加一些社会义务活动,如红十字会、慈善会等。学生可能会在假期一起去海滩清理垃圾,去公共场所做一些公益演讲等。学生在这些活动过程中就能渐渐培养起贡献意识以及大局观。

(三)特色活动

很多学校都会根据学生的要求以及喜好开设一些特色活动,如家庭生活技能

小组、文化小组、美食社、服装设计社等。学生甚至可以根据自己的喜好在学校申请建立学校原本没有的新社团。

三、体育运动

校方鼓励所有学生参加运动。学校通常设有橄榄球、棒球、篮球、排球、网球和足球等体育活动,有些学校甚至还提供高尔夫、游泳、体操及越野滑雪项目。

四、艺术活动

美国高中艺术活动是不可或缺的,基本上每个学校都会有合唱团、管弦乐团、舞蹈社、吉他社,或者戏剧社。每当节庆的时候,就会有校内或者校外的演出活动。

五、课程设置:主修选修相结合,以学生为本

(一)中美两国高中课程设置的区别

美国高中课程设置分为必修课和选修课两大类,必修课帮助学生掌握必要而合理的相关学科知识,以适应社会基本要求;选修课则充分满足学生的兴趣志向,促进个人特长的发展。

(二)美国高中的课程分配和毕业方式

美国高中的必修课一般设有英语、数学、科学、社会、外语等。这些课程虽名为必修,但实际只是一种宏观构架,每一门必修学科下,还分层次开设不同名目的课程,使用不同水平的教材。

美国高中要求学生在高中期间完成规定学分,随年级升高,每学期学分数(即选课数)增加。一般来说,学生每学期至少选5~6门课。

如果国际学生赴美就读9年级,就可以从头开始积累学分。但是如果就读10年级,就要将国内已学过的课程按照美国高中标准折算成相应科目的学分,然后再选择未修过的课程继续修读学分。一般修18~23个学分就可以获得美国高中毕业证书。

AP课程是大学预科课程,即在高中修读大学一年级课程。AP考试是由大学理事会主办的全国统一考试,全美2万多所高中有60%提供AP课程。学生在入读

大学时，将已获得的 AP 课程折抵为大学学分后可以免修相关大学课程，从而达到缩短学时、节省学费等目的。

目前 AP 考试有 22 个门类 37 门课程，多为计算机、经济学、英美文学、美国政府、物理、化学、美国历史等科目。AP 采取 5 分制，从 1 分到 5 分，3 分以上的成绩被大多数大学所认可，可在日后上大学后折抵学分。少数顶尖大学要求 4 分或 5 分才能折抵大学学分。

由此可见，详细了解美国高中课程是适应美国高中学习生活的第一步，课程选择是否得当，与学业负担、学业成绩和个人前途直接相关。因此选择课程一定要慎重。

六、教学方法：引导启发为主，灌输复制为辅

每个国家的教学方法都有所不同，美国的教育强调调动孩子的主动性，教学方法也侧重于培养孩子的想象力和创造力，以及自学和自我表达的能力。

曾经有一个在美国华盛顿州就读某学校 10 年级的学生，刚听 2 周课就抱怨说，美国老师的讲课水平与中国老师相差甚远，一点都不专业，一堂课像是东拼西凑，不知道讲的重点是什么，根本没办法记笔记，什么也没学到。虽说有点夸张，但是不少高中留学生开始时都会有这样的感叹。中国老师，我们不得不承认，备课非常认真，一节课下来讲的内容很多，条理也非常清晰，同学们也记了满满的几页纸。但反过来思考，老师讲的不都是教科书里有的吗？这不等于老师只是把书里现有的知识给大家复述了一遍吗？而前面提到的美国高中"不认真"式的教学方式，不仅美国高中常见，很多美国名牌大学里也是如此。美国老师的授课方式让许多中国留学生摸不到头脑，感觉跨度好大，似乎是临场发挥，而书上的知识学生得自己学习总结。这样的教学方法培养出来的学生善于多角度思考，因为他们在老师的训练下，形成较强的自学能力和分析问题的能力。

举一个例子，同样是历史课，美国教师给学生布置论文，可能这就是一项考试内容，教师不要求学生背书、默写，而是让他们自己发挥。比如学习近现代历史人物时，要求学生交上一份名单，列举出几位有影响力的美国总统。学生把作业交上去以后，教师再让学生去研究其他的总统，于是学生发现其他总统所具备的一些优秀品质及对美国历史做出的贡献。这种教学方法对于孩子的研究和创造力的培养

是很有帮助的。它让学习成为一件有趣的事情,让学生从"要我学"转变为"我要学",而且他们还可以从这些伟大的人物身上学到优点,这对他们的成长是极为有利的。

所以美国"不认真"式的教学方式,是中国学生必须要适应的美国高中学习生活的一个重要方面。当然随着教育的国际化发展,中美两国的教育也都在逐步完善。

七、学习压力:考虑充分,不打无准备之仗

千万不要低估美国高中的学习压力!很多中国学生和家长总是错误地以为美国中学生的学习很轻松,中国学生在国内课业已经打好基础,只要把英语学好,到美国高中学习后就一定能考上顶尖大学。可编者不得不说,持有这种观点说明学生和家长对美国教育的理解还比较片面。

如果英语基础不是很扎实的国内中学生直接入读美高11或12年级(顶尖高中不提供11和12年级的录取名额),那么在距离大学申请仅剩几个月或一年多的时间里,不仅要顾及美国高中的功课,还要准备托福考试,甚至SAT/ACT考试,压力之大不言而喻。即使是中国学校里相当优秀的中学生,即便英语能力出类拔萃,要短时间内既获得相当高的托福成绩,还取得能与美国学生相抗衡的SAT高分,也绝非易事。所以这种去美国读一两年高中,就可以很容易考入美国顶尖大学的想法是不现实的。虽然过去也有极少数学生考入了理想的大学,但其过程大多是非常艰苦的。

在美国高中,校方一般也不会专门为学生申请大学的考试安排复习方案。因为申请大学的考试是学生个人的事情,必须自己去安排和考虑。中国学生入读美国高中后,平时除了要应对学校里的功课,还要在课后安排社团活动、准备各种考试,可见学习压力之大。

综上所述,从你决定要去美国读高中的那一刻起,为了能很好地适应美国高中的学习和生活,请务必充分了解和评估美国教育及学生学习生活模式。只有这样去美国后才不会有太多的"意料之外"发生。曾经有人把美国比作"天堂"和"地狱",如果你很好地适应了美国的生活,你会觉得它像"天堂",但如果你没有适应这里的生活,你会把它说成"地狱"。希望所有怀着留学梦想的孩子都能找到自己的位置,在学校里游刃有余。

八、如何适应课堂上的活跃与自由

美国中学课堂的确自由,但自由之下亦有序可循,那么美国中学课堂究竟是怎样的情形呢?

首先,我们了解一下美高课堂的教学理念。美国学生学习是因为兴趣,为了能够学以致用。课堂上,老师给学生更多的启迪,带领学生主动探索未知的知识,师生间存在互动和反馈。所以课堂上学生积极性高,气氛也比较活跃。

美国教育强调学生应该学会并拥有独立思考及各种自我表达的能力,因此美国老师常要求学生积极主动参与课堂讨论、发问,或发表个人意见。美国的老师也会不断发问逼你陈述、分享你的看法。事实上,演讲和讨论是美国学校课堂、考试成绩乃至美国教育形式上非常重要的组成部分,你的参与度往往是学期分数的一部分。老师认为课堂讨论是考查你是否有能力与老师和同学进行对话,从而评估你所学到的有多少。

在这里,要提醒中国学生,尤其是习惯了中国式教学的中国学生,初到美国,其自由的课堂氛围会让你很不习惯,看到美国学生不停地辩论、讨论,会有很大的冲击。面对老师和其他同学不同的观点你也不敢反驳,甚至有的学生因不习惯当众阐述自己的观点,而显得腼腆害羞甚至自卑,但这都是中国学生留学美国后应努力克服的困难。即使你觉得自己的口语很差,但只要掌握要表达句子的所有词汇,那么其他人就一定会明白你的发言内容。初到美国的同学们应尽可能多地掌握生活中常用及学术上必要的词汇,而你所顾虑的语音问题会在耳濡目染中向"纯正"的方向发展,英语水平将飞速提高。

课堂上,老师一般不会因为留学生而特别放慢语速,但私下讨论时,老师一定会耐心同留学生交流,所以不必担心自己因问题太多而引起老师的反感。有问题就提出来,绝大多数的老师都能给予来自不同国家、不同文化背景的同学们以充分的尊重,耐心解答你的疑惑。即使口语不好的同学也切记:不要因为怕开口而错失和老师交流的机会。

但同时也要提醒留学生,如果你性格活泼、口语良好,能在课堂上有突出的表现固然好,但是课堂上随意的举动却是不受欢迎的。即便我们强调美国课堂自由活泼,但也绝不是放肆,千万不要抱有招摇或炫耀的目的去上课。

第八章

走上精英打造之路

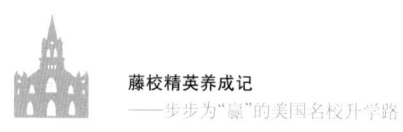

藤校精英养成记
——步步为"赢"的美国名校升学路

第一节　申请前的深思熟虑

中国的家长应该是全世界最愿意为孩子付出、最"望子成龙"的家长了,因此,当时机成熟的时候,中国家长愿意倾其全力为孩子创造更广阔的天空,供其发展。只要条件允许,家长都愿意让孩子得到最好的教育,而让孩子接受美国的高中教育就意味着孩子将有更多机会进入美国顶级名校。

如果您已经准备将孩子送到美国读高中,那么建议您及早准备。因为美国的私立寄宿高中招收国际学生的数量有限,而其录取的标准却普遍较高,特别是美国的高中录取也有很大的灵活性,所以如果已经决定让孩子到美国去读高中,那么在孩子的培养方向上就应有所计划。像本书一开始介绍过的如何准备美国高中的申请,注意培养孩子的英语能力、阅读习惯、领导能力和其他特殊才能等,能够帮助你在高中申请时发挥事半功倍的效果。

什么样的孩子适合到美国念寄宿学校呢?除了家庭经济能力较好以外,关键还得看孩子的个性特点。好奇心、责任心以及认真的学习态度和一点冒险精神,这都是做一名合格的小留学生的必备条件。与此同时,开朗、擅长与人沟通的性格也有利于孩子在留学初期的适应。

美国的学校气氛比较自由、宽松,学生学习靠自己主动,但学习任务并不轻松,需要有好的自律能力,能有效地利用时间。在决定孩子留学前,家长应当对孩子做个留学评估,多问几个问题。如,孩子个性是否比较成熟?孩子是不是比较自律?孩子有没有较强的学习主动性?之所以要谨慎做个留学评估,这是因为美国学习环境与中国教育大不相同,如果没有很强的学习主动性和学习热情,孩子很容易迷失方向。

第二节　何时赴美比较合适

很多时候关于孩子赴美时间点的问题,家长和学生得到的答案是9～10年级是最佳时期,也就是国内初三或高一,很多留学专家也这么建议。这样回答基本没有

— 第八章 —
走上精英打造之路

错，但问题的关键是你准备好了吗？到底什么时候开始准备呢？我们的答案是"什么时候都为时不晚"。

一、专家观点

什么时候真正去留学呢？国内初二读完去美高读9年级其实是不错的时间点，初三读完之后再去读9年级也很不错，甚至对有的学生更合适。国内初三读完之后再去读一次9年级，很多人会认为是重读。"这个不能算是重读一次9年级，不叫做repeat，也不叫做again，因为你初三是在中国读的，在美国所读的9年级，怎么会是重读呢？你这两年所学到的东西是不同的，而且你会准备得更好。"霍奇基斯中学的前招生主任克里斯·唐斯(Chris Downs)先生如是说。

如果你现在是小学三到六年级，那么你就可以合理利用每个暑假去美国，前期两三个星期，之后时间一点点加长到五六个星期，但是去美国并不代表仅仅就是报名去游学营，或到美国各地走走看看。如果是这样，那可能一次就够了。利用假期报名美国学校暑期课程，或者是去报名体验各种主题的营队，如音乐、运动、领导力培养、环境保护、数学探索、自然科学等可能是更佳选择。

因此，建议广大的学生和家长，如果决定去美国读高中，就应尽早规划，尽早接触美国教育环境，找到最适合自己的留学方案，从而在今后的升学和就业中占据先机。此外，参加美国游学团、暑期营队、暑期课程、学分班和高中参观考察团等暑期项目，都有助于将来的留学计划，都是提前感受美国中学的宝贵机会。

如果确实想要去美国发展，那么首先你必须学习好英语。如前文中提到的，英语能力的提高是一个长时间的过程，不是说参加托福培训，做做题和学学应试技巧就够了。其次要注意兴趣跟专长的培养，这包含了喜欢接触新的事物、挑战新事物的良好素质，同时也需要通过坚持和努力不断提升专长水平。

二、留学美国高中方案

因为去美国读高中的孩子年纪都比较小，加之中美中学教育的巨大差异，所以他们需要更为专业和细致的建议。为帮助准备赴美留学的莘莘学子顺利进入理想的高中，并为下一步跨入名牌大学打下良好的基础，我们将根据美国高中申请者所

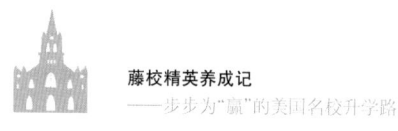

在年级来划分,将不同时间阶段需要做的准备一一列出,申请者可据此做好完善的准备。

(一)初三学生

初中毕业是申请就读美国 9 或 10 年级的最佳时间(建议提供托福成绩和美国私立中学入学考试 SSAT 成绩)。国际学生申请第二年秋季入读美国 9 或 10 年级课程,常规的截止时间大部分为入学当年的 1 月或 2 月。学生在初三就读期间,准备托福考试,时间最好在 9~12 月。

拿到托福成绩后,学生可根据自己的情况及美国校方的招生要求,来决定是否参加 SSAT 考试并选择最终的申请目标学校。

随着中国经济的发展和家长对出国留学认识的增强,赴美留学的高中生人数在逐年剧增,但是美国私立高中的招生数量却增加很少,因此建议申请美国高中的学生最好提前准备英语,提高词汇和阅读能力,在托福考试和面试上取得好的表现,为后续申请打下基础。

9 年级出国优势如下:

(1) 9 年级是美国高中的第一年,在这个年级入学可以保证学生能完整地利用四年的所有时间来完成必修和选修的课程,在学业上更有机会达到一个比较优秀的水平。

(2) 9 年级的学生相对于 7~8 年级在自理能力上会更好,可以自己照顾自己,可以进一步提高他们独立生活的能力。

(3) 比起高年级的学生,他们更容易适应新的环境和教学方式,其创造性思维和独立思考能力更容易形成,这些都将有利于他们今后美本学习顺利进行。

(4) 在进入大学之前也有一个比较长的过渡期,学生可在这段时间内提高自己的英语水平,参加各种活动,提升自己在团队中的地位和影响力,这些都将有利于未来本科名校的申请。

申请建议:家长应该根据学生自身的英语程度,以及未来申请大学的目标期望,来决定是申请 10 年级还是申请 9 年级。申请者应将申请什么学校作为主要考虑因素,以确保申请的最大成功率。

（二）高一学生

学生可以申请入读美国 10 或 11 年级（大部分顶级私立寄宿高中不提供 11 年级名额），建议提供托福或 SSAT 成绩。国内的高一课程也是学生快速积累储备英语单词、句型等的黄金时间，这时候参加托福的相关培训，既可以巩固学生在校期间所学习的英语基础，又可以同时吸收知识。通过更大量的单词记忆，以及适当的精选文章或经典英语读物的阅读，大大提高学生英语的综合能力。

考试的计划应在高一上学期完成。如果学生英语基础较好或是准备考试较早，那么可以提前考好托福，这样即使考试发挥失常，还有时间再考第二次。

因为美国高中 10 或 11 年级对国际生的录取名额比 9 年级少很多，却对托福分数的要求比较高，所以申请者应该更加提前做好英语的提升计划，不仅限于单纯地准备托福考试。只有尽早提前规划，才能更稳地达到满意的分数，增加理想学校的录取机会。

申请建议：学生和家长可优先考虑申请 10 年级，这样一方面可以有比较好的录取机会，另一方面还可以使学生在入学后，能有三年的时间来完成毕业的课程要求，降低课程的压力，有助于学生尽早适应美国的学习环境并取得较好的成绩，对将来申请大学也比较有利。

（三）高二学生

学生有两种选择：选择一，高二申请美国的 11 或 12 年级（名额极少），建议提供托福成绩；选择二，直接准备申请美国大学本科入学。建议学生准备托福或 SAT/ACT 考试。

申请者应先把托福成绩考好之后，再准备 SAT/ACT。另外，在专家合理指导下，进行有利于学生成绩之外的申请背景提高，例如参加有针对性的、有意义的课外活动、竞赛等，这将便于后期申请背景的提升。

申请建议：申请美国的 11 或 12 年级，一般说来难度很高，最好根据自身申请条件，考虑多申请一些学校，并且拉大学校层次的梯度，以确保申请成功的最大可能性，同时也可以直接准备申请美本。

第三节　出国留学八大准备及三大症结

一、八大准备

（一）英语准备

对于准备出国的学生来说，如何强调英语的重要性都不为过，我们也将非常详细地介绍不同年龄阶段的学生该怎么准备语言，希望能够帮助更多的学生圆梦名校。

（二）学术准备

中国学生出国留学，想要融入国外大学的学习氛围，仅仅具备英语水平还远远不够。

申请者在出国前应该认真把自己国内课程学好，同时加强对未来出国后学科专业知识的学习和补充，这样才可以在国外的课堂上游刃有余。简单来说，在校成绩要好，GPA要越高越好。

（三）考试培训准备

留学考试是申请美国高中的门槛，标化考试成绩的高低直接影响了你是否能够成功申请美国高中，而且近年来由于申请人数越来越多，美国高中对标化考试的要求也越来越高，所以在准备留学的时候，考试的培训不能忽略。

（四）活动准备

通过前面的章节，相信大家已经了解了美国高中的录取要求，它不仅仅需要你准备好英语和学术，还要综合考虑你的运动、特长等活动。所以在准备的过程中大家千万不能忽略活动的重要性。

（五）心态准备

中国高中学生因为习惯了国内学校老师和家长共同管理的环境，出国留学后，面对国外完全陌生的环境，遇到困难时许多学生不知如何应对。为此，家长应该提前培养孩子独立面对和解决问题的能力。在孩子遇到困难的时候,家长不需要凡事亲力亲为,请安心做个"甩手掌柜",只在关键时候提供合理的建议和必要的帮助,这样将有助于孩子独立性格的培养,从而帮助孩子向一名优秀的留学生迈近。

(六)文化准备

中西方文化存在着巨大的差异,社会、国情、价值观念、生活习俗都迥然不同。中国学生的留学之路,不仅是在校园中求学的过程,还是接触和了解乃至理解国际社会文化以"为自己发展而用"的一个重要的过程。

在出国前,了解国外的社会人文、历史、经济、民族等方面的丰富信息,会帮助中国学生更快地融入学校环境,进而建立属于自己的朋友和生活圈子。

(七)生活能力准备

出国留学的生活,实际上也是一个孩子开始个人生活的开始,他必须自己坚强面对海外独自生活的各种问题。一个中国中学生出国前,应加强生活知识的培养,包括饮食、生活预算、健康照顾、疾病预防、待人接物、宗教鉴别等。留学就是孩子独立成长的开始,能否具备丰富的生活知识和能力,是留学之路能否成功的关键之一。

(八)资金准备

资金是留学的基础保障,留学孩子的家庭应做好持续支付学生海外学习费用的资金准备。另外,同步积极做好孩子出国留学前其他的准备,才能使孩子更高效地完成海外留学计划。

二、三大症结

近年来,美国高中申请难、录取难的现象日益突出。

(一)录取名额有限

近年来,去美国读高中的人数不断攀升,而美国高中录取名额却有限,导致录取的要求不断提高和申请竞争态势日益激烈。在数以万计的申请者中,综合素质较高并且来自富裕家境的学生更受青睐。

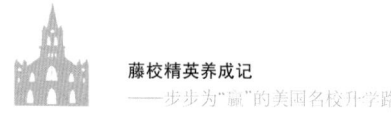

近几年来,美国高中的入学审核不仅关注学生的在校成绩、标化考试成绩、在中国所就读的学校、所申请的年级、英语的发音和沟通流利程度、音乐和体育的天赋与特长,而且更进一步关注到学生的家庭背景。在申请者条件相当的情况下,他们推荐者的地位和能力将也被当作审核的重要参考标准之一:是毕业的杰出校友?是大额捐款家庭的推荐?是由可信任的人推荐?入学后家长能否成为潜在的捐款者?多年之后学生能否成为潜在的捐款者?这些也将成为能否获得录取名额的微妙因素。因此,如果没有完善的申请策略和计划,再优秀的学生也可能候补等待,高分低取,或者是就读竞争较不激烈的走读学校。

(二)申请材料内容空洞

美国高中在录取学生时很看重申请人的综合能力以及学习潜力,而成绩优秀只是参考因素之一。但是很多中国的学生在填写申请材料时提及最多的就是学习成绩如何优秀,却在社会实践、兴趣爱好等方面惜墨如金,通篇申请材料的内容显现不出申请者自身的思想观念,也体现不出成熟度和责任心,这在美高私立名校的申请中是极为不利的。

此外,学生在突出自己的时候要有"真实性",推荐信、个人陈述、语言成绩、面谈时的英语表达能力和谈话内容等要与所提交申请材料相匹配,这点非常重要,学生和家长在准备时一定要细心和用心。

(三)启动时间晚,准备策略不正确

现在美高申请中有一种现象很突出,那就是申请者启动时间晚,但期望值却很高。有两种典型的情况:

第一,有些学生没有完善的英语能力提高计划,只盲目迷信名师,盲目迷信做题,认为这样考试分数会快速提高,这使得许多初中生在缺乏扎实英语基础的情况下,直接参加托福和SSAT的培训,从而错过了出国计划启动后关键的3~6个月的英语提升黄金时期,导致最后考试成绩不佳,申请结果与原先预期落差极大。

第二,有些学生在申请初期,没有到目标院校参观,匆忙展开申请,心态没调整好,心气儿很高。在面试时一问三不知,答非所问,没有让美国学校招生主任感觉到申请者强烈的入学欲望和端正的求学态度,也没有给招生官留下深刻的印象,最

— 第八章 —

终导致申请惨败。

  值得注意的是,随着申请难度提高,参观学校和校园面试已成为申请美国高中非常重要的一个环节。虽然大多数学校都接受申请人 skype 面试,但是申请人直接去学校进行面试,对于众多条件相近的申请者来说,更能体现出他们对出国留学的慎重,以及对所参观、拜访学校的重视。不过计划、安排参观和面试,并和学校完成预约,就要花上很多时间和精力,同时也是一笔不小的费用,因此合理选择所申请的学校,并妥善地安排好面试时间以及整个行程,也是一门重要的学问,不可忽视。

第九章
美国高中申请秘籍

第一节 高中申请所需的语言考试

一、SSAT 简介

SSAT，全称 Secondary School Admission Test，中文名称为"美国中学入学考试"，是美国中学入学考试委员会 SSATB(Secondary School Admission Test Board)命题的考试。适用于美国、加拿大私立中学的入学，是申请者所必须具备的一个考试成绩，目前有 1 000 多所美国私立中学在录取过程中把 SSAT 考试成绩作为衡量申请者的标准之一。

（一）SSAT 考试级别

SSAT 主要测试学生的数学、英语程度及理解力。考试分为数学、词汇、阅读三大部分，另有作文（不记分）。SSAT 考试前三个部分为计分项目，写作部分虽然不计分但会在寄送官方成绩给学校时以复印件一并送达，所以也需要重视。SSAT 主要分为以下三个层次。

（1）Upper Level SSAT。Students currently in grades 8～12 Apply for 9th and 12th grades。

各部分分数范围：500～800。总分范围：1 500～2 400。

（2）Middle Level SSAT。Students currently in grades 5～7 Apply for 6th and 8th grades。

各部分分数范围：440～710。总分范围：1 320～2 130。

（3）Elementary Level SSAT。Students currently in grades 3～4 Apply for 4th and 5th grades。

高年级分数区间为 1 500～2 400，其中数学(quantitative)、语文(verbal)、阅读(reading comprehension)每个单项的分数区间为 500～800。也就是说，即使整张卷子完全不回答也会有 1 500 分，所以一般来说需要考到 2 000 分以上才具有竞争力。另外一方面，每次考试还会给出单项的百分比成绩(percentile)，这个成绩是将考生

这项成绩和过去三年同年级同性别的考生的成绩进行比对所得出的,具有更强的指示性。美国排名前 30 名的私立寄宿高中一般要求达到 2 200 分以上及 90%以上才算达到基本录取分数线。

(二) 考试结构

SSAT 分为写作和选择题两种题型。选择题均为 5 选 1,答题方式为填写答题卡。

1. 写作

2012 年之前 SSAT 的作文题目只有一题叙述描写的作文题,让学生二选一写一个。这种创造型写作适合美国学生或英语是母语的学生,需要学生利用自己的想象力去完成一篇作文,对于中国考生难度非常大。

2. 选择题

接下来的四个部分均为选择题,包括数学两个部分(各 30 分钟,各 25 题)、语文(30 分钟,60 题)、阅读(40 分钟,40 题)。特别要注意的是选错答案是要倒扣分的,每错四题倒扣一题分数,所以不能乱猜。

(1) 数学。无论是 SSAT 的 Upper 还是 Middel Level,其数学部分的考查内容均不超出国内初中教学的知识点范围,其难点在于:由于采用全英语命题,在理解应用题的题意时,一定要熟悉最常见的表达方式。题目中不会有复杂的精确计算,但是考查估算能力,所以计算器是不允许带入考场的。数学两个部分的难度和范围完全一样,SSAT 会在数学两个部分之间插入一个非数学的部分,以便让考生科学用脑。

(2) 语文。语文部分是对词汇的直接考查,对于英语非母语的中学生难度很大。这部分共 60 道题,具体又分为 30 道同义题、30 道类比题。

同义题,题干为一个单词,要求考生从 5 个选项中选出一个和题干中单词意义相同的选项。这部分考查的是词汇量,在高级 SSAT 中达到 9 000 词水平,在低级 SSAT 中达到 7 000 词水平,远远超出了国内英语教学的要求。解答这类题时,除了依靠很大的词汇量,还可使用基于构词知识的猜测和排除等方法。

类比题的形式接近中国古代的"对对子",比如某道题,题干中给出的是"frog

对 toad"，则答案可以是"turtle 对 tortoise"（内在联系为水生对陆生）。解答这类题，挖掘给出的两个词之间的联系，甚至是拼写方面的，然后在选项中寻找内在联系类型相同的一项即可。

（3）阅读。阅读一般考 8～9 篇文章，来源非常广泛，题材和体裁五花八门，有时甚至考查短小的抽象诗歌。在如此快的阅读和做题节奏下，考生势必需要具备在快速阅读中掌握主题和定位细节的能力。个别题目还涉及偏主观的理解，有点类似于国内语文考试的阅读主观题。

（三）分数计算及其含义

写作部分不评分；其余部分所有的选择题，每做对一题得 1 分，做错一题扣 1/4 分，放弃得 0 分。分数只和做对的题数以及做错的题数相关。所以懂得适当的放弃，也是一种智慧。

这样的答题对错情况，经过换算，得到等级分（scale score）。实际计算时，数学的两个部分是被合为一个 50 题的部分计分的，因而整个 SSAT 可以分成数学、语文和阅读三大部分，题数分别为 50、60 和 40。高级 SSAT，各部分的等级分介于 500～800 分，总分最低分为 1 500，最高分为 2 400。

表 9-1 和表 9-2 分别为 Upper/Middle Level 考试流程和 Elementary Level 考试流程。

表 9-1 Upper/Middle Level 考试流程

Section	Number of Questions	Time Allotted To Administer Each Section
Writing Sample	1	25 minutes
Break		5 minutes
Section 1 (Quantitative)	25	30 minutes
Section 2 (Reading)	40	40 minutes
Break		10 minutes
Section 3 (Verbal)	60	30 minutes
Section 4 (Quantitative)	25	30 minutes

(续表)

Section	Number of Questions	Time Allotted To Administer Each Section
Section 5 (Experimental)	16	15 minutes
Totals	167	3 hours, 5 minutes

Of the 167 items including the writing sample, only 150 questions are scored.

表9－2　Elementary Level 考试流程

Section	Number of Questions	Time Allotted to Administer Each Section
Section 1 (Quantitative/Math)	30	30
Section 2 (Verbal)	30	20
Break		15
Section 3 (Reading)	28	30
Writing Sample	1 prompt	15
Totals	89	110 minutes

二、托福简介

托福，即 Test of English as a Foreign Language，简称 TOEFL，由美国教育考试服务中心(Educational Testing Service，ETS)举办，是一种针对母语非英语的人进行的一种英语水平的考试。中文音译为"托福"。

2005年9月，ETS 在全球推出了一种全新的综合英语测试方法，即能够反映在一流大专院校教学和校园生活中对语言实际需求的新托福考试，即 TOEFL IBT (internet based test)。托福考试成绩的有效期为两年。

新托福由四部分组成，分别是阅读(reading)、听力(listening)、口试(speaking)、写作(writing)。每部分满分30分，整个试题满分120分。

考试采用真实场景，如模拟大学校园中的动态和交互式环境，试题综合考查听、说、读、写四项英语语言能力，考生可充分展示使用英语进行交流的能力。

托福考试通过互联网进行，考试采取机考形式。新托福考试的考试时间和各

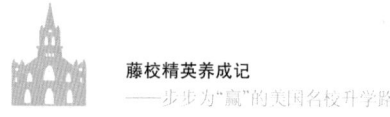

部分试题数目都是固定的。但该考试不采用计算机出题的方式,即题目难度与上一题回答是否准确无关。

(一)托福的影响力

至今为止,美国和加拿大共有2 300多所院校规定,凡是外国学生申请到该校入学学习的,必须提供托福、GRE、GMAT或TSE的某一项或两项标化考试证明,只有达到学校所要求成绩的报考者,才能取得入学和申请奖学金的资格。除了美国、加拿大等大部分国家的高等院校外,欧洲(如英国)、大洋洲(如澳大利亚、新西兰)以及东南亚一些国家和地区也都已承认托福考试成绩。

申请研究生几乎所有的学校托福分数线都在100分以上,而本科前50名也要100分,50～100名也有80%的学校托福要求100分。美国私立高中的寄宿学校前50名,平均录取分数也都要在100分以上,50～80名的大部分学校平均录取分数在80～100分。

(二)考试结构

1. 阅读

阅读部分有三篇文章,考生不需要在答题之前通读全文,而是在做题的过程中分段阅读文章。每篇文章对应有11道试题,均为选择题。除了最后一题之外,其他试题都是针对文章的某一部分提问,试题的出现顺序与文章的段落顺序一致。最后一题针对整篇文章提问,要求考生从多条选择项中挑选若干项对全文进行总结或归纳。这部分持续时间为1小时,在此时限中考生可以复查、修改已递交的答案。

2. 听力

由两篇较长的校园情景对话和四篇课堂演讲组成,课堂演讲每篇长约5分钟。由于是机考,考生在听录音资料之前无法得知试题。在播放录音资料时,电脑屏幕上会显示相应的背景图片。考生可以在听录音过程中记笔记。考生不能复查、修改已递交的答案。这个部分持续大约50分钟。

听力水平无疑是新托福成功与否的关键,除阅读外,无论哪一部分都离不开"听"。对于中国考生来说,听力却正是薄弱环节。中国考生提高听力的其中一条

有效途径是"听写法",即把相关听力材料拿来精听,并把听到的内容逐句写下来。

3. 口试

这个部分共有 6 题,持续约 20 分钟。第一、二题要求考生就某一话题阐述自己的观点。第三、四题要求考生首先在 45 秒内阅读一段短文,随后短文隐去,播放一段与短文有关的对话或课堂演讲。最后,要求考生根据先前阅读的短文和播放的对话或课堂演讲回答相关问题,考生有 30 秒的准备时间,然后进行 60 秒的回答。例如,短文中描述了对学校体育馆进行扩建的两种方案,对话中一位同学阐述了自己的立场,即赞成哪种方案,反对哪种方案,并列举了若干理由。要求考生叙述对话中同学的立场并解释他/她列举了哪些理由支持这一观点。

第五、六题要求考生听一段校园情景对话或课堂演讲,然后回答相关问题。考生有 20 秒的准备时间,之后进行 60 秒的回答。例如,先播放一段市场学课堂演讲,演讲中教授列举了两种市场调查的方法,然后要求考生使用课堂演讲中的观点和例子描述教授列举出的两种市场调查的方法。

考生可以在听录音过程中记笔记以帮助答题。在准备和答题时,屏幕上会显示倒计时的时钟。

4. 写作

写作部分要求考生在 1 小时内完成两篇作文。其中一篇要求考生在 30 分钟内就某一话题阐述自己的观点,字数要求为 300 字以上。另一篇则要求考生首先阅读一篇文章,5 分钟以后,文章隐去,播放一段与文章有关的课堂演讲。课堂演讲列举了一些论据反驳文章中的论点、论据。随后要求考生在 20 分钟内写一篇作文,总结课堂演讲的论点、论据,并陈述这些论点、论据是如何反驳文章的论点、论据的,字数要求为 150～225 字。在写作时,文章会重新显示在屏幕上。这篇作文不要求考生阐述自己的观点。

5. 加试

一般实际考试中,考生往往会在听力或阅读部分碰到加试试题,也有可能阅读、听力两部分同时被加试。加试部分不算分,但考生事先并不知道哪一部分是加试部分,所以应该认真对待。

（三）托福各单元和加试时间表

托福考试到场时间：8:30（考生入场时间千万不要晚于 8:30）。

托福考试开考时间：9:00。

托福阅读考试时间：1 小时（遇加试时，时间为 100 分钟）。

托福听力考试时间：1 小时（遇加试时，时间为 90 分钟）。

托福口语考试时间：20 分钟。

托福写作考试时间：50 分钟。

托福阅读和听力部分的考试结束后，考生将有 10 分钟的休息时间，需要特别注意的是这是可能要看你遇到的加试是阅读部分还是听力部分；另外在考试过程中，考生不可以去上厕所，想要去上厕所可以在中场 10 分钟休息的时候。

（四）考试分数

考生参加完托福考试后 15 天左右，会收到分数报告，标明其整体英语水平和各单项语言技能的成绩，显示考生是否已具备在英语语言环境中参加学术学习并在学习中取得成功所需的技能。随着分数报告，托福会提供一个诊断报告，说明考生哪些技能已达到标准，哪些还需提高，从而使考生本人和教师了解考生的英语语言学习要求。

报告中四项技能的分数可以让学校的教师考查申请者是否符合本校对英语技能的要求。分数报告将帮助学校在信息充足的情况下做出决定，录取最合格的学生。

三、"小托福"简介

"小托福"，即 TOEFL Junior，也称"初中托福"，是 ETS 专为全球 11～15 岁中小学生开发的权威英语能力测试。该考试不仅可以作为中小学生北美高中留学的英语能力认证，更可以测评现阶段学生的英语水平，为提高英语能力或者将来参加托福考试提供权威指导。是 ETS 托福家族最新成员。

市场研究表明，一个精心设计的、能帮助学生尤其是中学生衡量英语能力的客观方法已成为全球需要，ETS 为此开发了"小托福"。"小托福"考试满足初中学生的英语学习需求，该考试已经在美国、日本、韩国等 30 多个国家展开。2012 年 6 月 30 日，

第九章
美国高中申请秘籍

SLEP(Secondary Level English Proficiency Test)考试正式被"小托福"考试取代。

根据"小托福"官网最新消息,为了适应中国学生的学习现状,进一步放宽"小托福"考试对年龄的限制,"小托福"考试的报考年龄上限为17周岁(含),下不设限。

(一)考试结构

"小托福"考试主要由三大部分组成:听力、语言形式和含义(可以理解为语法和词汇)、阅读。考试时间大约2小时,满分为900分。

(二)考试内容

该考试有三大部分,每部分均为42道选择题;听力35分钟,语言形式和含义25分钟,阅读50分钟,共110分钟。

1. 听力

"小托福"测试了学生在以英语为媒介的环境中的英语听力水平,包括三种能力:

(1) 基本的与人交流的能力。学生必须能理解日常发生在学校的一些熟悉的话题,包括相关话题的大意和重要细节。根据已有或即使没有明确说出的信息做出推理的能力,以及理解说话者意图的能力,并且能明确根据口语的语调和重音分配等解读信息的能力。

(2) 对以指导为目的信息的理解能力。学生必须理解老师和其他学校工作人员为一系列非学术性目的所使用的语言:包括课内和课外的用语(例如外出调研、学校图书馆和礼堂)以及演讲用语(例如通知、提示、邀请、警告等)。在听此类口语时,学生必须理解信息的目的,根据说话者已有但是没有明确说出的信息做出推理。

(3) 对以学术为目的的信息的理解能力。学生需要理解学术材料里出现的演讲或者讨论内容的大意。这些演讲以正式形式呈现并且展现出独特的口语特色(例如相对复杂的动词形式、相对较少的名词化结构、偶尔的停顿和不娴熟)。在听学术材料的演讲时,学生必须能够理解大意和重要细节,必须能根据已有和暗示的信息进行推断,必须能认清演讲者的目的,并且认清演讲者演讲中的修辞手段等(例如比较和对比、原因和结果等)。

2. 语言形式和含义

在以英语语言为媒介的环境中发展英语的能力时,交流能力(例如听和读)是最基本和最重要的。然而,对于国际学生来说,像语法和词汇这种能力也十分重要。这些技能提升并不只在于学好它们本身的重要性,更在于它们能帮助提升我们的交流能力。在发展这些技能时,学生不应该只关注形式,更应该把英语语法和单词作为一项创造各式各样文本的工具。学生应该能够识别语法要素和词条,理解英语语法和词汇在不同语境和文本中如何正确使用。

3. 阅读

"小托福"考试评估了在英语媒介的环境中学生的阅读理解能力,包括两项基本阅读形式:

(1) 阅读和理解学术文章的能力。学生需要阅读和理解一系列跨学科领域(例如艺术、人文、科学和社会科学)和体裁的学术文章(例如说明文、传记、议论文、散文)。他们还需要阅读不同难度水平的文本,尤其是那些在英语环境课堂上使用的内容。在读这些文本时,学生要通过理解大意和主要的论据信息来做出推断,并且理解核心词汇(不管来自以前的知识还是文本)以及文本内部的紧密联系(例如句子之间暗示性的联系)。

根据具体的段落性质,学生需要了解作者的目的,理清逻辑并看懂修辞结构、文章进程和指示,识别并理解比喻性语言。与听力相比,阅读文章不会要求掌握太多具体的背景信息,但是有时要求学生通过阅读从上下文中掌握新的学术信息。

(2) 阅读并理解非学术性文章的能力。尽管学术性文章已经成为英语语言学习方面的主要挑战,但学生也必须能够阅读非学术性文章。包括通信方面的(例如电邮和信件)、日志、著作以及一些短文(例如小册子、广告、时间计划等)。在读非学术性文章时,学生必须能够解释同学术性文章相似类型的细节,也要明白非学术性文章的一些显著特征(例如一些习语的频繁使用)。

(三)托福与"小托福"分数的换算

托福与"小托福"分数的换算见表9-3。

表 9-3 托福与"小托福"分数的换算

托福分数	"小托福"分数
0~56	630~735
57~86	750~825
87~109	840~900
110~120	

第二节 美国高中申请秘籍全公开

一、申请类型

(一)首轮申请

美国寄宿高中首轮申请的截止日期大多在1月15日或是2月1日之前,然后1月份到2月份进行面试招录,结果在3月10日会通知学生。一般情况下,学校都会给学生一个月的时间来考虑、选择自己的录取结果,让学生最后确定自己到底选择哪所学校。一旦确定了学校,就要按学校的收费政策缴纳押金来为自己保留录取名额,学校在收到押金留位费后,就会签发 I-20 表格用以签证。

(二)滚动招生

有些学校在第一轮的招生截止日期之前就已接收申请,并且在审核过后提前公布结果。申请一部分这类学校的好处是可以提早在3月10日之前就被学校录取,安心地等待其他学校的申请结果。缺点是这类学校会要求录取的学生先交一部分的押金,一般是 2 500~10 000 美元以保留位子,如果学生选择其他更好的申请结果,所缴的押金不会退还。

有部分的寄宿中学名校在申请截止日之后也还会接受申请,只要学生足够优秀,具备学校入学的条件。如果在申请截止日期之后,甚至是3月10日第一轮结果公布之后,能够直接找到招生官,学生还有机会被学校破格接受申请。但是这种方式通常会比第一轮申请的机会要少得多,因为很多学校在第一轮的招生中就将名额招满了。不过有些学校在第一轮的招生中,可能有部分录取的学生放弃了该校的名额,其他学生还是有机会被补录的。如果学生和家长决定申请的时间较晚,或是对第一轮申请结果不尽满意,可以把握好这次机会,调整好心态,积极投身于滚动式录取的申请当中。

二、美国高中申请流程

1. 了解学校信息

申请者可以通过学校官方网站或 Boarding School Review 的网站查看美国私立高中信息。在看学校信息的时候,学校的硬件设施、校园面积、课程设置、是否提供 ESL 及 AP 课程、师生比例、国际生比例、财力情况等都是需要关注的。

学校硬件设施的先进与否决定了学生日后可利用学校资源的多少。毕业去向也是比较重要的一个方面。毕业生的 SAT 平均分可以作为这个学校毕业生大学申请条件的重要参考。

2. 自我定位

自我定位就是自己适合什么样的学校。学生在选择学校之前,首先要根据自己的特点、优势与劣势,结合自己的兴趣,对自己的情况做全方位的评定,然后再选择适合自己的学校。其次,就是要看是否符合你的水平。自己是否达到了学校所要求的条件。有时申请者对自己的定位偏高,选了多所超出自己水平的学校,这样申请者被学校录取的概率就可能大大降低了。

3. 选择学校

择校需要非常慎重。选择学校要了解自己想去、有能力去怎样的学校。做好了自我定位之后,就可以按照自身条件和各项需求来选择自己想去的学校。在做出最后选择之前,还需要注意以下一些地方。

首先,拉开选校的档次。适当选一些高于自己定位的学校,再选择一些低于自己定位的学校。整个择校名单以两头小、中间大,呈橄榄状为宜。

其次,关于保底学校,不要选择自己不喜欢的学校。即使是保底学校,也务必保证有吸引自己的地方,对保底学校的选择一定不能草率。在申请竞争激烈程度逐年提高的现实环境下,有越来越高比例的学生在千辛万苦走完整个前期准备和

后期申请流程之后,最终被自己原先所设定的保底学校录取了。如果他们当时对保底学校的选择是心存反正不可能只录取保底学校的侥幸心态,没有认真考虑保底学校是否是自己喜欢的或是能接受的,那就后悔莫及了。同时,因为校招生办公室在申请审核时,考虑的因素很多,除了学生的条件之外,还有家庭的情况和条件,也包含了学生录取之后是否一定会来报到就读等多重且复杂的因素,所以档次低的学校并不一定安全保底,也并不一定会给你录取通知。

再次,选校时应该注意一些硬性数字。比如学校的申请截止日期(deadline)、学校对托福、SSAT 等的要求和自己准备时间的安排,以及参访学校与校园面试的其他一些信息。

最后,不要唯"名校"是瞻。其实不是人人都要进"十校联盟"或前 30 名的高中,重点是你进去之后能不能成功。你要先想好,你是否做好了与高手竞争的心理准备。

4. 递交材料

在申请后期,学生要向学校递交申请表格、初高中成绩单、正式的考试成绩、家庭银行存款资金证明等。近两年来第三方面试维立克越来越重要,直接影响很多学校的面试。目前有相当大部分的私立寄宿高中要求学生首先寄送维立克视频,然后根据维立克的结果联系学生和家长安排面对面或者 skype 面试,并提交材料。

在申请材料递交后,学生仍然要时刻关注校方动态,积极配合校方,例如补齐一些申请材料等,当校方确认所有申请材料均已完整时,就要耐心等待校方的消息了。如果符合条件,学生将会在 3 月 10 日收到录取通知书。拿到学校录取通知书,签入学合同,缴纳一定金额的保证金后开始准备签证。

三、留学申请材料准备注意事项

(一) 在校成绩单

在申请美国高中时,在校成绩单是必不可少的。这是美国学校考量是否录取学生的一个重要方面。因此在申请准备前期,学生需出具一份盖有所读学校印章的成绩单。

一般而言,初中各年级的成绩单是必须出具的。是否要出具高中成绩单就按照申请年级而定了。假如有一个初三的学生申请美国高中 10 年级,那么他只需出

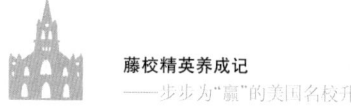

具国内初中年级的所有成绩；若是高一的学生申请10年级，就需要出具所有初中各科成绩及高一时的在校成绩。

（二）语言成绩单

如之前提及的托福、SSAT、"小托福"等标化考试成绩。

（三）文书准备

留学文书主要由文书（essay）、推荐信、个人简历及相关留学申请材料构成。留学文书是出国留学申请中的重要材料，海外院校招生官将会通过留学文书了解申请者的背景和经历是否表现出了独特的素质。

一般来说，文书要展现学生多方面的背景，如运动、课外活动、兴趣特长、家庭环境、奖项等几大类。

说起活动，往往中国学生的活动里缺了一个因素，就是挑战新事物。在美国是怎么定义活动的呢？他们所说的活动就是你有新事物去尝试（try new things），先遭遇困难、挣扎，然后克服（overcome），最后可能变成你的专长也可能认清放弃，但是这个过程就叫做活动。不是说你某个暑假参加了一个活动，就是申请学校时的活动，这是国内与美国对活动的不同定义。因此，在写文书展现活动时，你应该更多强调做活动的过程，而不是用中国式的思维去呈现。

在高中留学申请的材料中，推荐信作为重要的一环，几乎是每个学校都需要的一类文书。一般来说，学校会需要学生提交三封推荐信，分别为英语老师、数学老师以及校长/教导主任/班主任的推荐信。

推荐信是从第三者的角度去客观地评价高中申请者的学习水平、学习能力和潜在发展方向，以及待人处事的能力、主观能动性、适应能力等。学生的每一个学习阶段，体现着一个人的潜在学习能力，既是前一阶段的继续和提升，又是后一阶段的基础和铺垫。于是从最直接观察和发掘这一能力的推荐者（一般都是班主任或任课老师）这个角度去证明申请人的背景条件有着相当大的说服力。

（四）网上申请与材料寄送

1. 网上申请

美国高中申请系统主要使用 SAO（Standard Online Application）和 Gateway,

有个别学校如乔特罗斯玛丽中学是使用学校官网。SAO 中部分内容可用于 Gateway 的各校文书。

1) SAO

美国多数高中接受以 SAO 系统提交申请,少数学校仅接受 Gateway 系统提交申请。

2) SAO 材料组成

包括 SAO 文书、推荐信(recommendation letters)、学校要求的补充材料(school supplements)。

(1) SAO 文书。SAO 文书包括两个部分:学生问答(student's statement)和家长问答(parent's statement)。

① 高中学生问答题(student's question & essay)。

A. 短题(short answer)。

a. Which school subjects interest you the most and least interest to you? Why?

列出最感兴趣的科目并解释原因,最不感兴趣的科目是什么,为什么?

b. When did you learn English? How? Have you ever attended any training center outside school?

你从何时开始学习英语的?怎么学习的?是否有参加过学校以外的培训机构?

c. List and describe your level of interest and participation in school activities (school volunteer groups, athletics, music, fine art and drama etc.). In which activities do you plan to participate in the future?

列举并描述你参加过的校内兴趣活动,如学校志愿团体、体育、音乐、美术、舞台剧等。将来计划参加何种活动?

d. List and describe your level of interest and participation in hobbies, activities, and groups not associated with school such as sports, travel and summer camp.

列举并描述你的校外兴趣爱好以及参加过的校外活动,如运动项目、旅游活动、暑期活动。

e. List all the awards or honors you received in the past two years.

列出这两年内所有校内校外获得的荣誉与奖项(含奖项名称、内容、颁奖单位及时间）。

f. What kind of class/school leader did you ever serve as?

曾担任过的班级或学校干部吗？

g. Have you traveled to other countries? What countries have you been to and when?

你到别的国家旅游过吗？你到过哪些国家？什么时间？

h. What reading have you enjoyed most in the past year and why?

过去一年你最喜欢的读物是什么，为什么？

i. What is your most favorite movie?

你最喜欢哪部电影？

j. Please describe your strengths and weakness with specific examples.

描述你个性上的优点及缺点，并用相应的事实加以证明（优点）。

k. Something you want to improve, both academically and personally.

你希望改进的学习上及生活上的地方有哪些？

l. Tell me about your family.

讲讲你的家庭。

m. The reasons that you want to study in the United States or transfer? What do you expect to learn or achieve?

你想申请美国中学或转学的原因是什么？你想从此次留学生活中学到什么？

n. What do you like about the school you apply? What do you hope to learn in this school? Or what do you think it has to offer that you are unable to get at your present school?

你喜欢现在所申请的学校的哪些地方？你想在这里学到什么？或者你认为你申请的学校与你现在所在的学校有什么不一样？

B. 长题（essay）。

Please answer all of following short essays and then write a 250～500 word response to it.

请回答以下所有的问题，250～500字（请选择一个能体现你个性的题目来写，

必填)。

a. Describe a person you admire or who has influenced you a great deal.

描述一位让你最敬佩或给你影响最大的人。

b. What makes you the interesting person that you are? (Be sure to include the qualities you like best about yourself.)

是什么让你成了一个有趣的人?(务必包括你最喜欢的关于自己的个人素质。)

c. Explain the impact of an event or activity that has created a change in your life or in your way of thinking.

描述一件对你的生活或思维方式产生影响的事件或活动。

② 家长问答题(parent's question & essay)。

a. What qualities of character and mind in your daughter or son most delight you? Please provide examples.

你女儿/儿子让你最引以为豪的性格和素质是什么?举出实例说明。

b. What do you believe your son or daughter will contribute to the school community?

您认为您的儿子/女儿会给我们学校做出哪些贡献?

c. Have you any concerns about your child's readiness for independent school?

您认为您的孩子准备好了念私立学校吗?您有什么顾虑吗?

d. What has posed the biggest academic and/or extracurricular challenge for your child?

您的孩子在学习或者课外活动中遇到的最大挑战是什么?

e. The reasons that you want your son/daughter to study in the United States or transfer.

你想让您的儿子/女儿申请美国中学或转学的原因是什么?

f. What do you expect your child to achieve or learn after studying at this school?

在这所学校中,你希望你的儿子/女儿得到哪些教育,获得哪些成长(学业上/生活上/性格上等)?

g. Is there anything about the sequence of your child's schooling that we should know? Did you son or daughter ever skip or repeat a year? Was your son or daughter ever asked to withdraw from a school, suspended or put on probation? Please explain.

您孩子的学习生涯中有什么特别的事情需要告知我们吗？比如是否有跳级或者留级，是否曾被学校勒令退学、休学或留校察看吗？请解释。

（2）推荐信。一般来说，SAO 系统需要学生提交三封推荐信，分别为英语老师、数学老师以及校长/教导主任/班主任。

① 查询每个学校对推荐人以及推荐信内容有否要求，部分需要有指定的推荐老师要求，在指定学科下的老师，对推荐信的内容也会有针对学生学业或者领导能力评价的要求。

② 推荐人的选取一定要是熟悉学生的人，能对学生做出直接评价(注意：选取在一定领域内有威望的推荐人，要强调推荐者与学生的联系，可点明是与父母之间的关系。另外这样的推荐人写推荐信时，最好结合学生的学业、活动和成长历程)。

③ 推荐信内容。对学生的评价重点在三方面：学术、活动、个人能力。避免仅用形容词来描述学生的优点，需用具体的事例来展现学生的能力。

a. 学科老师。对学生的学术的兴趣、课堂参与、小组合作进行评价。

b. 校长/教导主任/班主任。对学生进行全方位的评价：学业表现、课外表现、活动情况、个性特点。

2. 材料寄送

在完成网上申请后，就应该准备寄送材料。

对于大多数学校来说，由于你在网络上可能已经提交了文书、推荐信和成绩单，那么在寄送纸面材料的时候一般不需要再次寄送前述材料。

而对于考试分数的寄送，部分学校可以先行接受成绩单的复印件，建议先向学校了解，这样可以节省一大笔费用。

一般需要寄送的材料和寄送地址都可以在相应学校的网页上查询到。

材料寄送时间：原则上材料只要在截止日期之前寄到就可以，具体要求可查看学校官网，并以学校官方信息为准。

— 第九章 —

四、美高申请中不可忽视的环节——面试

（一）何为面试

面试是申请的必要组成部分，且非常重要。通常，学生在向学校递交了全部申请材料，安排好了托福、SSAT 成绩的送分以后，就想当然地认为申请全部工作已经万事大吉。殊不知很多学校是将面试作为申请程序中不可或缺的一部分，如果没有经过面试，就会被认为申请工作还没有完成，许多招生官会等到学生完成面试程序之后才开始进行录取的审理工作。

（二）面试种类

1. 第三方面试

由于近年来中国的申请者越来越多，导致学校没有足够的人力、时间来接待安排校园面试，为了控制申请学生的数量，越来越多的美国私立寄宿高中选择跟第三方面试机构合作，通过这种方式考核和筛选学生。

第三方面试是指一个第三方机构收到美国学校的委托，对学生进行录像面试等测试，目前主要的第三方面试有维立克（Vericant）和初鉴（Initialview）。目前美国私立寄宿高中中有超过 80 所跟维立克合作，要求中国学生提交维立克面试视频。

维立克是一家为美国私立高中提供本地面试服务的第三方机构，受美国学校的委托，维立克对中国申请学生进行录像面试和写作测试，并对学生的英语表达能力、沟通能力、反应能力以及口语交流水平进行考核。维立克是通过专业外籍面试官对学生进行一对一的面试，会对每个学生的面试进行现场录像，并将面试录像上传至安全的网上平台。学校即可通过专有账号进行查看、评估和跟进。美国学校可以通过维立克面试更真实、更直观、更快速地评估学生的英语水平，申请者们也能通过维立克面试更迅速、更全面、更直观地展现自己的优秀。

近年来美国学校越来越重视维立克的视频，学校通过观看维立克视频来决定是否给学生发学校正式面试邀请或决定是否录取。维立克视频越来越重要，甚至直接影响很多学校的面试。维立克面试题目很灵活，需要学生随机应变的能力，重在考查学生的英语程度。很多学校都设有最晚接受维立克视频的截止时间，所以需要注意的是要在截止日期之前完成维立克面试并网上寄送给学校。与校园面试不同,维立克面试在一个申请年度中安排三次,但学校只接受学生递送一次的成绩,可谓是一次定成败!

1) 面试流程介绍

满分: 6分。

写作部分: 30分钟现场写作;三个题目中选其一;整个写作部分由手写完成。

面试部分: 10~15分钟。包括自我介绍(1~2分钟)、图片对比(2~3分钟)、深入交流(4~5分钟)、中文问题(1~2分钟)、自由展示(2分钟)。

2) 考试难点

(1) 题目不针对单一学校。

(2) 时间太短,无法深入发挥。

(3) 无法提与学校相关的问题。

(4) 偏重口语能力,学术能力无法体现。

(5) 空间狭小,录像易导致应试者紧张。

由于维立克考核的主要是申请者的口语能力,需要学生在很短的时间内把考核内容全部整理好思路并流利地表达出来,这对于大部分从小接受传统中国教育的学生来说是非常有难度的。但是,现在有越来越多的寄宿高中要求学生提交维立克视频作为审核标准之一,有些学校在审核完维立克后就会排除掉一半的申请者,其重要程度甚至超过托福,这无疑使本已严峻的申请形势雪上加霜。所以,我们给学生的建议是在确定申请美国高中的时候,把维立克作为考试规划之一,尽早地去准备。

2. 校园面试

美国高中校园面试集中在10月至次年1月,校园面试一般分为两个部分:参观校园和面试。其中面试部分一般分为学生面试和家长面试,在学生面试的时候一般家长是不可以参与的,学生面试结束后招生官都会再跟家长进行交谈。

3. 校方来访

一般情况下,各个学校每年都会安排招生代表到包括亚洲在内的世界各地进行巡回面试。因此及时获得校方面试的时间、地点等信息是至关重要的。赴美国

读寄宿高中的同学一定要密切关注校方的面试计划与安排,做好面试准备和规划,关键时刻抓住良好的面试机会。

4. skype 面试

现在采用 skype 方式面试的学生越来越少了,除了少数实在没有时间去校园或者校方来华面试的学生,和一些要求没有那么严格的学校会采用 skype 面试,大部分的学校尤其是顶级名校还是希望能够面对面地来筛选学生。

(三) 面试技巧

不少学生由于缺乏口语锻炼或者心理紧张,影响了面试的成绩。其实,面试并不是深不可测,所提问题也并不是无章可循。在充分了解学校情况之后,正确衡量自身水平,并辅以恰当的面试技巧,做到知己知彼,那面试方能百战百胜。

1. 充分了解学校和面试官

申请者可以通过学校网站对所申请学校进行全面细致的了解,比如地理位置、师生比例、课程设置、学校社团、运动校代表队等。同时,可以将自己所希望了解的,但在学校网站及其他文字材料中无法找到答案的问题一一记录下来,在面试中询问面试官。另外,还要注意学校与自身条件和兴趣的契合点,要明白自己为何选择该学校而不是其他学校。在面试环节中,充分阐述自己选择该学校的理由,争取让面试官信服。

每所学校都非常希望招到适合自己学校,且对自己学校情有独钟的学生。申请者在面试的过程中,尽量避免生硬的你问我答,最好以自然的聊天方式来进行,这样有利于面试官更好地了解申请者的思想观念和英语水平。

充分了解面试官也很必要。多数面试官的信息在学校的网站上都可以找到,在面试前,申请者要尽可能多地了解面试官的基本情况和背景信息,如果知道面试官的喜好以及科研方向,在面试的过程中能更好地与面试官沟通交流。

2. 明确并充分展现自身优势

如何让所申请的学校非你不选?你需要将已递交的申请材料中涵盖的学业成绩以及课外活动都汇总成最精练的语言,在与面试官的交谈中见缝插针地将这些信息灌输给对方。美国的学校更愿意招收具有良好的领导才能、热衷于活动、愿意

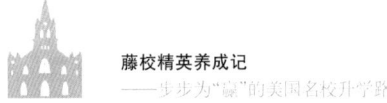

尝试和学习新鲜事物，对未来有自己的想法与计划，同时具有责任感和行动力的学生。

也许你现在还不足够优秀，但不要气馁，尽量让面试官感受到你的潜力。面试的过程就是展示自我的过程。通过对学校的了解，展示你选择学校的合理性；通过与面试老师的问答，展示你留学美国所做的充分准备。总之，要通过面试机会，充分展现你的优势。

另外，在面试的过程中，不仅要让面试官了解自己优秀的学习成绩，还要让他们发现你申请材料上无法体现的其他优秀素质。要多聊你的兴趣、爱好、特长，你喜欢做什么，你都做了什么，让面试官了解你是一个什么样的人。要注意的是，决不可过于夸大自己，但也没有必要过分谦虚，面试官很有可能并不完全了解你的情况，这样就避免了一些先入为主的观念，也排除了一些分数上的硬性限制。学生在面试中临场发挥的水平和面试官对你的印象非常重要，甚至在很大程度上可以直接决定你是否能被录取！

3. 充分的自信和流利的表达，面试礼仪也不可忽视

许多学生会在面试前背大量的"题"，希望以此顺利通过面试，其实这样做常常适得其反。面试者的思维如果固定在一定的标准答案上，就很难把握现场的状况，甚至会因此出现慌张和严重停顿的情况，从而导致面试的失败。

虽然背题无益，但面试者还是需要在面试前做大量且系统的准备工作。在准备充分之后，饱满的自信才会让你的回答听起来流利自然。面试过程实质上是一个交流的过程，要学会把面试变成轻松的交谈和双向的沟通。尽量避免单纯的老师问学生答，要掌握主动，适时出击，把自己关心的问题梳理好，向面试老师礼貌发问，并细心倾听其解释。

除此之外，衣着、坐姿、表情、精神、说话的语调和肢体语言的运用等都会影响面试官对你的印象。一定要注意，切莫急于打断对方说话，身体要坐直，目视前方且尽量保持放松，语速均匀，并要一直保持眼神交流，这才是符合面试的标准礼仪。在面试结束时，要礼貌地向面试官表达谢意，也可以在面试后，发送一封简短的致谢邮件。

(四)面试建议

(1) 如果申请者和家长时间允许的话,最好能事先预约好时间,全家一起到学校参观并参加面试。在参观校园期间,认真听导览校园的同学介绍,注意记住导览同学的名字,特别记下自己感兴趣的或是与自己有关的内容,可以在稍后的面试中临场发挥,或许能起到意想不到的加分效果。

(2) 面试之前最好能请熟悉面试环节的专家进行至少一次的面试指导,并与美籍老师进行多次练习。通过反复的练习,熟悉面试过程,不断完善表现,积累信心。

(3) 将自己想说的事情罗列一个清单,逐项认真考虑如何措辞,并以适当的方式来表述自己的强项。在面试的时候,可以多谈一些你的兴趣爱好,曾经或正在参加的活动,以及生活中对你有特殊影响的事件等。可以带上自己的成绩单和简历,或者在手机或 iPad 中准备好一些重要活动和经历的精华照片,以便在介绍自己时向校方面试官直观地展示,供他们做审核参考。要尽量从积极正面的角度去谈论事情,让面试官感受到你对人生有一种积极向上的乐观态度,不要随意批评或抱怨某人或某事。

(4) 要对自己填入申请表的内容很熟悉。假如你在申请表中的课外活动一栏中,提到在某个假期参加了一项很有意义的活动,但当面试官让你详细谈谈这项活动时,你却又支支吾吾地说不明白,那面试官会对其真实性产生怀疑,甚至认为你是在夸大其词,写得多却做得少。

(5) 申请人在衣着、礼仪等细节上亦不可忽视。首先你要衣着得体大方,虽然不一定要西装革履,但也不能穿短裤、太短的裙子、牛仔裤、小背心、T 恤衫、拖鞋等。不化浓妆,不要边说话边嚼口香糖。要彬彬有礼,语言文雅,态度认真,仔细聆听对方的问题,不要打断对方说话。回答问题的时候一定要切题,不可漫无边际,可以略作铺垫,但是一定要给予对方明确的答案。另外,一定要尽量保持放松状态,要正视对方,目光游离或者眼睛看着别处的话,会给人一种信心不足或者不信任对方的感觉。语速要均匀,不能忽快忽慢,否则会给面试官一种回答是"背题"的感觉。另外在面试结束后,无论感觉如何,一定要对面试官表示感谢。

(6) 在面试结束后,尽快给校方面试官发一封感谢的电子邮件,表示礼节性的感谢,以加深自己在他心目中的印象。但切忌长篇大论,浮夸啰唆。

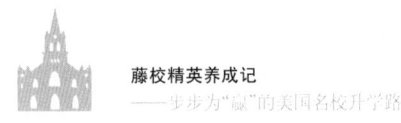

（五）面试常见问题

1. 面试时校方可能提出的问题

许多"面试问题"与"入学申请短文题目"很相似，所不同的是，申请短文题目要用笔来作答，有字数限制，不易发挥；而面试问题，申请人可根据具体情况，增添或删减答案内容，还可选择性地加强语气，并适当地添枝加叶，使内容更加充实且可信。面试问题回答的好坏，很大程度上取决于申请人是否有备而来，以及是否有好的临场发挥。

1) 学术背景(your academic background)

(1) 请聊一聊你上的课程。你中学最喜欢的科目是什么，为什么喜欢这些科目，或者哪些课程你觉得最难且最具挑战性？(Tell me something about your classes/course work. What is your favorite subject in high school? Why? What courses have you found the most challenging?)

(2) 你喜欢你的中学吗？你会怎么描述你的学校？如果给你一个机会改变学校的某一方面，你想改变什么？(Do you like your high school? How would you describe your school? If you could change one thing about your school, what would it be?)

(3) 你最喜欢哪一位老师，为什么？(Who is your favorite teacher? Why?)

(4) 你取得的最大学术成就或经历过的最大失败是什么？(What is your greatest academic achievement or failure?)

2) 个人生活(your personal life)

(1) 聊一聊你自己。你的家庭背景以及你的成长环境是怎样的？(Tell me about yourself. Tell me about your family. Where did you grow up?)

(2) 你最喜欢哪本书，最喜欢哪位作者，最欣赏哪一步电影或电视剧？为什么？(What is your favorite book, author, movie or TV show? Why?)

(3) 你定期阅读什么杂志或报纸吗？(What magazines or newspapers do you read regularly?)

(4) 哪一个人对你的生活影响最大？(What person has most influenced you?)

3) 关于课外活动(your extracurricular activities)

(1) 你曾在哪项课外活动中贡献最大呢？(What has been your greatest

contribution to an extracurricular activity?）

（2）你有什么爱好和特别感兴趣的事情？（Do you have any hobbies or special interests?）

（3）你如何描述自己的家乡？（How would you describe your hometown?）

4）关于高中的问题(questions about high schools)

（1）你挑选学校时，最看重哪些标准？（What are your most important criteria when looking at high schools?）

（2）我们学校哪一点最吸引你？你为什么就想到这所学校来读书？（What interests you most about our school? Why do you want to attend this particular high school?）

（3）课余时间你都喜欢做什么？（What do you like to do in your free/spare time?）

（4）我们学校的课程，你最喜欢哪些？有哪些特别的课程和活动非常吸引你？(What did you like most about our school's subjects/courses? What specific classes or activities appealed to you?）

（5）你在大学里想学的专业是什么？（What do you think you will study/major in college?）

（6）你的事业目标是什么？五年或者十年后你觉得你在做什么？（What are your future career goals? Where do you see yourself in five/ten years?）

（7）你还考虑哪些其他学校？（What other schools are you considering?）

（8）为什么我们该录取你？（Why should we accept you?）

（9）你有什么问题想问的吗？（Do you have any questions for me/us?）

（10）你对学校能有什么贡献？（What can you contribute to school?）

申请人可以根据上述各类型问题，准备一些简单答案，以便被问到时可以从容回答。

2. 申请者可以向校方提出的问题

在面试快结束时，面试官会请你提问题，如果你放弃提问的机会，那么对方很可能认为你对学校不了解、不关心，对是否被录取不太在乎。而你若能提出有内容的问题,则表现出你对学校了解的深度,以及你对自己未来受教育前景的关注程度。申请者应该在面试之前准备三四个可以问的问题,在面试中根据实际的情况和气氛,选择一个最合时宜的问题向面试官提问。不要问一些学校简介上已有明显答案或者不着边际的问题。另外,尽量避免问用"是"或"否"就可以回答的问题。要尝试问有一定深度的,让对方必须经过思考分析后才能回答的问题。另外谨记,一定不要在面试后直接问面试官自己是否有希望被录取等让对方无法回答或令人感到为难的问题。

以下一些可以向校方提出的问题供参考:

(1) 以你的观点来看,这所学校有什么特别之处?这所学校的优势是什么?(In your opinion, what makes this high school unique? What are the school's strengths?)

(2) 在面试结束之前,你认为有哪些关于申请的主要事宜,我可以再谈一谈的?(Are there any major issues concerning my candidacy that you think I could address before I finish my interview?)

(六)面试制胜因素之一:父母高度参与

美国私立寄宿中学招生办考核的要素之一就是家长的背景,而顶尖美国高中对此的要求只会更高。许多家长在孩子的申请规划和申请进行时,经常会拿"出差""没有时间"等理由拒绝或很少参与到孩子整个申请过程中来。事实上,从决定送孩子出国的那一刻起,父母就已经注定要跟孩子一起踏上美国高中申请这条艰辛的道路了。从前期的考试规划、活动规划、升学指导机构的选择开始,到面试行程的规划和确定,都需要父母的高度参与。所以,在孩子面试的时候,需要家长跟孩子一起做好充分的准备,因为很多学校在面试完学生后要求跟家长沟通,家长只有在参与了学生每个阶段的准备后才能了解如何去进行面试,面试官不仅需要回答家长的问题,也会从家长的角度听取他们对自己孩子的看法。在这个过程中,如果招生官认为家长符合学校对家长背景的要求,并且感受到家长对孩子的关爱、了解、支持和信任等,将会为孩子的面试增色不少。

第十章
赴美行前准备

第一节　行前要做的准备

当学子拿到美国高中录取通知书,怀揣着兴奋与渴望背起行囊远赴美国,去开辟人生另一片精彩的新天地时,就该好好考虑要准备什么,怎样快速融入美国文化,如何安排自己的学业等一系列的问题。

对于初次离开父母到异国他乡学习、生活的高中学生来说,心中难免会惶恐不安。面对来自校方关于国际学生保险、入学体检等一系列烦琐的表格,他们无从下手。另外,他们也不了解美国的生活,不知道该怎样和美国同学、室友相处,不知道该如何选课,该怎样合理安排学习和活动的时间,不知道该如何安排一年当中的四次假期,并进一步从众多同学中脱颖而出成为学生领袖。而这些问题都是在行前应该考虑的,这里就这些方面给出以下几点建议。

一、入境美国前核实签证有效期

签证有效期指进入美国的那一天签证必须是有效的,在有效期间内入境美国,都不需再办理手续。你拿到签证时,请仔细核对每一栏的信息是否正确,若有错误需跟美领馆联络,重发签证,这点非常重要。

二、详细罗列出行准备事项的大体纲目

仔细检查必备文件,如 I-20、护照与签证、机票、亲友或能及时联系、帮助自己的人的地址及电话。整理须携带的物品,要事先研究和打听好需要带什么样的物品,分列出必备的高中留学物品清单。各种物品都准备好之后,要阅读学校行事历,掌握好到校报到的时间,妥善安排行程。

三、Orientation 注册

简单来讲,Orientation 是美国中学专门为国际学生入学时准备的一项活动,旨在帮助国际学生尽快熟悉并适应新的环境。Orientation 和国内的开学典礼有些类似,但实用性要强很多,活动内容也更加丰富多样,时长一般为 1~2 周。在这项活

动中,学校通常会向留学生介绍学校的历史、设施(院系、图书馆、餐厅等)、疫苗、住宿、选课、入学测试以及其他一些注意事项。

Orientation 是针对国际生的生活,比如会有学长学姐带你走走校园,让你知道图书馆在哪里,健身房在哪里,去哪里能看球赛,去哪里购物,如何参加社团活动,哪个餐厅最受中国学生欢迎。此外,还有各种表格的填写,比如住址、学号、学费、体检、医疗保险,目的就是帮助你尽快适应校园文化以及美国的生活。

对于 Orientation 的注册程序,常见流程的第一步是在交上学费定金(tuition deposit)之后,学校会提醒你进行 Orientation 的注册,学校首先会给你一个 ID 账号,激活之后你就能建立一个学校的专属邮箱,以后有关于学校的所有信息都可以通过此邮箱来获得(这个邮箱会让你的留学生活更加便捷,赴美之前也要记得时常查看一下,及时了解学校发给你的一些重要信息)。第二步是进入指定的 Orientation 注册链接,注册完之后,页面里会显示你的基本信息,并要求进行其他信息的处理,建立自己的 Orientation Schedule 等。最后一步是提交成功之后,学校会给你发一封邮件,提醒 Orientation 已经提交成功,到这个时候整个的 Orientation 注册就全部完成了。

四、选课

基本上每个学校都有自己的选课系统,但是选什么课很有讲究。

这里建议大家第一个学期尽量根据自己的能力来选课,课程的压力和难度都要控制好,这个很重要。这时最好找师兄师姐了解下情况,他们之前的选课经验会帮助你。总的来说,不要轻视美国中学课程难度,加上初入美国,语言可能还需要一个适应过程。

五、完整的成绩单

我们申请学校的时候,有提供过截至当前就读年完整的成绩单,也有提供过学年中期成绩单,那么在最终我们确定就读学校之后,还要向就读学校提供完整的成绩单,即 Final 成绩单。所以一般在申请之前,我们都会提醒学生,当前年级的学习不能放松,要保持并尽量提高,万万不可有成绩大幅下滑的情况。因为学校还要看

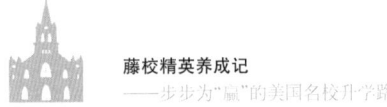

最终成绩单,看你当前学年的学习是否稳定,看你是否能够顺利毕业。如果有大幅下滑的情况,那么学校便要怀疑你的学习能力和应付高压的能力,甚至怀疑你之前成绩的真假问题。因此学习一定不要放松。

六、积极适应并融入美国全新的生活与文化环境

学生要积极并快速融入新的学习和生活环境,这将有助于提升学业,培养良好的人际关系。最为关键的是要学会独立,多交朋友。自己要主动了解学校的校规制度、课程安排等,尽快熟悉学校的方方面面。同时多交几个外国朋友,互相交流能增强了解,练习英语会话,遇到困难时也可寻求朋友的帮助。因中美教育体制不同,你会在学业上遇到很多问题,此时根据自身的情况,合理选课、早预习、多参与、用心做笔记、勤复习、不懂多问。

七、学习要循序渐进,切忌揠苗助长

留学生刚开始进入一个全新的学习环境,首先要求稳,再求好,切勿盲目高估自己的能力。美国高中的课程设置分为英语、数学、自然科学、社会科学、外国语文等几大类,另外还有选修课程。要注意,社会科学中的美国历史、欧洲历史等对于国际学生来说是很难的,自然科学中的生物和生物实验课需要花很大的精力。学美留学建议刚去美国的学生在选课的时候一定要注意,不要选太多难的课程,因为你需要一个适应的过程,一下选很多课或难度大的课还要取得好成绩是非常困难的,不利于取得"开门红"。

八、调整观念,做好挑战高手的心理建设

不少学生都抱有一种观念,认为美国学生的数理基础不如中国学生好,美国学生念书也没有中国学生勤奋。这种观点缘于过去很多学生通过交流生计划到美国中学短期学习,或是就读走读学校,这些学校在美国都是相对比较"一般"的中学,因此给很多学生造成了一种错觉。但是,进入美国私立寄宿高中名校(也可以称之为美国的重点高中)就不一样了。我们所要面对的竞争对手不同于一般学校的学生,能够进入这类学校都是经过测试和筛选的,从这个角度来看,美国重点高中的

学生也十分优秀。因此,要客观看待国外的学习环境,要迅速调整观念,做好挑战高手的心理准备。

第二节　留学专家谈行前准备

一、选课是门艺术,提高 GPA 是关键

入学后的选课是很重要的,入学之后的前两个星期也非常关键,因为在美国高中这两个星期内可以让学生试着去上一些课程,如果想要调整高中课程的话,在这个时间段中可以尽快提出申请。

申请美国大学不像国内只要高考成绩非常好就能录取北大清华,在美国的升学制度中,不只是看学生高三申请大学时托福和 SAT 的分数,他们还看学生在美国上高中的这几年期间,各门学科的平时成绩(GPA),GPA 才是考核的重点。

美国招生官非常重视申请者高中阶段的 GPA。他们会考查申请者上过什么课程并取得怎样的成绩,有多少个 A。美国招生官非常青睐全 A 的学生,因为做到全 A 真的很难。数学、英语、自然科学、社会科学、外语这五大模块的课程每学期都要上,还要求每门课都达到 90 分以上才能拿 A,真的是非常不容易。而对于有多个 C 的学生,他们一般不予考虑。为什么呢? 美国的高中教学原则上是不随便给学生 C 和 D 的,因此拿到 C 的学生基本上在班级属于垫底的。所以大家应该要提前意识到拿 C 的严重性(79 分就已经是 C 了)。

其实很多家长不知道自己孩子在校成绩不好。只说孩子的成绩还不错,大概平均 80 分以上,刚开始的时候有几门课是七十几分。其实这种成绩在美国高中可能已经是全年级最差的学生之一了。八十几分,也就是 B,一些七十几分就是 C,这样的在校成绩,即使你的托福考了 110 分,SAT 也考了 1 500 分,也无法进入前 50 名的大学。大学名校申请中,基本只要有 C,无论你 SAT 考几分,你都无缘藤校了,前 50 名的学校也是岌岌可危。这就是为什么这几年陆陆续续有不少学生去美国读高中,但对国内高中生申请美国大学的冲击并不是很厉害的重要原因。因为这些学生去美国高中之后,有的人读一学期就有 C 了,整个高中在校成绩也不是那么

理想。

另外，成绩不好的原因还来自家长和学生太追求课程数量和质量。国内家长对于培养孩子相对比较急躁，而美国人则认为孩子的成长需要一步一步来。他们不会认为孩子 10 年级的时候没有读 AP 就不好，因为欲速则不达。举个例子，假如你 10 年级就上 AP 物理，结果你拿的成绩是 B，而另一个学生 12 年级才上 AP 物理，拿的却是 A，那么在申请大学的时候，这个后来居上者反而比较占优势。所以申请美国大学并不是 AP 课程越多就越好。我们在选择 AP 课程的时候，应当思考下自己到底有没有能力拿 A，而不是一味地追求 AP 的数量，要明白没有任何一所美国大学在申请材料上要求 AP 课程或 AP 分数的，这只是附加的，能锦上添花当然很好，但绝对不能搬石头砸自己的脚。

那什么时候上 AP 课程比较合适呢？12 年级稳稳地上。11 年级若有能力，学习一或两科，12 年级进修两至三科，在进大学前也有四科，而四科的 AP 就足够符合美国名校大学的录取要求了。

因此，我们在选课的时候，就要合理规划。

首先，在第一学期选课时，最好选学过的，努力提高 GPA。第一学期主要学英语，打好英语基础，并且用英语来复习我们在国内学过的数学、物理。这样你才能更有把握获得全 A。我们这么做的目的是要兼顾所选的每一门课都能拿 A，如果没有整体战略思路，自己胡乱选课，就不可能全 A 了。

可能有的家长会说，课程都选得比较简单，很多都学过了，会不会浪费时间？不浪费！剩下的时间可以多参加一些运动，还有参加社团活动、交朋友、多阅读、预习功课，还有背单词。

其次，选课不要多选。在美国读私立寄宿高中，做作业可能花掉你几乎大部分的课余时间，所以为什么我们一直建议不要多选课程，因为每多一门课可能每周就多一份作业。作业再简单，可能也要花 30 分钟，那七门课要写多久？三个半小时！还有如果一学期选七门课程，一天就有七堂课，而如果只选五堂课，那相较选修七门课程的同学每天就至少多了两个小时，我们可以利用这些时间来复习和预习功课以提高成绩。如果你上七门课得到五个 A、两个 B，但是他上五门课，得到五个 A，那大学选谁？当然是全 A 的。

二、关于语言学习,背单词是王道

我们到了美国读高中之后,暑假做什么安排呢?很多家长会说,回来报个托福班,再加个 SAT 班。其实,除非你是直接去读 11 年级,否则在低年级暑假报托福班没太大必要。大部分去美国读高中的学生,在申请前就学过托福了,即使没有考到 100 分,经过在美高的学习,基本上也可以靠自身的英语实力提升就能考到 110 分以上了,所以基本不需要花时间专门培训托福。

背单词很重要,美国人也必须要背单词,而且美国人单词是从小背到大,从阅读当中一点一点积累下来的。我们当然要奋起直追,出国前要背,到了美国之后每天也要继续背。刚开始去的美国高中第一学期你很可能还在适应环境,英语还不够好,还要想办法尽可能每一门课都拿高分,所以刚开始的时候你需要把每一门课所接触到的单词都反复背熟,等到你适应了美国高中学习之后,就要马上开始全力背单词了。

三、积极参加课外活动

有些中国学生在美国高中不受欢迎,为什么?因为这些学生选了七门课,包含三门 AP,学习占用大量时间,校内外活动都不愿意参加,没有办法跟同学、老师以及周围环境互动交流,于是就成了"隐形人"(没人认识你)。

如果你听取我的建议,一学期只选择五门课,认真地上,全部都拿 A,利用每天下午两个小时的活动时间全心投入自己喜欢的活动,一直坚持参加,同时也广泛参与新的活动,学一些新的技能、新的运动、新的专长。这样你到高三申请大学的时候,就有丰富的成长历程,有好多心得和体验可以分享。因此我非常反对学生到美国读高中之后只顾一味拼命地选上 AP 课程,忽略活动参与,这样的学生美国大学其实并不喜欢,也不认可。

下午课程全部结束后的时间段是可以利用的关键时间,如果你每天下午固定参加两个小时的活动,全身心地投入,你的队友将非常喜欢你,教练也会认可你。我们国内一些非常优秀的学生,去美国之后往往走极端成为不太受欢迎的学生。因为他们只关注上课和 AP 课程,活动却不积极参加,吃饭或休息的时候则到处找美国同学聊天,想交朋友和练英语,但是美国同学其实并不喜欢这样的中国同学。

他们会认为中国学生除了读书什么都不会,而实际上中国学生学业成绩也不一定比美国学生读得好。所以你每天应该把握两个小时的活动时间,该参加戏剧表演的就参加戏剧表演,该唱歌的唱歌,该运动的运动。通过活动和竞赛来培养感情,建立友情,这样即使你不主动跟人家套近乎,人家也会主动和你攀谈,人家自然会把你当好朋友的。

因此,只要你抓住每天空闲的时段,比如下午活动后到晚自习之间的时间,还有晚餐后到晚自习开始的这个时段,充分利用这些时间,就足以把作业完成。一般来说,越好的学校作业越多且越难,下课后学生要自己懂得安排时间,课后马上复习,立即准备完成作业,这就是美国高中应有的作息时间安排。

四、不断尝试和挑战新事物

去美国读高中是充满挑战和机遇的,你可以从国内中等生变成美国学校顶尖的学生,你也可能从在国内的好学生变成美国中上的学生。不过在国内学习差的学生,到了美国之后往往会变得更差,为什么呢?因为他们对成绩一点也不在乎,否则他们在国内的成绩就不会那么差了。不过只要你是一个愿意学习的学生,即使在国内学习基础比较差,但只要能按照介绍的这些方法和重点来做,好好把每一门课的作业时间都安排好,认真完成作业,多问老师,并和同学多讨论,做好时间规划,最后在美国高中的在校成绩(GPA)肯定不会低。

去美国留学之后,要把握机会使自己成长,不断地去尝试一些新的东西,这样你就会进步。这里指的尝试,并不只是在课业上不断去挑战 AP,也不是仅仅在已经熟悉和擅长的领域上去挑战,而是指"时时要留有余力"。我们一直强调行有余力,旨在期望大家时间一定要分配好,挑战一些新的东西,这也是美国人欣赏的人格特质(personality)。

最后,不要总认为我们在国内的基础教育很好。国内只是教得早,国内高中的课程比美国的高中教得难,但不一定代表就教得好。你提前学又怎么样呢?即使在国内先学了很困难的课程,但是你到美国读大学时,也还是会学到。所以,到美国留学之后,最好是一步一步有计划地走,如果能够有好的心态、好的方法,持续努力,这样想不成功也很难。

第十一章

玩转美国顶尖私立名校

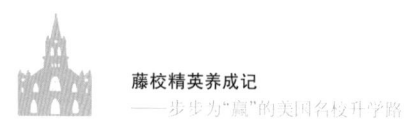

第一节　9年级：旅程开始

在这个阶段，虽然学生不一定能清晰定义自己的目标院校，但也不要等到12年级的时候才开始后悔没有抓住任何能升入美国大学的机会。行动！通往美国顶尖名校的航线已经开通！本章节就是手把手教你，如何在每个年级一步一个脚印地步步为营，着手准备。在奔赴顶尖大学学术殿堂的旅程中，更充分地认识自己，勇于尝试新事物，学会从错误中总结经验，从而成就一个更优秀的自己。

作为9年级学生最美好的事情就是你拥有各种选择，你要做的只是找出正确的选择。

一、课业准备

（一）可以做的事情

（1）跟升学顾问面谈四年的课程计划。顾问在帮助你确定大学和专业的同时，也能够提供最新的升学资讯。

（2）要求顾问和老师通知你每一次特殊项目和课外活动。

（3）制定学业目标和个人发展目标，至少每年更新一次。

（4）了解老师才能让他们更好地了解你。

（5）找到梦想大学的网站，并通过学校官网了解申请要求和正确的高中课程选择。如果要申请特定专业，你必须清楚该专业是否有特殊申请要求，了解对数学、科学和外语课程的要求。

（6）注册大学资讯服务网站。在查询大学资料的同时，确保可以收到网站最新的大学信息通知。

（7）创建档案，保管你所有重要的报告、成绩单、发表文章等。

（二）要点

（1）顾问必须足够了解你。学校顾问掌握各种资源，如奖励、竞赛、特别项目、领导力实践机会、夏令营等，每一个项目都有可能标上你的名字，这取决于你是否

能让你的顾问了解你、清楚地知道你的兴趣和目标。同时你要让他明白你为什么适合你所选择的大学,如果大学招生官打电话给他讨论你的申请(通常表示你的申请就在录取边缘),顾问应该像你本人一样可以证明你是有资格有实力被录取的。

(2) 荣誉课程。很多精英高中为希望挑战的学生提供了荣誉课程和AP课程。以英语课为例,3.5分的荣誉课程比普通课程的4.0更好。前50名的大学都希望学生能够尽可能地用功学习。是否选择这类课程取决于你是否可以在自己的强项科目上进一步挑战自己,但一定不要占用全部时间,更不要毁掉你的GPA。如果能够取得不错的成绩,而且你对作业和老师都有期待,是可以选修的。

(3) 四年课程计划。建议课程(要求的课程因不同的大学而异,注意查询你的目标大学):

英语:四年,文学、语言应用、写作(学术论文),包括半学年的演讲。

科学:三年,生物、物理,其中至少一年实验课程。

数学:四年,包括中级代数。

计算机:一年操作课程。

社会学:三年,美国和世界历史。

外语:三年。

美术或表演:两年。

(4) 大学审核内容。GPA/排名、托福、新SAT/ACT分数、课外活动、申请文书、推荐信。

二、认识自己

进入高中,我们开始为大学申请做准备,同时也在进一步认识自我,尝试新事物会让你发现自己的兴趣所在。你可以尝试参加学生会、体育、戏剧、俱乐部、音乐等,随后你会发现从一部分项目中得到了很好的回报,因此更加乐于从事这些项目,而不是被迫去做。大学希望招收不仅要有趣而且有好奇心的学生,所以作为9年级学生,你可以尽量做尝试,当升入10和11年级时专注在两三件真正感兴趣的事上。这样你才能在活动中从入门者晋升为组员,最后成为领导者。从这项活动中你投入的精力和做出的贡献,招生官可以预见你在大学校园里的发展潜力。

(1) 参加体育项目。

(2) 参与或创建俱乐部。可以是学术的(科学、计算机)、兴趣的(钓鱼、棋牌),尽量参加竞赛和展览。

(3) 参与学校报刊、年鉴(year book)或者网站工作。成为作者、摄影师,甚至网站管理员。

(4) 参与文化活动。加入乐队或合唱团,参加学校演出或社区剧团表演;除了表演,还可以画舞台布景、负责售票或者接待工作;上艺术或手工艺课程。

(5) 旅行。长途或短途都可以,抓住每一次机会。

(6) 参加义工活动。

(7) 培养爱好。搜索业余爱好,寻找感兴趣的内容。对于已有的爱好,可以从相关网站搜索这项爱好的相关组织或活动。

三、义工

参加义工活动无论是出于同情心或者是学校有社区服务要求,你的收获绝不比你帮助的人少。义工经历不仅仅是为了感动大学招生官,更是你发掘自身的一种方式,找到你喜欢或不喜欢的事,发现你擅长的领域,或许有一天这就是你从事的职业。这是观察如何完成一项工作或者认识一些对将来职业发展有帮助的人的最好方式。

找到符合自己兴趣的义工活动,并且分析以后的职业发展,或者逆向思考你想要从事何种职业,然后在该行业里找到义工机会。跟这项工作的负责人多交谈,看看自己是否会愿意从事这项工作(表 11-1)。

表 11-1 兴趣与义工行动

兴　趣	行　　动
建　筑	参加绿色低碳建筑项目
林　业	在森林公园里做导游
社会服务	为所在社区居民提供各类义务服务
兽　医	在动物收容所做义工

(续表)

兴 趣	行 动
生态学	参加野生动物保护区工作
医 药	在医院做志愿者
音 乐	参加慈善活动义演
教 育	在外来务工人员子弟学校支教
计算机科学	为社区老人普及网络知识
历 史	在博物馆做讲解员
政治学	为社区居民提供政策性咨询
法 律	在法律援助中心做志愿者
数 学	辅导社区内的低龄儿童

你可以在网上找到很多义工机会,帮忙打理花园、读书给盲人听、在电话咨询服务专线工作、陪儿童做手工、募款、辅导低龄儿童、为圣诞节收集玩具等。一些网站不仅提供义工工作机会,还会告诉你如何创立自己的义工项目。

(一) 要点

记录你的义工活动,可以做日志,标上你的名字、联系人名字、电话、时间、内容、耗时,并且留下空间可以记录这项义工中你喜欢和不喜欢的内容,问自己以下七个问题并记录下你的思考内容:

(1) 我学到什么?

(2) 令我感触最深的是什么?

(3) 最令人失望的是什么?

(4) 这个活动让我感觉良好、激动,还是不感兴趣?

(5) 我从中找出什么职业?

(6) 我希望更深入了解这项工作吗?

(7) 我愿意一辈子献身于这项工作吗?

(二) 可以做的事情

(1) 列出你的兴趣,再寻找合适的服务机会。

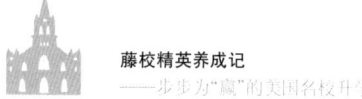

（2）打电话给专业机构看看他们是否需要志愿者或者能够给予建议。

（3）登录网站，在 11 或 12 年级时可以找合适的义工机会。

（4）查询学校公告牌或者找顾问询问学校的服务机会。

（5）打电话给当地体育机构问他们是否赞助青少年活动，看是否能够参加服务。

（6）利用一切资源。如果你上课外辅导班，问老师是否需要帮忙。

（7）创立一个义工小组，需找适合的服务项目。

（8）寻求义工服务的目的。想想这项服务对应的职业，比如在医院服务对应医生、护士、放射线医师、理疗师等。

（9）记录义工经历和时间，附上你做这项义工时喜欢和不喜欢的内容。

（10）询问升学顾问你的学校是否会对义工服务算学分。

四、暑假

暑假、周末、寒假、春假是申请大学过程中的自由行动时间，在这些时间段你可以做很多事，比如访问大学校园、完成阅读内容、学习新技能、研究职业和专业发展、取得高中和大学学分、参加义工、准备大学考试、开阔眼界等。但不需要做得过多，别让自己太累，能完成其中一两件已经可以让你遥遥领先了。

（一）提高假期利用率的事情

（1）大学暑期课程。几乎所有美国大学都会给高中生提供很棒的暑期课程。你可以选体育、艺术、学术、计算机科学等相关专业科目。这些项目都会增加你的学习经历，并使你对大学学习有所了解。你可以查询大学网站、升学办公室、公告板或是其他相关机构网站来了解暑期项目。专业机构也会举办暑期项目，如果是你感兴趣的领域，可以直接询问能够提供的内容和地点。虽然很多项目是给 10 年级以上的学生参加，但是现在就可以开始查询了。截止日期一般在 3 月，要求填写申请表和提供推荐信，你有足够的时间决定参加什么。另外我们推荐三本书作为参考：*Summer Opportunities for Kids & Teenagers*（Petersons）、*Kaplan Yale Daily News Guide to Summer Programs*（Yale Daily News）、*Summer on Campus*（Shirley

Levin)。

(2) 暑期班。暑假时还有很多辅导班可供选择,这些辅导班一般教授学生新技能,比如计算机技术、领导力、速读、时间管理、体育项目、艺术等所有你感兴趣的事。询问顾问你可以在本地参加的暑期班,也可以查询相关网站。另外,暑期有很多提升领导力的途径,比如暑期班、教育机构、研讨会,有少部分是需要校长或顾问推荐的,比如男生训练营、女生训练营。

(3) 去上课。每个假期只修一门课程,在教室里或者网上都可以。尝试稍难的课程会使你更好地集中精力,这样也许可以让你下学期有空闲时间去学另一门课程。如果在11或12年级,也可以在当地大学选修一门双学分课程。

(4) 阅读。在升入10和11年级的暑假里,可以用下学年的书单做参考,增加阅读量;如果要升12年级,可以用大学的书单。联系你心仪的大学英语学院获取要求的书单,从最普遍的书开始读,一般的大学书单可供参考的有 *Reading Lists for College Bound Students* (Doug Estell)或者 *YALSA's Booklists for Outstanding Books for the College Bound*。

(5) 访问大学校园。步行浏览校园和观看活动演出都是体验的好方法,当你处在一群学生中时,可以想象自己几年后会成为他们中的一员。也可以通过浏览学校网站了解更全面的信息。深度参观可以安排在11和12年级。

(6) 义工。积累社区服务时间以空出学期内的时间,如果精力有余,可以创建服务团或是在你已经服务的机构里研发新项目。

(7) 考试准备。开始准备托福、PSAT、PLAN、SAT、ACT和SAT II 考试,在考试机构网站上做例题,到图书馆和书店查阅备考书籍。

(8) 补课。如果在校成绩不好,可以利用暑假回国,在培训班先把下一年要上的觉得比较难的课先补一遍,这样开学后就是学第二遍了,比较能确保成绩。

(二) 可以做的事情

(1) 每年上各大学网站查询他们提供的暑期课程。

(2) 查询高中的指导办公室、公告板和网站看看学校举办或者了解的暑期班。

(3) 在网站和书籍中查询大学暑期课程,找你感兴趣的或者能够学习技能的课程。

（4）打电话给你感兴趣的专业机构看看他们提供的暑期项目。

（5）尽早申请。经常查看明年可以参加的项目。

（6）更新个人档案，记录你参加的暑期课程或项目、义工或打工、学习班、新技能或是旅行。

（7）找到10年级书单，至少读完一本书。

（8）走访一所本地大学校园，利用网络对美国的大学校园进行虚拟访问。

（9）寻找目标大学校园举办的暑期课程（记得向大学老师表达你想要入读的愿望）。

（10）修一门双学分课程。咨询你的顾问哪些课程会适合你。

第二节 10年级：继续努力

达到目标最好的方法是设定各个阶段目标，无论是取得更好的成绩、进入理想大学或是参加一项体育运动。在这个过程中，首先你必须确定最重要的是什么，才能让你集中精力在最需要完成的事情上。然后再设定目标并在进行的途中不断修正它。最终你会到达目的地并且在这个过程中获得自信，清楚自己有能力完成想做的事情。

（1）9月注册 **PSAT** 考试，这只是一次尝试，真正重要的考试在11年级。

（2）注意 GPA。选你能应付的最有挑战的课程。

（3）挑选2~3项真正感兴趣的活动，并在大学也会参加的活动。

（4）列出理想中的大学列表。参加每一次大学宣传活动，你会学到如何取得大学的信息。观看大学虚拟访校视频并考虑你实际要参观的学校。

（5）如果你需要决定大学或专业，可以进行个性/兴趣调查测试。测试中的问题会帮助你更加了解自己。

（6）制定暑假计划。寻找暑期项目或课程，询问顾问这样的课程是否适合你。

（7）暑假里复习托福、SAT/ACT。

（8）更新档案，包括活动、义工、课程、旅行等，同时整理搜索到的关于大学和考试的信息。

第十一章

(9) 再次确定目标,同时设定新目标。

(10) 考虑以后的职业方向,了解周围成人对于工作的想法和建议。

一、PSAT 和 PLAN (Pre ACT) 考试

1. PSAT 考试

PSAT 是 SAT 的热身赛,全称是 Preliminary Scholastic Assessment Test,是 11 年级学生在 10 月参加的考试。大部分学校是统一要求 11 年级参加,少部分学校是自由参加,PSAT 不会影响到大学申请,所以不必过于紧张。为什么不重要还是要参加?因为你会通过考试找到自己学业上的长处和弱点,及时采取补救行动。如果你发现哪些部分是可以尝试并不计入结果的,一定要立刻参加,比如考试、义工(涉及以后的职业和专业)、暑期项目(在目标大学里)。

我们建议要参加的原因如下:

(1) 因为只有 11 年级的成绩才作为一些荣誉奖项(National Merit Scholarship, 国家优秀奖)的标准,所以你有了一次考砸的机会。明年再考的时候,你就知道该如何应对。

(2) 可以找出学业上的优势和弱点。PSAT 分数会在 12 月公布,用这项分数可以分析出你需要在哪些科目或技能上下功夫。

(3) 可以提前得到大学的邮件。由于参加了这项考试,大学开始发送关于学院或项目的邮件,可以早点找出需要的信息。

(4) SAT 考试问题也包括在里面。

2. PLAN(Pre ACT)考试

PLAN 是 ACT 的热身赛,全称是 The Pre-American College Test,在 10 年级时进行。通过考试同样可以找出学业上的长处和弱点,在顾问和老师的协助下,你可以更好地规划后面的选课。并且你还可以找到自己的考卷,看看到底在哪些知识点上有问题。

不过不是所有学校都提供 PLAN 考试,如果没有提供,可以找时间到培训班做 SAT 和 ACT 的模拟考,由专业的老师建议应该考哪个考试比较合适。

八九月时告诉顾问你要今年参加 PSAT 考试,清楚注册和考试时间。询问

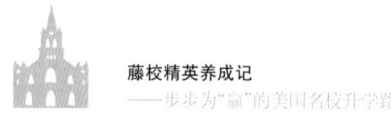

PLAN，如果学校不提供，询问顾问如何可以参加这项考试。注册考试。查询考试网站取得最新资讯和样题。

10月时最迟在考试前一周向顾问咨询获得 PSAT 复习指导。参加 PSAT 和 PLAN。

12月时跟顾问一起查询考试分数，拿到考卷、分析做错的题目，看看是否有提高的方法。

这段时间你可以做以下这些事情：

(1) 跟周围熟悉的成年人谈谈职业的问题。

(2) 前往学校图书馆，查找你感兴趣的职业类书籍。

(3) 查询大学提供的职业相关的暑期课程，比如医学院预科、法学院预科、计算机科学、工程，帮助你找出希望的发展方向。

(4) 查看大学的课程目录，寻找有趣的学科领域，同时也要看看你是否对这些课程的预备课程感兴趣。

(5) 跟顾问讨论何种职业或行业适合你，确保选课准确。可借助职业预测软件的功能，输入你的兴趣爱好、技能、目标等得出适合你的一系列职业，包括职业描述和薪资趋势。如果你的学校有这种软件，建议立刻试用。

二、选校单

想要找到合适的大学并不是件容易的事，每所大学有不同的入学要求，应尽早开始收集信息。这会影响到你选修 AP 课的数量或参加课外活动的多少，个别专业也会有附加要求。所以尽早开始考虑大学名单，你会有更多时间参观大学、比较学校，降低将来后悔的概率。

美国有 4 000 多所四年制大学、1 900 多所社区学院，有这么多学校你要如何决定选校单？不如从对你最重要的事情开始。

(1) 学术。你想学什么？是关注专业还是关注学位？你的学术范围是否要求特殊设备？

(2) 规模。希望在学生多或少的环境中学习？

(3) 位置。希望居住在繁华便捷的大都市还是宁静舒适的小镇？喜欢夏天的

金色海滩还是冬天漫天的鹅毛大雪？离家远或近？

(4) 个人。你更习惯上课听讲还是自学？

(5) 课外活动。希望有何种课外活动？参加何种社团？

(6) 体育运动。你希望参加大学校队吗？是否需要参加每年都获奖的校队？

(7) 名气。你是想去派对学校，还是去淘汰率很高的学校？

毫无疑问，藤校有非常高的声望，但是一项调查显示 SAT 均分 1 000 分的中产阶级学生毕业后收入会比 SAT 均分 1 200 分的学生收入高。用两个情况相似的学生做比较，一个学生进入淘汰率相对不高的学校可能会取得更好的成绩、更高的班级排名，在老师眼里表现更出众，对自己的能力更自信，未来的职业发展道路相对更顺畅。

借用互联网的信息，很多网站可以为你解答升学问题，这些资源多来自大学顾问、教练、招生官、高中生或大学生，切记注册时要选择接收新消息。

有的网站列出了每个州的大学和网站链接，甚至包括每所大学 BBS 链接，让你看到在校生都在讨论的内容，另外还有所有招生办公室的邮件地址。

在此方面你可以做的事情有：

(1) 列出你对大学的要求。

(2) 注册大学搜索引擎并开出一份选校单以供初步调研，变换选择地点、班级规模等条件以取得更多大学选择。

(3) 阅读 US News and World Report 和 Newsweek 的大学版块，并每年更新。

(4) 将家庭、朋友、顾问、老师、杂志或书籍建议的大学加入名单。

(5) 访问大学网站。

(6) 在大学网站注册并获得申请包(也可以向招生办公室索取)。

(7) 如果对申请要求有问题可以联系招生办公室。

(8) 计划校园访问以减少选校数量。

三、校园访问

你可以在升 11 年级的暑假开始访问大学校园，每次由学生向导带领参观 1~2 小时，还有很多学校可以让你在宿舍住一晚、在课堂旁听、跟老师和教练面谈、在招生办公室面试。可提前打电话给招生办公室预约或者看看是否有特定参观日期向高中生开放。如果开放时间刚好在工作日你就要问问现在的学校是否允许请假去做访校。

(一) 要点

(1) 想象和现实还是存在差距的,利用好访问时间,查探学校的真实情况。

(2) 提前预约可以使招生办公室协助我们了解更多信息,而不只是闲逛。

(3) 参观无法让我们了解学校的全部,可以考虑在宿舍住一两个晚上以便了解更多。比如周二晚上是否到处有派对、音乐声很响,这会是你希望的大学吗?这样的学校适合学习吗?

(4) 相信你的直觉,如果你觉得不好那这一定不是适合你的学校。

(二) 最佳时间

(1) 工作日。周中访问可以让你体验完整的一天,你会遇到教授或招生官。切记要提前预约。

(2) 周末。你会看到校园的社交情况,如果很多学生周末晚上仍在学习那么说明学术压力大,如果很多学生离校那么周末会比较冷清。

(3) 暑假。一定要在还有课程而且老师在校的时间访问,同时看看宿舍设施。

(4) 假期。在高中放假但大学上课的时间访问,比如受难节(Good Friday)、总统日(President's Day)、春假(Spring Break)。但不要在圣诞节,因为期中考试结束后大家都会离校。

(5) 考试周。了解大学考试时间表,这样的日子适合日间访问招生办公室,但不适合留宿。

(三) 访问时需要提出的问题

准备好询问招生官和在校生的问题,尽量问每所学校相同的问题以便比较。

1. 问招生官

(1) 大一新生升入大二的比例是多少?

(2) 专业或项目有何独特之处?

(3) 换专业容易吗?

(4) 学校提供辅导吗?是否收费?

(5) 可以四年都住在宿舍吗？有多少校外宿舍提供？

(6) 有多少学生参加学校社团？不参加的学生呢？

(7) 学费包含哪些内容？会有其他费用吗？

(8) 是否有校内打工机会？

(9) 校园安全吗？曾经发生过何种犯罪行为？校外宿舍安全吗？

(10) 有哪些重要的校园事件？

2. 问在校生

(1) 你认为这所学校最好的是什么？最差的是什么？

(2) 授课的是教授还是助教？容易找到教授吗？

(3) 学生顾问怎么样？

(4) 学生周末大多回家还是留校？

(5) 交通方便吗？附近的机场、火车站在哪儿？有公共交通吗？我是否需要开车？

(6) 附近有购物场所和餐厅吗？

(7) 有哪些娱乐活动，比如电影、音乐会、球赛？

第三节 11年级：蓄势待发

这个时候需要确定的是你所做的一切准备工作都是向着梦想的大学行进的，所以要准备托福、SAT/ACT考试，参加大学活动，做深度校园访问，最重要的仍是盯紧你成绩单上的GPA。招生办很看重11年级的GPA，他们希望看到分数一路上升。

一、可以做的事情

（一）全年

(1) 专攻GPA。以保持好分数为基础选择有挑战性的课程。

(2) 获得心仪大学的申请材料包，可以向学校网站或招生办公室索取。

(3) 开始深度校园访问。

（二）秋季

(1) 约见升学顾问。确认所选课程适合你考虑的大学，而且也满足高中毕业要求。

(2) 注册报考 PSAT。

(3) 注册报考 SAT/ACT。

(4) 查询暑期研讨会和适合高中生的大学课程。

（三）冬季

(1) 和顾问讨论 PSAT 考试结果，加强学习较弱的科目。

(2) 注册报考 SAT、ACT 和 SAT Ⅱ（如果你申请的大学要求）。如果你申请 ED，想再考一次 SAT 和 ACT，一定要报 6 月的考试。

(3) 决定下个暑假要参加的夏令营、暑期班、实习、义工和课程。

（四）春季

(1) 编辑写作范例，整合文件夹，如果你要申请的大学要求的话也要着手准备作品集。

(2) 考虑参加一门暑期课程。你可以通过选修双学分课程或社区学院课程来获取大学学分。

(3) 报考已经学习的 AP 科目考试。

(4) 如果想参加大学校队，可以向顾问 NCAA（全国大学生体育协会）要需求表。

（五）暑假

(1) 写申请文章。

(2) 找准你要求写推荐信的老师。

(3) 写简历。

(4) 如果申请 ED 或 EA，可以开始申请程序了。

（六）要点

(1) 向顾问提出正确的问题是取得梦想大学录取的关键之一。

① 我是否会满足毕业要求？我是否修够数学、科学和语言课程？

② 在不影响 GPA 的情况下，我可以有选修课的分数是不/刚及格吗？

③ 我是否应该选修 AP、双学分、在线课程或暑期课程？

④ 今年 SAT 和 ACT 考试时间是什么？我们学校是否提供准备课程和教材？

⑤ 我们学校会举办大学申请讲座吗？当地会有大学活动吗？当地或者州立大学会举办周末申请介绍会吗？

⑥ 有任何比赛、小组或其他机会可以让我代表学校参加吗？

(2) 参加大学招生活动。参加这些活动会有机会遇到你考虑的大学招生代表，还有认识以前从不知道的大学。可以从升学办公室了解这些活动举办的地点和时间，询问是否有参加的要求。也可以从你关注的大学网站或招生办了解这些学校在哪里举办招生活动。另外，你一定要关注 NACAC(全国高等院校特许顾问协会)举办的大量活动，有成百上千的大学会参与，虽然参加这些活动可能需要长途旅行，但非常值得。如果想足不出户的同时了解大学招生信息，你也可以登录在线学院活动信息网站，在线询问申请专家或者观看名校大学代表的介绍报告。

(3) 选修 AP 也许会使你陷入进退两难的境地(表 11-2)。

表 11-2 选修 AP 课程的优劣势

优 势	劣 势
通过 AP 的课业体验大学课程	AP 是相关大学课程的缩小版,内容不够完整全面
优秀的大学都希望申请者选修一定数量 AP	选修太多 AP 课程影响在学课程的投入,无法保证 GPA
AP 可用于抵学分,费用更便宜、内容更简单。一门 AP 考试费 78 美元,这样一门课的学分在州立大学里能值 300 美元,在私立大学里能值 3 000 美元	AP 课程不等于大学课程,选修过多 AP 而放弃了相关大学课程的学习,会造成基础不扎实

(4) IB 课程。国际文凭项目(the International Baccalaureate Program，IB)提供两年(11、12 年级)的文凭课程或可以取得 IB 证书的科目课程。很少美国高中提供 IB，不过数量在增加。

二、新 SAT 和 ACT

新 SAT 官方称谓是 the redesigned SAT 或 New SAT,2016 年 3 月在美国进行

首场新 SAT 考试。新 SAT 考试选择题备选项为 4 个,选错不扣分。新 SAT 考试作文(essay)为选考(optional),考生可自由选择是否参加作文考试(SAT or SAT with essay)。SAT 考试的构成不计作文部分,新 SAT 总耗时为 180 分钟;如果选考作文,则新 SAT 总耗时为 230 分钟;考试包括四大部分,外加一个选考的作文部分,具体见表 11-3。

表 11-3 新 SAT 的组成

Section	Content	Number of questions	Time alloted
Reading Test	5 passages	52	65
Writing and Language Test	4 passages	44	35
Math Test-No calculator	Multiple choice	15	25
	Student-produced response (grid-ins)	5	
Math Test-Calculator	Multiple choice	30	55
	Student-produced response (grid-ins)	8	

(一) 要点

(1) 新 SAT 和 ACT 的区别见表 11-4。

表 11-4 新 SAT 和 ACT 的区别

项 目	ACT	SAT
考试费用	39.50 美元 56.50 美元(含写作)	43.00 美元 54.50 美元(含写作)
考试时长	175 分钟(如有写作,另加 40 分钟)	180 分钟(如有写作,另加 50 分钟)
科目组成	ACT 数学测试(60 题,60 分钟) ACT 阅读测试(40 题,35 分钟) ACT 科学测试(40 题,35 分钟) ACT 英语测试(75 题,45 分钟) ACT 写作测试(选考;1 篇,40 分钟)	数学(58 题,80 分钟) 以证据为基础的阅读和写作: 阅读测试(52 题,65 分钟) 写作和语言测试(44 题,35 分钟) 小论文(选考;1 篇,50 分钟)

(续表)

项　目	ACT	SAT
重要特点	用以测试学生在英语、数学、阅读和科学方面的学术水平 依据正确题目的数量来评分,答错不扣分 包含更多可供学校选择和学业计划的增强分数	关注学生的逻辑能力 重点关注词在扩展语境中的意义,以及用词的选择对句意、语气等造成的影响 依据正确题目的数量来评分,答错不扣分
成绩报告	ACT 总分:1～36(四科测试的平均成绩) ACT 英语:1～36 ACT 阅读:1～36 ACT 数学:1～36 ACT 科学:1～36 ACT 写作:1～36 STEM 分数:1～36 ELA 分数:1～36	总成绩为 400～1 600 其中,以证据为基础的阅读和写作成绩为 200～800;数学成绩为 200～800;写作的三个方面每一方面得分 2～8 (作文成绩单独计算)

(2) 如果不知道要考哪种考试可以询问大学的要求后再决定,如果可以的话最好都考,因为两种考试不同,不能确定你会在哪种考试中发挥较好。另外如果有时间,可以多次重考,有研究表示多次考试有提高 20%分数的机会。由于可以选择分数发给大学,所以多次考试后选最高分送分,不过要注意不要因为备考而影响 GPA。

(3) 考试时间安排见表 11-5。

表 11-5　考试时间安排

第一次考试	11 年级的 9 或 10 月
最后一次考试	12 年级的 11 或 12 月
重考	留出 4～6 周空隙
12 年级	最好只考一次
提前批(ED/EA)	注意大学要求送分的时间

(二) 可以做的事情

(1) 跟要申请的大学咨询需要考 SAT、ACT 或是两种都考,是否需要考

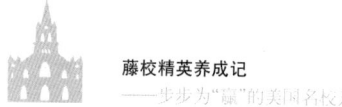

SAT Ⅱ。

（2）从考试机构或者顾问那里了解全年考试时间，做时间表规划你的考试。

（3）至少提前六周注册考试。如果要确保在你希望的考点考试，特别是如果你的学校是考点的话，一定要更早注册。

（4）如果错过了注册时间，可以试试申请考位后备。这仍是要花费用的，可以咨询顾问或考试机构。

（5）备考。在测试网站上做考试模拟题，至少做一套以上的历年考题。

（6）问问你的学校是否有备考课程或单独辅导。

（7）在图书馆或书店寻找考试资料。

（8）阅读并保留考试机构发来的考试信息包裹，将信息和电话号码归档备用。

（9）考试当天，携带物品包括你的高中代码、希望申请的大学代码、准考证、身份证件、允许携带的计算器、备用铅笔、纸巾、饮水和食物（限休息时用）、手表。

（10）再次准备好后重考，也可以增加提升分数的概率。

三、简历

简历给了我们宣传自我的机会，可以帮助你表现自己，起到取长补短的作用。用简历可以去申请工作或实习，给为你写推荐信的老师做参考。你的简历必须突出自身优点、兴趣爱好和校内外的活动经历。多用积极的动词来讲述你的活动，比如 organized, assisted, completed, created, led, participated 等，但不要夸大事实。没有人期望一个高中生拥有夸张的成就，招生官看的是真实可信的个人信息。写好简历后给升学顾问看看，以便招生官询问你的情况时可以更好地回答。简历模板和参考可以在网上找到。

简历模板见表 11-6。

表 11-6 简 历 模 板

	姓名
个人信息	联系电话
	地址
	E-mail

(续表)

教育信息	高中名称
	班级排名和GPA
	SAT/ACT/SAT II 成绩
学术成就	优等生荣誉
	AP 课程
	大学学分课程
	网络授课课程
	奖励、提名、认证、表彰或学术课程领域里的特别项目
	助教或指导经历
计算机应用技术	程序使用
	应用技能(网页设计、编程)
课外活动	参加的学校社团或教会俱乐部
	特别的兴趣爱好
	义工(一次性或经常性的)
	体育运动
领导力的体现	负责班级、运动或社团
	发起或指挥项目
	参加领导力训练夏令营

参加过的研讨会、夏令营、讨论会、特别项目和课程、竞赛

工作和实习经历

四、申请文书

申请文书是大学对申请者的考核标准之一,好的文书会为你的申请加分。所以请在11年级的暑假留出一部分时间来思考和写作初稿,这样到后期才能有充裕的时间做修改和润色。别忘记最好的文书主角就是你,文书可以丰富你申请表上那些简单的数字和选项,也是增加整个申请材料活力的元素。

（一）要点

这是你的机会，千万要把握住。可以写和不可以写的内容见表 11-7。

表 11-7　申请文书可写与不可写内容

可 以 写	不 可 以 写
① 准确回答问题。一般申请文书的问题都是开放式的，但是要确定你的内容没有跑题	① 不要重复内容
② 要个性化。这是关于你的文书，请充满热情地写作，如果这文书看起来跟其他 300 个人的类似，那你就错过了机会	② 不要超过字数
③ 一定要有好的开头。确保你第一句话足够吸引人，招生官才有兴趣继续读下去	③ 不要吹牛。如果词语运用不当，会对你申请造成负面影响，会让你看起来傲慢自大
④ 阅读优秀的申请文书，琢磨怎样写才有效果	④ 不要让父母替你写文书，那样会显得你像 45 岁
⑤ 写好后反复检查是否易读，是否有内涵而有趣	⑤ 不要抄袭或购买文书。这是用来写你自己的，而且美国大学都有防抄袭系统，招生官会在一分钟内发现你抄袭
⑥ 写好后先放在一边，过几天再回来看看是否遗漏了内容	⑥ 不要让朋友或亲戚评论你的文书，他们会带有偏见，请英语老师或文书顾问来看
⑦ 一定要向英语老师或文书顾问寻求帮助	⑦ 不要表现得消极。不要抱怨或控诉以博取同情，也不试图解释不理想的 GPA 或考试分数
⑧ 写好后反复检查和修订，就算是大作家海明威也是这样做的	

（二）可以做的事情

（1）阅读你要申请的大学去年的申请文书题目，可以在学校网站上找到。

（2）到书店和图书馆寻找关于大学申请文书写作的书。

（3）思考你可以用到的话题。

（4）写出大纲可以帮你选定话题，同时去掉没用的内容。

（5）写草稿，放几天再看。

（6）编辑并重写文书，确保回答了题目的问题。

（7）编辑调整你的文书，让它可以适用于其他大学申请。

（8）请两位可以给予客观意见的人阅读你的文书（英语老师或顾问）。

第四节　12 年级：冲刺名校

如果前面三年你都按部就班地完成了相应的任务，那么这一年是获得回报的

时候了,拥有欢乐的时光,结交好朋友,进入理想的大学,畅想未来。千万不要放松学业,这一年是你全力以赴的时间,学习的课程越有挑战,会让你更好地适应大学课堂。这并不是旅途的终点,反而是新的起点,你要准备好迎接新的生活。

你可以做以下准备:

(1) 创建一份截止日日历,包含大学申请、考试注册、考试时间、住宿安排等。

(2) 如果成绩不理想,最后一次考 SAT 或 ACT,注意尽早注册。

(3) 索取大学和住宿申请表。

(4) 确定高中成绩单和报告都是最新且无误的。

(5) 和升学顾问回顾大学申请计划。

(6) 参加大学招生活动。

(7) 做最后的大学校园访问。如果还没有面试,请跟招生官要求。

(8) 向老师、实习或机构雇主和校队教练申请推荐信。

(9) 更新简历。

(10) 可以开始申请 ED 或 EA 了。

(11) 向大学递送申请。

第十二章
听家长谈培养和申请经验

藤校精英养成记
——步步为"赢"的美国名校升学路

木经风雨,乃秀于林

Jerry 妈妈

6月3日,北京国际机场,一个高高瘦瘦、一脸阳光笑容的英俊小伙拉着箱子向我走来的那一刻,我不禁一阵恍惚,接着心里一声感叹:美高这一年,儿子长大了。

去霍奇基斯中学读书,是孩子迈出家庭的第一步,这一步就跨过了茫茫的太平洋。在机场送行,过了安检他挥挥手,带走的是我不尽的思念和担心。此时我先生没心没肺地说了句:"你儿子一定能应付得很好。"一句话说得我泪水涌上来,心却安下去:是呀,我也相信他一定能。

走向社会,与人和谐相处既要心态也要能力,这是孩子初涉世事适应和成功的关键。我家的氛围比较"民主",家人之间的沟通交流都注意彼此间的尊重,对孩子也不例外。多与孩子平等相处,坦诚相见,潜移默化下孩子也就成了一个诚恳的人,善于分享和勇于承担;能倾听孩子的心声,不高高在上妄加臆断人之是非,孩子就在愿意倾诉的同时也学会了倾听,以及从别人的角度、用阳光的心情去看人、看事情。在国内的时候,一直做学生干部的儿子就被同学公认为一个好人和一个受欢迎的人,同学之间的融洽、快乐、笑容和友好成了取之不尽、用之不竭的财富,是孩子快乐生活高效学习的保障。

进入美高之后,他在人际关系上果然适应得很好,融入得很快,结交了不少美国本土朋友,周末舞会上成了亚洲学生中少有的活跃分子,学校的运动高手也很关照这个"小弟",只是苦了我,想和他视频聊天时常常约不到时间。

儿子天性重仪表,我让他从三四岁就自己洗袜子,十几年他几乎没有一天偷懒放弃。小习惯反映大性情:自己认为重要的事 Jerry 准能咬住牙坚持。去美国之后的第一个电话,他告诉我们说学校跑越野跑风雨无阻,一次在大雷雨中开始训练,教练的嘱咐竟然是:今天有雷电,这没什么了不起,你们要做的就是比雷跑得更快点。听了这话没有妈妈会不担心,但 Jerry 的语气充满了兴奋,我们知道他又和这事较上劲了。我的心思里则巴望着他赶紧把 GPA 也放到他的重要事情列表里去。有一段时间他对上了美高就要"爬藤"(上藤校)的说法不屑一顾,我和先生不断晓

之以理、动之以情、摆事实、讲道理地忙乎,直到有一天他的顾问告诉我们,Jerry 是最勤于在老师对作业给予反馈后重做的学生。顶尖私立美高的学习压力很大,每一次的作业、小测验都会给 GPA 造成影响。了解到孩子的努力,真心觉得不容易,我们能做的只能是给孩子减压,对他取得的每一点成绩和进步及时给予肯定。靠着他独立学习、自主学习的能力和毅力,他也很顺畅地完成了学业上的过渡。

作为一个母亲,孩子做到这些,我很满意。努力了就是好的。

风雨过后,终见彩虹

Alan 妈妈

大家好,我记得非常清楚去年这一天(2015 年 3 月美高放榜后,本文分享于 2016 年 3 月),我也坐在这里,心里十分困惑,原因就是我们申请的几所学校都未录取。为了说明情况的严重性,大概介绍一下我的家庭。我和先生均毕业于藤校,也在美国工作生活过很多年,我自己因为要为公司招聘的原因,也经常要跟藤校毕业的学生打交道。所以我们两人对于美国的本科和研究生的教育都是有一些了解的。但是没有想到高中是一个完全不同的游戏,这是我们的失误。我的孩子是天分比较高的一种。举个例子,他去参加约翰·霍普金斯大学天才儿童选拔的时候,在某些类的考试中跟 12 年级要上大学的人比,都要比 99.99% 的人强。我们也以为自己很了解美国的教育制度。结果却是这样一个情况,我们最后全部落榜。

难过的不仅仅是落榜,人生有很多失败,我们是有充分的心理准备的。最关键的是不知道发生了什么,这是最难受的。落榜得心甘情愿也还好,但我们花很多时间在前期的准备上,提前一两年就开始准备各种标化考试,拿成绩、发展课外的活动,就没有人去想,你把材料递进去以后的那两个月发生了什么,所以这是一个战略性的失误。有几点重要的战略性的东西,我想强调一下。

第一,这是一个非常困难的过程。你会需要很多人的资源和帮助。困难的原因就是因为供需不平衡,需要的人太多,好的学生太多,学校能够提供给我们的名额非常有限。在这样一种情况下,这过程是严重的信息不对称,我们家长活在黑暗中,无从知道这决策的过程。因此感觉就像一个赌博。这是一个主要的原因,这过

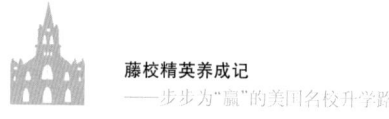

程非常困难。

我举一个例子,今年 Alan 虽然拿到这个名额,但是一年有限的几个位置,按照性别、年龄、文化、国际背景和你个人爱好分成若干的部分,每一个只招一名。所以竞争就是这么激烈。你就是差之毫厘也是进不去的。我们为了孩子的前途,各个方面都要想得特别周全,包括你需要的资源,你自己有的关系一定要用。如果有朋友在美高招录时跟教练说,这孩子来了肯定是咱们学校第一名。那么家长要有这种关系得赶紧去说,但是大部分人都没有。因为这毕竟是两个国家。但是顾问公司就是干这个的,他们这么多年就是培养跟学校之间的沟通,我们家庭可以很公平地就接触这样的资源。我的朋友此前问我,你在纽约工作 10 年,为什么你高中录取的关系也没有。我说,第一,美国人不信这个,进不去就不去了;第二就是没有人觉得要去为一个高中的录取培养这关系,你怎么培养?无从下手。但是市场上有这样的资源,这一点是我们忽视的一件事情。

我再强调一点就是整个过程的不可预计性,刚才我也已经说到有多难,这不可预计性就是因为供需的严重不平衡,你无从知道什么因素、什么逻辑是能够导致你拿到这名额。像我儿子这状况去年就拿不到,一样的这个人今年却拿到了。一方面是申请顾问起了一个决定性的作用。还有就是天时、地利、人和,可能刚好这一年需要这么一个人,所以我们就进去了。这样一种情况下,不再是一个机会,而是碰运气的事情。所以这是过程的不可预计性。

还有就是我自己的感受,尤其我们报名的前 30 名的学校,招生办放弃了自己对中国学生做判断的这件事。他们根本就不想去做这个事情。我听说有一些原因,曾经我们提供很多学生的申请材料跟真的学生水平对不上,这毕竟是两种不同文化背景的国家。美国人很难理解这件事。在第一年申请的后半程,我已经找不到可以沟通的人,他们也不会听你讲什么东西,他们也无从判断你说的东西是真还是假。所以这就是一个现状,中国和美国之间的断层。

有的学校喜欢我们这孩子,第一年就有喜欢的,一再暗示我们,说我们在上海有一个顾问公司,我们只从他们那招人。我就是愣没听懂,就没做这些事。所以这些学校就这么错过了。我们这一代 20 世纪八九十年代出去的留学生,那个时候不一样,我就记得那时候考 GMAT,自己在家做一些题就够了,但是现在已经不是那

个情况,竞争非常激烈。时过境迁,所以我们的经验也不够用了,也要跟着变。

孩子走这条路不容易,需要一个团队的支持。这个团队不光是家庭团队,你还需要一个外部团队的支持。因为不管是选校、个人档案的规划、跟招生官的沟通、写文书等,还有很多时候到一定阶段值不值得做这些,有一个团队在那里互相鼓励和支持,是很重要的。就我的个人经验,我强烈建议有条件的家庭一定要考虑用一个顾问公司,否则这件事情成功的概率就可能从90%降到1%,就是有这么大的差别。

我朋友介绍了几个公司,就只有我们选择的公司非常自信这件事情可以帮我办成,其他的都不肯定,所以我们就在很紧急的情况下,在几天的时间里做了一个选择。现在一年的路走过来,我觉得是说到做到。

还有一件非常痛苦的事情,那就是选校。我强烈地告诉大家不要被排名限制,我的孩子虽然有人说他是天才级的,但是我看不出来,我们选校很宽,选到前30名,实践证明结果是非常好的。因为我们孩子最后一名的学校是北野山高中,可是我先生跟我儿子去过那学校,开心得不得了。如果我们只是拿到北野山高中我们也会非常开心,我们是真心地非常乐意去那所学校。所以你千万不要被排名限制,因为排名是人为的,什么最好,这是一个没有客观标准的事情。再有每一个小孩的性格兴趣、学习能力和社交能力都是不一样的,家长就要花一点时间搞明白,这个不容易。我第一年专业干这个,我也弄明白了前10名的学校。今年报名的时候我就一再问顾问后面这些学校的情况。另外还有一个秘密,就是选校跟顾问一起选,因为这确实取决于他的能力,他不能帮你进学校你可能就进不去。另外选校要考虑档次,比如你想进前20名还是前50名或者前100名的学校,让他在每一个里面挑两个就行了。

我这两年就想通一件事情,我为什么要让孩子去美国读高中?我儿子是从美国回来的,他在国内也是学霸,将来考一个藤校也一样,我为什么要把他送回去?根据我自己一生的经历,我住过不同的国家。我要让孩子开眼界,形成一种坚韧、朴素的品德,将来有很强的适应能力去工作和生活。美国要去,但是不是一定要去前10名的学校?前50名、前100名的学校都可以达到这个目的,所以千万不要受到排名的限制。

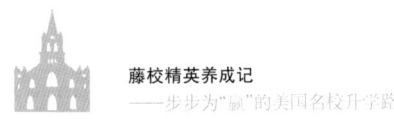

藤校精英养成记
——步步为"赢"的美国名校升学路

最后一点是如何建立完整个人档案的事情。在这事情上，学习都不用多讲，成绩好这是最基本的，你怎么样都要达到这个要求。此外最关键的是两个，一个是你的特长，我发现这一两年的特长变得非常重要，我们孩子体育一点都不擅长，脑子里想的就是乐高，很多年我也发愁特长在哪里。但是他不断发展，有一些特长会发展得比较晚。我们第一年失败的原因也在这里。都到申请后半截了，我们8月份开始准备，到12月份我才发现，他一直在搞一个网上的评论（review），就是全电影行业的东西，写得还特别好。可是我不知道，他害怕我没收电脑，所以就后半夜偷着起来写。所以这些事情你要想办法跟孩子沟通利害关系，如果他某类的特长害怕你们知道，你们一定要想办法抓住，发现孩子的特长。

还有就是不管是什么样的场景，我们家长经常说考小提琴八级，这说明你有这么一个能力，但是你要拿它干什么呢？这是美国最看重的——你做什么。像我们儿子在视觉与空间方面是少有的天才。但是你用它干什么了？这是一个最大的问题。所以过去两年，我就发现他果然在电影行业体现出这个特长，他很早对这个东西敏感了，跟好莱坞的专家学写剧本，写了五六年，还给学校写剧本。但是我花了很多年才搞明白，所以家长们要想宽一点。

最后我特别想强调品德，美国人其实是强调品德的。我觉得在国内的时候我们只是说你要是个好人，小时候也是这样成长，没有人说怎么样是个好人，具体到哪一点，你必须有一个东西支持你好在哪儿。所以你们在报考的时候，一定要让学校觉得你们家孩子是世界上最好的孩子，最善良的。然后你要找一堆证据支持这观点。我们在这一点上，也反对很功利地做这事情。有很多家长搞一次性的慈善活动，这个没有意义。我一个都没搞，那我们怎么弄？他很小就让他去做美国童子军，去培养男孩子的品格，每个周末都要去露营培养生存能力，从香港开始到北京，我们一直坚持了六年。要长时间做一件事情，而且要坚持，不用刻意。我们的申请推荐信是由教会的牧师写的，这在美国非常重要，他们非常认可这个，而且可以用美国人的思维方式去写这孩子的品德。话说回来，你好与不好，要有证据，所以Alan在面试的时候，那个面试官几次热泪盈眶地跟我先生反馈说，这是一个懂得美好的人。所以你一定要成为一个非常好的人，你自己想办法证明你这一点。

（Alan在2016年3月被菲利普斯埃克塞特中学录取。）

挑战,为了更好的未来

Wayne 爸爸

大家好,非常高兴能有机会和大家分享一下我们家孩子申请美国高中这样一个历程。我的儿子在北京长大,他小学、初中都是在公立学校学习。在2015年申请到了萨菲尔德中学,今年转学到乔特罗斯玛丽中学。我想跟大家分享两个内容。

第一,为什么希望孩子去美国读高中;第二,为了这申请的过程,我们需要做哪些准备。

第一,为什么要去美国读高中,我觉得有三个原因。

一、培养国际化的视野。

70后从小更多是在国内的环境中长大,不论是竞争还是合作都是在国内这样的环境里面。我大学毕业后的第一份工作是公务员,然后去的外企,我发现国际化的视野越来越重要。未来在我们孩子长大的时候,这世界变得越来越小,他会对不同的国家、不同的人、不同的文化有更深的理解,我觉得这是一个非常重要的因素。

二、独立的思考能力,英语叫做 critical thinking。可能我们70后从小的教育,强调大量做题,强调背,强调有统一的答案。但是比如说问你,假如滑铁卢战役拿破仑没有输,你认为法国的历史是什么样的?你要有自己独特的观点。我认为有一句话"think different"说得好,你不可能跟所有人都一样,你可以取得和其他人不一样的成绩,你要有独特的思考和判断力。

三、社交能力和领导力。我们孩子都是独生子,在家里是很多人照顾这么一个孩子,可能他天然就是以自我为中心。包括上学的时候,尤其是在好的学校,只要你是前5名的学生老师就很尊重你,同学也很尊重你。然后就给他一种只要我学习好我就很成功的意识,我不需要关心太多其他的人。可是实际上从我们成长上来说是不利的,我自己小时候学校很好,这个观点让我长大以后吃了很多亏。但实际上,可能更重要的是你对别人的关心和理解能力,你怎么能迅速地融入一个氛围。在这方面我们的教育也是比较欠缺的,Wayne 在出国后这一年有特别大的长进,包括对自己的理解,对父母态度的变化。他们在学校的好多活动,可能每一周谁跟谁

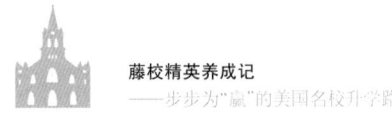

吃饭都有很多的变化，我觉得这一方面也是很难得的。

第二，要做哪些准备。我觉得第一点可能最重要，就是标化考试和学习。它是必要条件不是充分条件，就是没有它肯定不行。还有一点就是标化考试尽量早。实际上标化考试和学业考试都很重要。因为学校也会看你在国内学校的成绩，那可能在这种顶级的学校学业也很重要，你如果花大量的时间在英语上面，实际上对你的学业也会有很大的影响。所以在6月份的时候，就应该把标化考试考完。

第二点是我们很看重孩子的品格培养，不管是国内还是国外上学我觉得这一点都很重要。我们对于孩子教育比较看重两点，一是坚韧。其实不管你想得多好，孩子总会碰到一些挫折，包括我们大人也一样。可能区别就在于面对挫折的时候的态度。比如说我们很多人都希望孩子长大后成为科学家，希望他上名校。在孩子二三十岁的时候，你是不是还能坚持这样的想法？经过多次的挫折之后，还能够去勇敢尝试？我觉得这一点是骨子里面性格的体现。二是乐观的精神，我觉得这一点也很重要，就是你怎么看待事情，对未来的预期和你的想法。

第三点我觉得非常重要的就是选一个很好的中介机构。就像Alan妈妈讲的这决定着最后的结果。现在申请美高就像运动员百米的竞争一样，可能最好和最差的学生之间就差0.01秒。比如托福，大家都在110分左右；像SSAT也一样；像兴趣爱好还可以，但是特长，美国的水准大家都没有；你说性格很重要，但是实际上你只是能够从一些文章里面做出一些很基本的判断。就像运动员有一个好教练，一个好孩子怎么能够胜出，就是你要有一个很好的留学咨询机构，我觉得这一点真的非常重要。

因为中学留学是这四五年兴起的事情，中国的大部分留学机构也都是四五年前开始做这个项目的。但是实际上美国的这些高中，通过这两年的申请过程，我了解到它是一个很紧密的圈子，这里面最重要的是信任，但是短时间的话很难建立这样的信任。

好的留学咨询机构的价值并不是说把你的孩子进行"言过其实"的包装，而是会帮助学校去发现那些被人忽略的没有发现的闪光点。所以说如果把孩子言过其实地推荐给招生办，就不会过十几二十年还有这么强大的信任关系。

我们选择留学咨询机构更看重长期的关系。因为考美国的高中不是目的，考

美国的大学才是目的。实际上好的留学咨询机构除了在高中部分之外,在大学申请上也有非常强的实力,我见到过很多家庭,他们的孩子从初中、高中到大学都是同一家机构帮着申请,这就建立了一个长期的关系,我觉得这一点非常独特。

如果不是选择了好的机构,我觉得我的儿子不可能去年进入萨菲尔德中学,今年也进不了乔特罗斯玛丽中学,我也对孩子将来进入一个好的大学非常乐观。申请的过程虽然很有挑战,但我觉得也非常充满希望。

选择最专业的,再次起航

杨爸爸

大家好,我孩子是在珠海读书的,之前读的不是国际学校,是珠海的一所私立学校。我们今年是第二年申请美高了。可能每个家庭和每个孩子的情况都不一样,我们就把自己这两年的过程跟大家做一个分享。

我们在2014年二三月的时候决定要去美国读书。在2013年的暑假,我们带着孩子去美国的亲戚那里走了一遍,感觉到教育环境跟国内不同,我们回来就决定要去美国读书了。因为当时我孩子在珠海的学校也是很不错的,学校里面的老师对他也非常认可,每年在学校里面也都是三好学生,在班级里都做得非常好,所以在此之前我们一直没有下非常大的决心要做这件事情。

2014年寒假我们父母对他也有一些推动,希望他能做这件事情。因为我们看了美国的学校以后,其实我们自己心里也是有比较的,但是孩子在学校老师都非常认同他,他每年也都是学校的尖子学生,老师也鼓励他继续在珠海读书,包括上珠海的一中、高中,所以他的态度也不是非常坚决。我们看过之后觉得中美教育确实有非常大的差异,就不断地跟他沟通。在这个年龄的孩子有一些自己的想法,有时候也还有比较独立的想法,我们也不便于非常强势地跟他讲,只能不断地引导他。所以2014年寒假的时候孩子就接受了申请美高。当时我们也没有太多资源,2013年暑假跟他一起去美国的时候,因为有亲戚在微软工作,所以我们去看了西雅图的学校,包括比尔·盖茨的走读学校。亲戚也跟我们讲,来美国读书不是太难,这样申请就可以了。我们回来后就是用这种想法在做。

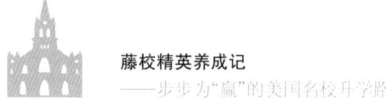

藤校精英养成记
——步步为"赢"的美国名校升学路

　　我们在广东地区没有非常多的资源,在珠海的资源可能比深圳的还少一些,所以我们就找了国内比较大的留学机构开始做培训。半年下来,我们一直都不知道国外有寄宿学校,不知道要做多少事情,我们就只是找了个机构里做了培训,也做了申请。当时机构跟我们的讲法是,去美国读书不是太难的事情。2014年的暑假,七八月的时候妈妈陪着他,我们在广州上一对一的课程,然后考SSAT。但是考出来的成绩就有差距了,他第一次考试是百分之七十几。有个老师就给我们介绍了更好的留学培训机构,我当天就打电话进行联系,我们非常快地决定了去上海,我孩子又住在上海专门培训SSAT。好像是两个还是三个星期,孩子考SSAT的成绩很快就提升了,变成百分之八十几。在这个过程中间,我问选择的机构申请美高是怎么回事。我们才知道美国除了走读学校以外的高中,其实寄宿学校是更高端的,对学生培养是更全面的。那么要申请这些学校怎么做呢?还要考托福。所以之后必须一边培训SSAT,一边培训托福,我们就跟孩子做工作,如果决定做这件事情,珠海课业肯定要暂停一下,要全力以赴做美高申请。然后我们跟他做了很多交流,让他自己认同这个事情,让他觉得还是要做这个选择。所以我们一边培训SSAT,一边培训托福,这样我们一路考到12月底、2015年1月初,直到去美国面试。在这个过程中间要做很多事情,比如说材料准备、学校推荐,孩子能够专心把标化成绩考好已经非常难了,我们几乎没有多余的时间帮他做这个事情,也没有经验去做。

　　去年最后我们申请10个学校都去面试了,维立克也去了,只有一次机会,如果维立克过了才会交材料去学校,过了就有机会,所以我们在培训机构跟他做很多培训,很短的时间就有提升,维立克是四点几,学校就接受他去面试。去年,我们拿了史蒂文森中学的录取通知。我孩子一直比较独立,我们家长没有给他特别辅导,他每年都是学校的三好学生,我们对小孩读书非常有信心,觉得没有什么竞争和压力。但是从他决定去美国读高中,对孩子和家长的另外一个收获是我们跟孩子做一个项目,在项目里面你有非常多的机会跟他交流接触,你有一个目标,大家想方设法达成这个目标,这就变成有一件事情可以跟他不断地互动、沟通,我觉得这对他将来做很多事情是有帮助的。如果在国内读初中、高中、大学,我们觉得插不上手,因为他有他的轨道。一年多的时间,我给他定目标,管理好自己的时间,怎么一步一步把这个条件达成,多了很多互动的机会,也看到他自己的成长。去年他拿到

第十二章

史蒂文森中学的录取通知书,我们非常高兴,因为这是非常难的。因为他去年去美国面试10个学校,他的心中有希望去的学校,你只要给他建议,我觉得孩子自己会做出判断。当他做出判断的时候是他自己想要的,产生的力量就会不一样。他去了史蒂文森中学读书以后,他是有压力的,因为他是从国内学校去那里,以前都是家里面照顾着,去那里是一个人,环境、内容全部改变了。他一方面要把学校里面的所有课程完成好,另外一个是不断地坚持考托福。所以他在史蒂文森中学读书,我们还是帮助他找了一些老师。因为周一到周五有很多学校课程,不能上这些托福课,所以他都是周六、周日上课。他自己心目中有这个目标,所以会抓紧时间做这个事情,会去争取。最后他把托福的分数考得比较高——110分。他自己有这样的决心想要做,我们家长就跟他配合。所以我们跟顾问谈,我们今年还想转学,因为孩子去年看了就是想去卢米斯查菲中学,所以我们也选了这一所,最后今年也获得了成功。

我觉得要做成这件事情,一是启发孩子有这样的目标,让他有决心,变成他追求这个事情。二是在整个过程中,给了我们很多跟他接触和沟通的机会,因为家长要跟他共同做很多事情。三是要找到好的机构,能够做培训,也有学校资源。申请的人数非常多,但是录取的只有几个学生,背后要做很多工作是显而易见的,单单靠家长和学生自己来很难达成。

另外一个体会是,我们整个过程比较紧凑,因为我们获取信息比较迟。在座可能很多都是在国际学校学习,本身英语很好,应该更有机会。但我们是比较仓促的,因为我们知道得也比较迟。如果再来一遍,我会很早关注这个事情,让他很早知道标化这个成绩。我觉得孩子是一样的,个人认为没有什么天才一次就成功的,这个机会非常少。包括考试也是,你只要有足够的时间,不断让他练,我觉得最终都能达成。我们看这么多学生,没有人背后是不付出的。我们之前也觉得孩子在当地学校里面老师说他非常好,像天才一样,我们不用花太多时间,但其实到这样的平台不是这样,每个学生背后都有大量的学习。一次、两次、三次,你只要有足够的时间给他,他不断去练,总会成功的。

回过头来讲,开始得越早就越容易。如果你只剩下半年、一年,压力就来得大,如果有两年,你就越容易。我的体会是,如果早一点做这个事情,一次不行就两次,

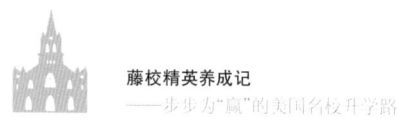

两次不行就三次，孩子之间没有什么差异的，无非就是多练。这是我们的一个体会。

另外在整个过程里面，对家庭和孩子来讲，对于特长，我们要去找一些"标签"，就是说孩子的标签是什么，家庭的标签是什么，最好这个标签是孩子的和家庭的能够结合起来，这是你特有的，我觉得这也是比较重要的。因为到你标化成绩都过了以后，学校看材料的时候就看这些东西。中介机构会辅导我们，原来我也不知道，接下来你们申请的时候可以看一下，学校有很多申请的问题会问，我觉得都是大同小异的，都是问你的标签是什么，你的特长、特性是什么，这几个标签跟家庭是不是组合起来的，是不是一致的，是不是正向的，你为了这些标签做了一些什么事情。我觉得提炼这些东西，然后与机构沟通，能够把这个事情说明白，学校在你标化成绩过了以后，你的申请材料会更有说服力。好的机构是非常重要的，机构背后做的这些工作不是任何家长或者学生自己能够替代的。到今年我们只申请了这一所学校就能上，也有这个原因。

给孩子最好的帮助

李家长

很高兴有这个机会，跟大家分享一下我的小孩被美高录取的这个经历。

我来自杭州，我儿子在杭州上学。其实我们有绿卡，准备早点让他去美国读初中。但是他不肯，说初中一定要在杭州读，有同学，不愿意去。所以我们后来就给他提了个要求，如果能上杭州最好的中学就留下来，上不了就马上走。结果他上了，于是就留下来读初中到毕业。

其实我的儿子能录取到乔特罗斯玛丽中学，我们是非常高兴的，他自己也非常高兴，这是他心目中最愿意去的学校。我们曾经让他去比这个排名前几名的劳尔斯威尔中学，他都说不去。他自己觉得不适合，因为他去年夏校的时候去过劳伦斯威尔。我们就是去了乔特以后，他感觉就最好，后来就申请了乔特，也被乔特录取了。

其实我儿子申请美高的事情，大部分都是他妈妈在做，我因为工作忙，很少去过问这件事情，直到他有学校面试的时候，我才陪他去转了一圈。他们的面试是从

第十二章
听家长谈培养和申请经验

东部去到西部,整个美国两岸飞,要半个月的时间。

其实看了这些学校以后感觉是完全不一样的,特别是当我去了卢米斯查菲中学以后,当天晚上我就打电话给这里的工作人员,然后就联系选校顾问了,说我的孩子希望去这个学校。如果能进入这个学校,就感觉你的人生完全不一样了,人生的经历也完全不一样。这些高中的建筑、文化的沉淀,环境真的很好。图书馆看上去在一个操场里面,这个空间很大,所以我感觉真的完全不一样。后来我们又去了乔特中学,我就跟顾问说,我们最希望的还是这里,而不是卢米斯查菲中学。所以后来他说看了我孩子的成绩和各方面情况以后,我们就往这个方面努力,最终愿望达成。

我女儿高中就在美国洛杉矶读的,高中也是私立高中,现在她在纽约世界艺术学院读大学了。按道理说,我是很有条件自己直接去申请或者自己直接去做这些学校的事情,但是为什么还要最终走到这里呢?说实在的,当我爱人刚开始跟我说的时候我很反对,因为我在杭州已经找了一所中介在做这些事了。但她说还有更好的。现在的结果说明,她是正确的,完全正确。我们在杭州找的那个中介,好多学生一所都没考入。一些进了学校,也就是50名左右,还要等待。而在这里,我们想去的学校,基本上都约到了。

因为我家在洛杉矶的亲戚朋友劝我,洛杉矶某公立中学很好,就上那个公立学校吧,挺不错的。洛杉矶有个私立高中很好,他说我们想去那个高中都去不了。其实在美国也一样,像私立高中,非常不容易进。当我告诉他们,说我们上了乔特罗斯玛丽中学这所学校,他们就特别惊讶,就觉得非常不容易。

所以说我选择的机构确实做得不错,这方面是非常专业的,非常认真,非常努力。当我第一次跟顾问打电话以后,我再次到办公室跟他面谈,我说有多少把握,这件事情能做?我当时也想如果能行有把握就做,没把握就不做,不要浪费时间了,我们直接就换到别的学校。他们说不能告诉你有多少把握,但是可以去做。后来是成功了,所以在这里也非常感谢顾问。

我的儿子获得了两张通知书,两所都是这里做的,一张是乔特的,还有一个是乔治城。我儿子被录取了以后,他的学长在上海有个群,马上就打电话过来。据他们了解的情况,乔特今年总共在上海录取了四个人,加上杭州一个人,一共就五个人。那可想而知,这五个人当中,这里就有三个。乔特今年总共在中国录取的,深圳有两个,北京有八个。所以说我觉得,选择申请顾问这件事肯定是没错的。

最后我想跟大家说一下,家长如果要去参观高中,我觉得还是应该早一点。最好是利用春假,父母陪着小孩一起去那些学校看一下。其实只要从纽约到波士顿这一路过去,前20名的学校有10所都在这一条线上。而且你自己可以随便进去参观,甚至要了解什么情况,到招生办,都有人会给你介绍。只有你自己看了这些学校,心里才会更清楚,到时候顾问跟你介绍,你会非常明白,我要什么,这个学校有什么,这个学校怎么样。至于这个学校需要学生有什么特长,不是说你什么都会一点点,其实根本就没用,比你厉害的人多了,只要你真正有特长,比如说在上海就你会,别人不会,那就有用了。如果说很多人会的特长你说你也会,那么不用多说,说了也没用,人家根本就不会听。

我儿子也一样,乔治城为什么录取了他?这个学校有28支运动队,非常厉害,而且学校的体育设施齐全,游泳馆就有六个,是所有高中里最好的,甚至比某些大学还要好。那么为什么会录取我儿子?我们后来分析了原因,他们肯定有几个名额是给中国学生的,但是在这些中国学生里,标化成绩又能达到的,我儿子可能最好,个子也高,体育也不错,我认为这些可能是被选上的一个原因。所以说每个人应该要找出自己真正的特长,去寻找适合自己的学校。有些没用的特长,少报一点,少说一点。你说一些根本没用的,人家反而对你印象不好。美高确实竞争非常激烈,在美国也一样。特别是这些私立高中,竞争更加激烈。我也希望有很多人能去乔特中学,我们一起成为那里的学生,成为校友。

峰回路转,选择正确的方向走下去

王家长

非常荣幸能跟大家分享一下我女儿的美高经历。曾经我也和在座的各位一样,怀着同样的心情坐在这里,非常焦急和不安,然后又踌躇满志,觉得任重而道远。这是一项全家要认真对待,又必须成功,不能失败的事情,真是百感交集。参加完这个发布会,实际上对我们家庭也是非常有触动的,然后才会有后面的这一些故事。

— 第十二章 —

我们是 2010 年的时候,全家去旅游。在那个团里有一个三口之家,爸爸是华师大的老师,介绍了一下教育的经验。他女儿当年进入了一所美国高中,是通过中介机构申请的。到 2012 年的时候,我女儿想去美国读夏校,五个星期的夏校,我就想找这家机构帮忙一下,做一下申请。2013 年,我们又申请了第二个夏校。从 2013 年之后,跟这家机构没有什么直接的接触,一直到 2015 年的发布会。2015 年 3 月 22 日,我们参加了这个美高的发布会。我觉得这是个非常有意义的发布会。

有一个男孩讲了他的故事。他说他做数学题目,看了十分钟,他觉得这道题目不对,做不出来,少条件。他爸爸是个旅英人士,做金融工作的。他爸爸做了两个小时以后,认为的确可能是做不出,原来他爸爸认为他是不是偷懒不愿意去更加地努力。第二天这个孩子回来以后,跟他爸爸说,老师道歉了,这道题目的确是少条件。那么这个爸爸就想,这个孩子的确有他自己独立的思考能力、判断能力,他能够做出这些批判性的判断。这个小故事有什么用处呢?在美高申请的时候,你可能要写文书。你会需要很多小故事,你要写一些很好的小故事,能让那些老师、招生官有兴趣。这是我当时的一个启发,然后我们回家也开始整理小故事,我们在柬埔寨旅游过程当中发生的小故事。有一个当地的小女孩,她看着我的女儿要糖果吃,她不会说中文,只会说几个字:什么、姐姐、漂亮、糖果。那么我女儿由此想到,实际上这是战争给这个国家带来的灾难。就类似这样的小故事。而这些小故事在做文书的过程中、在后面面试的过程中,都非常有帮助。

有一个女孩在最后快结束的时候,介绍了一下自己的故事。她当时说:相信明年你也会和我一样。我坐在下面看着她,她一脸的幸福,充满自信,给家长送去很多祝福。我很有感触,内心非常震撼。我觉得实际上在我们这个中年的年龄,经历了很多事,很难有一些事让我们产生内心的震撼。包括我今天能够说起这些事情,仍然觉得内心是非常震撼的。听完这个发布会,回家很快就行动了。我们差不多 4 月份的时候就开始看学校。因为我们之前也没有很多的概念,实质性的工作也是在那次发布会以后开始的。我们就跟顾问老师聊,大概去熟悉每一个学校的情况。在 5 月份的时候,已经有一个初步的意向了。6 月份的时候,顾问老师就帮我们联系了学校,安排时间。我们走了差不多近 20 所学校。我觉得访校和面试分开还是挺好的。我们 7 月份访校,大概了解了学校的情况,拍了照,参观了图书馆、游泳馆、

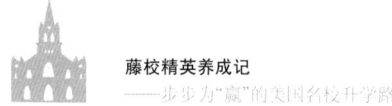

操场,拿了学校的很多信息资料,对学校有了很多直观的了解。我觉得我们回来准备文书,决定最后学校的名单,包括最后去面试的时候,这些原始的信息对我们挺有帮助的。

访校回来以后,差不多到 9 月份,每所学校的要求都出来了。我们差不多在那个时候就开始准备这些材料了。9 月份准备材料之后,通过对学校进一步了解,跟顾问确认了最后我们申请的学校名单。我们就去准备排,12 月份面试。我觉得整个过程来看,给大家的一个建议就是早一点准备。

早一点的好处就是享用到了很多机构资源。我记得 9 月份的时候,跟顾问老师打电话时,他说今晚有一个新签约的家长要过来。我当时心想,已经 9 月份了才刚签约,而我们 4 月份就做了,我已经早五个月享用了这些资源。当然早一点的好处还有在资源相对紧张的时候,我们也得到了一些优先的照顾。

举个例子,就是维立克的事情。实际上去年很多学校都要维立克面试。维立克面试,就是在一个小屋子里,有一台摄像机,有一盏像探照灯一样的灯照着你。一位美国老师坐在那里问你问题,这个时候孩子会很紧张。我女儿在一所本地学校上学,接受九年制义务教育,没有上过国际学校,她不属于在一个英语完全浸润的环境里成长的。我想孩子会很紧张,而且我们得到一些信息,去年维立克一开始压分,还是很厉害的。后来顾问及时提供了这个针对维立克的培训,我们后来维立克面试下来的成绩还是挺好的,是 94%。在本地的孩子里面,还是不错的。面试结束了,美国的面试官还挺有意思。正式面试的时候,他开着摄像机,全程录下来。等到关掉摄像机的时候,他还跟我女儿聊了一会儿天。因为我女儿在聊的时候说到了有一个夏校的经历,他就跟我女儿说,他就住在那个小镇上,他也在当地读过书……我女儿后来也跟他聊,说那个小镇上有一个冰激凌很好吃。那个老师说是的,那里的冰激凌他当时也觉得很好吃。所以等到我女儿出来的时候,她先告诉我,跟面试老师说那个冰激凌很好吃。我想孩子有时候在不是很紧张的状况下,她想到的可能就是其他的一些东西。当然她能够比较放松地进行完面试,前期进行的面试培训也是非常重要的。所以我说早一点的好处,可能你有比较充分的准备,也可以享受到一个比较好的资源。

第二,我想跟大家分享的一点就是在整个过程当中,可能要贪一点。为什么说

第十二章
听家长谈培养和申请经验

要贪一点?培训机构有很多资源,你贪一点,就能够享受到更多的资源。当时有外教老师的辅导,我们参加了挺多外教老师的辅导。有一些美国学校到国内来的见面会之类的,我们也都参加了。不管是有兴趣的学校,还是不特别有兴趣的学校,只要时间允许,我基本上都让我女儿来听一下。我觉得这是提高她见识的机会。因为我们在本地学校上学,不是国际学校,不会有很多这种机会。我觉得她通过参加这些活动,还是挺有收获的。有一些正式的面谈,有一些非正式的面谈,在这些过程当中,她培养了自己很大的自信。

关于常春藤的课,我们在2013—2015年上了挺多常春藤的课。有一门课叫读书俱乐部,我觉得这门课特别好。我女儿通过上这门课,读了挺多的原版小说。因为一般的孩子不会读很多的原版小说,而且本地学校的功课、考试压力特别大,成绩抓得特别紧。不是因为这个读书俱乐部,她不会去读这么多的原版书。这个读书俱乐部每一次上课,老师要提问,然后要写一些读后感。就是说她必须去读,必须逼着她在这一段时间里完成这本书。我觉得当时这门课,我们挺有收获的。还上过一门课"单词4 000",我觉得对于她的单词量也挺有帮助。我女儿不喜欢背生词,她托福考了108分,实际上之后就没有好好背单词了。因为她现在总是觉得侥幸,说人家背很多单词,我没有背很多单词,也考了108分。我觉得有些课程非常好,有机会的话,在时间允许的状况下,应该去上一下,包括这个阅读的课。阅读不光是课本上的东西,也要很多课外的阅读。当你通过这些读书俱乐部的课,有你自己的阅读,有老师的讲解,有读完以后的读后感。当她说起这本书的时候,就有比较系统的自己的观点,我觉得这一点很好。所以说实际上留学咨询机构有很多资源,大家要用,而且要早用。

最后说的一点就是要准。在美高的申请过程当中,每一步都很重要。你的文书、你的面试、你学校的成绩,包括你的活动、奖项。点点滴滴真的非常重要,不能够有任何一点差错,不能有任何一点不完美。在这个过程当中,就是要求家长和孩子真的要全心全意,要全力以赴,要认真对待。

国内学校的教育培养了我女儿认真对待每一件事情的态度。把这点精神转移到美高申请的过程当中,非常认真地对待每一步,没有捷径。我最后想说的就是,这条路不容易,我们在座的各位家长,可能都是自己领域的专家。我想我也是自己

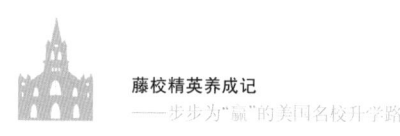

领域的专家,我很熟悉我自己的领域,不容挑战。每一个领域都是这样,美高这一条路,要有专家的指点。因为有了专家以后,才有方法,有方向,而且有途径。

十年树木,百年树人,专业的事交给专业的人来做

侯妈妈

我们是在 2015 年 12 月初的时候,才来到现在的申请机构。主要是因为前期申请的机构真的不行,它给我们提供的一些学校的选校名单,非常不合理。后来我女儿跟我说,她的同学在去年,2015 年被彭宁顿中学录取了。后来我们就找到了这个团队。我非常感谢这个团队对我们的支持。因为第一次面谈,老师告诉我,我们的 SSAT 分数不够。当我们发现不行之后,然后转到了这里,才与顾问一起去做后面这样一个规划。我们这个家庭申请美高最大的教训或者说是遗憾,就是没尽早开始准备。我想如果能更早一点利用资源,更早一点和我们这些顾问老师接触,我们现在申请的结果能够更加好。

面试的部分,我们也是请了顾问老师,和我们一起去访校面试,这个也是可以提供的一个服务。我当时是因为工作原因没法去,所以是爸爸陪孩子去了美国大概三个礼拜,参加了 12 所学校的面试。当时请了顾问老师跟我们一起去参加校园面试。因为有老师在,他们都是有国外教育背景的,他们也会在每次面试之前给你一些辅导,面试之后也会有一些辅导。所以去了美国面试以后,对我们孩子来说,她的心是比较稳定的。这个也是给我们提供的非常好的一个资源。

还有一些小的点,请大家注意。因为申请文书分为两个部分的内容,我们当时在准备的时候,因为时间非常仓促,所以基本上孩子写孩子的,家长写家长的。但是我们把握了总体的一个原则,必须是没有矛盾的。其中总体地反映孩子的能力,或者兴趣爱好必须是一致的。因为美国学校对诚信度非常关注。我之前听过一个美国招生官音频的讲座,他提到他在面试的时候,就问了孩子一个非常简单的问题:你喜欢小狗吗?然后孩子当场就跟他说,我非常讨厌小狗。但是在他的文书里面,写的是孩子非常有爱心,然后他养了一条小狗这样诸如此类的内容。这种小的细节,我觉得也是需要非常关注的。

第十二章
听家长谈培养和申请经验

另外一块有关文书的部分，家长从现在开始，就要积累孩子的一些小事例、小故事。因为我们第一稿的文书，其实是家长写的部分，就被顾问老师退回来了。说所有反映孩子特长、特点的细节，都要有具体的事例来支撑，美国学校是非常看重这个的。不是说我这个孩子性格开朗、乐于助人，就讲这么一句话泛泛而谈是不行的。你一定要有小事例在里面，来支撑你这样一个观点。所以我们的文书退回来之后，其实也琢磨了好久。说实话，我们的孩子不在国际学校上学，一直是以学业为重，兴趣爱好也有一些，弹琴、骑马也都有，但真正有特点的事情，平时倒没有真正关注过。我觉得家长准备要踏上申请美高之路的话，现在就可以积累每件小事情，我的孩子有哪些闪光点，一定要记录下来，因为当时我们是花了一番工夫，才把这个申请文书给完成的。所以这块也是非常重要的。

接下去是校园面试这部分。因为我们申请得晚，所以我们的校园面试是在1月份，那个时候美国的天气也不太好。所以要早一点去，一是气候条件比较好，因为你全程横跨了几个州，自己开车也非常辛苦；二是可能那个时候和你申请文书的撰写时段会挤在一起，时间也非常仓促。但是我觉得校园面试也是非常有必要的，因为这是一个非常重要的双向选择。毕竟我们把孩子送到这么遥远的一个地方，让他独自一个人学习生活。这么远的一个学校，你肯定要去亲自看一下。其实到某一些学校，就会一下子感受到这个学校就是我想去的，所以校园面试非常必要。美高申请非常激烈，所以我们觉得如果不去校园面试的话，被录取的概率可能会非常低。所以我建议大家一定要去参加校园面试。有机会的话，最好面试之前去访校。

面试的过程中，着装方面也非常重要。一定要注意，不管是学生还是家长，都要是比较正式的着装。

还有一定要体现出你的孩子的特点，或者是亮点，和你的面试材料的契合度一定要高。从我们自己的经验来说，面试前后，特别是后面，你必须和招生官保持一个良好的互动。但也不要觉得他如果特别热情你就一定会被录取。不要被一些招生官的态度所影响，不要觉得他如果比较冷淡，你的孩子就没有机会。

我觉得整个美高的申请过程也有非常多的遗憾，但最终我们还是申请到了自己比较理想的学校。也感谢我们的团队，在整个过程中对我们的帮助。最后也是祝福，祝福我们的家长和我们的孩子都能申请到自己理想的学校。

第十三章

听孩子说读书和申请心得

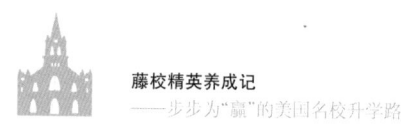

藤校精英养成记
——步步为"赢"的美国名校升学路

全家动员，齐心协力

侯同学

我是来自上海的侯同学。今年我作为十升十的学生，有幸能够进入到肯特高中。今天我可能要从一个学生的角度，给各位家长提供一些我在升学过程中的心得和建议。

首先，出国必须做好非常谨慎的思想准备。我要讲一下升学前的准备和考虑。虽然可能在座的家长都已经决定好，将来要把自己的孩子送去美国，这点我还是想给大家讲一下。因为在我们出国之前，一定要先考虑好，我们到底是为了什么目的而出国呢？或者说孩子是真的自己想要出国，还是说某些家长们为了所谓的望子成龙、望女成凤。这个对于孩子自身出国的动力是有非常大的影响的。

就拿我身边的一个例子来说，我从小都是接受中国传统教育的，直至我初三，从一个非常优秀的上海学校转到一个国际学校，作为一个过渡。那是个专门为要出国的学生所设立的机构，我和一个同学成了好朋友。有一次我问他为什么想要出国，他说他也不是很清楚，他妈妈想让他出国，所以他就去了。但是后来在准备托福的阶段，因为他缺少出国的自身动力，所以并没有全情投入，导致他的托福以及一些标化成绩准备不足，最后他只好转到杭州的另外一所不需要标化成绩的高中。其实这样导致的一个结果就是，他既不能跟上国内孩子们的学习步伐，也不可能申请到一所非常好的美国大学。所以在这里，我希望能够提醒各位家长，一定要孩子想好自己为什么一定要出国。

其次，就是标化成绩，分为托福和SSAT。因为近年来我们中国学生申请学校的学霸们越来越多，所以我们的标化成绩也是水涨船高。关于托福我讲一下个人经历，我考的分数不是那么高，但是大家的标化成绩必须要达标，否则连门槛都进不去，更加不要说这些所谓非常好的学校了。今年的托福我估计起码是100分以上，SSAT肯定要90%以上，这里我也感谢培训机构给我提供的常春藤的培训。其实我一开始SSAT考得并不是特别高，但是在经过差不多两个礼拜的突击之后，我就非常幸运地考到了95%，是2 283分，在这里非常感谢各位老师对我的教导和

第十三章
听孩子说讲书和申请心得

帮助。

接下来就是关于升学的问题。我想说其实并不只是学生本身的事情,而是整个家庭要参与进来,是要全家动起来的一件事情。比如我们在申请高中的时候,会要求提供文书,文书会分成学生和家长两个方面。请各位家长注意一下,不要只是要我的孩子帮我去翻译,或者说全部让他自己帮我写就可以了。而是需要家长自身参与,就是说有能力的家长,也要自己参与到写文书的行动中。这个时候就需要家长非常了解自己孩子的特性。你们要知道,自己孩子的性格如何,适不适合美国的哪所学校,他的优点和缺点是什么,这些都是需要了解的。

下面我想讲一下关于美国升学面试的问题。面试肯定是升学环节当中非常重要的一环。当学生的标化成绩能够通过那个门槛的时候,面试就成为接下来帮助大家进入非常好的美国高中的最重要的一个环节。面试分为两大部分,第一部分是关于孩子自身的问题,比如面试官会问你喜欢什么样的书,或者你参加了什么活动。关于这个部分,我希望他们不要过度准备。所谓过度准备,比如说我一开始,在准备这些面试的时候,会把自己所有的爱好全部写下来,把它背出来。在培训、模拟的时候,顾问说中国学生都喜欢背,外国的面试官在面试的时候会觉得你们这些内容都是背出来的,缺乏真实性,没有说服力。这样对他们的升学造成了一个比较负面的影响。但是在了解学校的方面,你们可以登录学校的官网,查询学校有关的信息,比如学生数量或者课程量。这方面需要做好充分准备。

比如我这次去美国访校的时候,在肯特高中,和我同行的一个女孩子在经过操场或者剧院的时候,她明确地跟面试官说,你们学校的剧院很大,能够容纳多少人。我当时记得是570个人。她非常精准地把这个数字报了出来,我就发现面试官,还有那些老师,就显出非常欣喜的表情。因为这证明了你们的孩子,对这个学校有充分的了解,并且是真正对学校感兴趣的。所以这方面还是希望他们非常精准地准备一下。

面试的方式也是比较有讲究的。比如说在上海的一个招生官会给你做一个现场的面试,还有就是亲身到美国去。我极力向大家推荐亲身到美国去。因为在选校和筛选的过程中,不仅是学校选择我们,也是我们选择学校,所以到美国能够帮助我们更好地了解学校的现况。在这个双向选择当中,我们可能更加详细地了解,

也更加有可能进入这个学校。

最后在面试的时候,面试官也会问一些文书上面所写到的问题。这个时候非常重要的一点就是要有所对应。比如说如果我在面试时和我在文书上写的东西不一样,那很可能就有作假的嫌疑,那么很可能就会被淘汰。

最后我想说一下,在上学的过程当中,我是怎么认识这个培训机构的。一开始我并没有经过非常多英语环境的浸润,我是在中国传统学校当中一路走来的。在初三时我偶然兴起了想要去美国读书的想法,我就转到了另一所学校。在那所学校里有一个同学,他以前就是这个培训机构的,目前是九升十,已经进入了彭宁顿中学,一个非常好的艺术类及综合类学校。他跟我推荐了这个培训机构,起初我是根据我们学校自己招生办的方式去申请的,但是结果好像并不那么理想,可能因为专业度或者师资,以及培训方面都不是非常优秀。在这里我真的非常感谢顾问,虽然我申请的时间比较短,但是因为有这些陪伴我的非常努力非常专业的老师,所以我才能进入肯特这所非常好的学校。

学习与生活,都要认真对待

李同学

我是李同学。我这个月刚从一所叫做印第安山中学(Indian Mountain School)的美国初中毕业,读完了 9 年级。我 8 年级时选择了出国留学,现在在读完了 2 年美国初中后,成功申请了塔夫脱中学,将于今年 9 月份以一个 10 年级学生的身份报到。在这里,我想用几段话分享一下我在国外学习以及生活的经验。

在我看来,其实并没有很多关于学习的建议,只有几点需要注意的。首先,就是上课认真听讲。如果有任何问题,一定要立即向老师提出。一天不认真听课或留有疑问就会落下不少,将需要付出多倍的时间去弥补。其次,一般美国学校会帮你规划时间,为你制定一个每天的计划。在这个计划里,会有学习的时间。在这几个小时内,一定要按照要求,专心学习。如果在这几个小时的学习时间里面认真学习的话,日常学习都不会有任何问题。还有一点,周末的时候,一定要自己空出一定的学习时间,复习、预习、准备考试、做学习项目。但总体来说,要懂得放松,别把

自己搞得太累了。因为有一次我把自己累着了,后面一个月都没太进入状态。

总体来说,学习是很重要的,比其更重要的是生活。一般在悠闲的时候和朋友们一起度过时光是一个很明智的选择,总会有可以一起干的事。可以搞体育、音乐,也可以一起学习。并且外国人也更加开放,更加容易成为朋友。在和他们交流的时候,最好能放得开一些,敞开心扉。不要想着占便宜,多帮朋友们干些事,你们的关系也会更好。这里强调一点,一定不能干傻事。同学们有的时候扎堆干傻事,像半夜开派对什么的。如果是这种事情,我不建议参加,但在特殊的情况下也可以跟他们玩一玩。但是如果他们再干一些违反学校规定的事情,一定要敬而远之。如果问题实在太严重,也可以向老师反映。在美国上学,被停学和退学的可能性比各位想象的要大得多。祝大家进入自己满意的学校并且享受那里的生活。希望我的建议和经验对你们有所帮助。

美高申请,自我认知与自我成长的过程

张同学

我美高 10 年级刚读完,要升 11 年级了。和大家分享一些经验。首先是在学业上遇到的问题要怎么解决。一般来说,很多学生在英文和历史方面都会遇到问题,因为作文或者论文都会比较难,那解决方式就是去找老师。一开始成绩不好是很正常的,美国学生的作文或者论文一般都不会写得很好,老师一般会在课上给你些建议。但是建议一般都是比较常规的,就是怎么切入重点,不会告诉你多讲哪些内容,不会特别细地讲。所以你一定需要下课的时候去找老师,这时老师会很细节地跟你讲,帮你过一遍你的草稿,他会一句一句读给你听,告诉你这一句话哪里不好然后你再改。如果你跟老师讨论的话,老师也会看到你对作文特别重视,他看到你很重视,一般就是 B+ 或者 A- 的一个坎。所以如果你跟老师谈的话基本上就会给你 A-,就像你自己的写作上并没有什么差别,你自己写是 89 分,然后如果你和老师讲了他就给你 90 分。

其次,我想讲到的一点就是,要拿到好的 GPA 不是这么简单。不像只有一个大的考试,而是每个小考都要很重视。比方说一个小考试 12 题满分是 12 分,你错

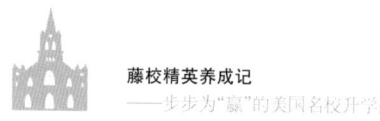

了一题11/12,换成百分制就变成92分而已,就是A-,不小心错第二题就是83分了,就是B。即使全部别的所有的考试都是92,而你有个83就会很不好,所以说每一个考试都要认真对待。平时的作业也要认真对待,如果做小组作业的话一定要和你的同学好好沟通,因为有些美国学生可能拖到最后一天才做,或者是到最后一天晚上跟你说有很多别的作业做不了,请你帮忙做行不行。遇到这种情况,老师会给你换一个课题或者让你们俩沟通。每个学校一般会设置一个给学生学业上需要帮助的地方,我们学校叫做学生中心,有问题可以找这里的老师,他也会告诉你如何保持生活井井有条。因为不少美国学生东西都不太整理,之后就找不到放在哪里了,然后就没交作业。还有很重要的一点就是学生中心的老师会教你如何管理时间,比如考试前如何安排复习时间。时间管理真的非常重要,因为每个科目一般都是45分钟到一个小时做作业,当然如果有五个科目就会要五个小时,但你不可能花五个小时做作业,特别是下午如果需要做一点运动的话,而且非常重要的是一般老师布置的作业是花费45分钟到一个小时,有的时候可能要做两个小时。

关于运动,星期三、六基本上都有比赛,有时到别的学校比赛,回来还塞车,有一次晚上九点才回来,然后做作业就要写到半夜了。社交的话,最好还是要参加运动队,因为你在课上交流未必真的交到朋友,真的交到朋友就是去参加运动的时候,大家一起运动比较好。还有就是参加学校活动的时候,比如周末的活动,有的学校活动很多,但其实也不必参加所有的活动。就比方说我们学校,大家学了一个星期都累了,周末基本都在补觉。有的活动也比较简单,基本上就是看电影、吃晚饭、逛商场。还有就是要参加社团,美国有很多社团,也不用每个都参加,只要参加一两个自己感兴趣的就好了。还有学校里一般都会有一个学生中心,你如果有空的话或者学业不紧张的时候可以多待在那里,跟学生们聊聊天也会增加感情,不要一直待在宿舍里。

最后说到宿舍就说一下室友的问题,怎么跟室友相处最重要的就是妥协。很多学校都会给我们做问卷来帮助配对室友,但还是会有生活习惯不同的情况,就比方说你室友能开着灯睡觉而你不能或者是你室友很喜欢早起,然后闹钟晚上会把你吵醒。如果发生这种情况的话,你一定要先跟室友说。如果你不说的话,他就不领悟,很可能不知道,如果你说了他还是这样的话,你最好是跟导师说,他一定会帮

你处理的。基本每个学生都会配一个导师,如果有任何问题都可以去找他。再说一点就是不要一直待在自己的房间,可以多出来走走,即使在宿舍里的话也可以跟宿舍里的同学保持好的关系。所以在问卷里你也可以选想要跟谁做室友,如果一直待在房间里不与其他同学保持联系的话,可能之后就没人想成为你的室友。

不一样的美高生活

沈同学

首先,我想向大家介绍一下美国的私立高中。和大家想象中不一样的是,我所在的高中是在一个比较偏远的地方。这个地方偏远到什么程度,曾经我看到过两匹马,后面载两个人,就像带有篷子的马车一样;还有学校旁边有很多农场,有养马的、养牛的;学校旁边有一个冰淇淋店,里面的冰淇淋都是用他们自己养的奶牛产的奶做的。可见我们学校确实是在一个很偏远的地方。但是,学校非常漂亮,环境特别好,绿化面积远远大于教学楼面积。

我们学校一年有三个学期,是以暑假、感恩节和春假划分的。我们一天上六节课,早上从八点开始上课,到中午12点结束;早上四节课,下午两节课,从一点上到三点。大家不要觉得下午三点以后上完课就可以离开了,因为3~5点还会有体育训练,每个学生都必须参加。训练过一段时间以后,学校会带领我们和其他学校打比赛。所以除了课业以外,自己的时间安排还是很紧张的,因为课余活动也非常丰富。周末的话,学校会有人带领我们去超市或商场,所以买生活用品方面大家是不用担心的。一般私立高中都是这样,像我们学校每年都会有义务劳动(service learning),我们必须要做满15个小时,另外我们还要写一个 cultural plan,就是老师会带你去博物馆、听歌剧之类的。我不知道大家感不感兴趣,我准备了一些学校比较特别的活动,比如这个 senior prank 就是我们高三学生搞的一个恶作剧。因为像国内的高中,到了高三毕业的时候也会有烧书撕书的情况,senior prank 就是一个类似这样的活动。比如,学生比较不喜欢哪位老师,可能就会把老师的房间洗劫一空;学生也会吹很多气球,放在教学楼门后面,等门开了之后气球就会全部跑出来。还有就是,周末偶尔也会举办篝火晚会,这是一个促进学生关系的很好的

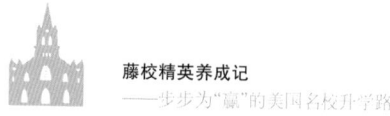

活动。大家围在一起，可以玩真心话大冒险，和美国学生一起烤棉花糖等。另外，学校还有一个活动，在活动当天，我们会把一年之内拍的照片的合集做成册子发给大家。更有意思的是，在活动当天我们可以把我们不喜欢的老师或是可恶的学霸扔到水里去。除此之外，高三还会有一个毕业旅行的活动，但是钱是学生自己筹集的，高年级的学生为低年级的学生服务来赚取报酬。还有就是我们宿舍的人会为那些过生日的人准备生日蛋糕，宿舍所有人都会参与进来。比如6月份有人要过生日，老师会提前列个名单，大家会一起为他庆祝生日，从而让我们不会那么想家。

关于我的申请方面，其实我今年高三已经毕业了，所以在申请美国大学的时候吃了不少苦头。虽然大家觉得现在离高三毕业还有一段时间，但是时间真的过得很快。既然大家选择来美高读书学习，那肯定是想考一个美国顶尖的本科大学，所以我觉得现在可以开始做规划，但脑子里一定要有概念。我把大学申请分为GPA、标化、文书、各类奖励证书和其他五类，在这里我想重点讲一下前四个。我想说的是大家可能不太清楚每门功课老师是如何评分的，按等级来算，就是0～100分。我举个我们学校很典型的例子，作业我们占的比例是15%，小测验20%，大考试30%，上课参与分20%，还有学期期末15%。美高的期末考试真的不是很重要，不像国内一考定终身，主要还是平时成绩占的比例比较大。因为中国学生学习能力肯定都没有什么问题，但是中国学生有一个现象就是上课不喜欢跟老师互动，所以他们在上课参与分这一块分数是很低的。比如老师在你的课堂参与分方面给了一个B，即使你的考试、小测验和大考试拿到了A或是A+，那到最后你可能也只能拿到一个A-的分数，但是你明明可以拿到A+的成绩，为什么要拿到A-呢？而且，我觉得九、十年级最重要的就是要提升自己的GPA，能拿A+的话就千万不要拿A-。因为九、十年级的课程比较简单，11和12年级AP课程加进来，不会把你的成绩拉低就已经很好了。所以，我个人认为九、十年级是拉高GPA的两年，能拉高多少就拉高多少。在选课方面，我建议尽量尝试，因为开学前两个星期都可以随便换课；要选自己感兴趣的课，不要看到别人学什么就去学什么，那样的话一年学下来会非常痛苦。有些人在九、十年级想选难一点的课程，我个人建议九、十年级还是选一些比较基础的课，还是那句话，尽量在九、十年级拉高GPA。

— 第十三章 —
听孩子说读书和申请心得

说到标化成绩,个人觉得我今年在 SAT 上面花费的精力只有 30%,不是我不肯去学 SAT,是我真的没有时间去学。所以我觉得大家在九、十年级最好先把自己的英语水平提高,这非常重要。因为我认为 SAT 考到最后,你的阅读分比别人高多少分,你的总分就会比别人高多少分。因为大家在 11 年级的暑假参加完培训后,数学和语法都可以达到一个很高的分数。关于写文书方面,可能离你们还比较遥远,但是要平时自己多写日记。因为申请顾问每天都催着我交文书,我其实每天都在想但我真的不知道找哪个素材比较好,好像每天都这么平凡地过去了也不知道要写些什么。那我为什么让大家写日记呢?也是因为我参加了一个讲座,有一个学姐说她在截止日期之前的一个多月也不知道写什么,她就从那时候开始记日记,然后写着写着就发现有灵感了,所以我觉得这个方法可能对大家有帮助。下面谈到各种奖项,如果你是天才,数学竞赛、化学竞赛、物理竞赛都能拿奖,那我非常佩服你,但我并不是这样,所以我要从其他方面入手,比如担任学校的宿舍长,或是整个年级的学生会主席、副主席,这些都是有可能的。因为这些都比较注重你的情商和综合素质;如果你前面这几个奖项都没有拿到的话,那我建议你一定要在社团主席方面拿一个奖项,这非常好拿,申请的话基本上 90% 的学校都会同意。后面我想讲的是心态很重要,我在 10 年级的时候 GPA 还蛮高的,选的课也蛮简单的,但是 11 年级选了 AP 课之后,两个学霸突然就莫名其妙进了我们学校,当时我真的觉得有点崩溃,因为我 AP 课才拿到了一个 B 或 B+ 的成绩,他们却能非常轻松地拿到 A+ 或 A 的成绩,然后我就不知该怎么办了,我也经常跟妈妈讲我的烦恼。后来我发现,有学霸在的地方或是有比你优秀的人在的地方不一定就是坏事,没有必要去争第一名。因为跟学霸在一起,他们会给你一些你想不到的思路。比如我们在做小组作业的时候,跟着学霸做肯定比跟着一群比你弱的人做得的分数高,而且大家一起努力才是最重要的,所以我觉得要放平心态。

我还想说的是,导师对你来说真的很重要,你有什么问题或困难就跟他说,因为他有义务在学习和生活上去帮助你。我觉得跟导师关系处得好一点对你会非常有利,因为我们高中人比较少,所以他们会非常关注每个学生。包括他们会告诉你一些他们上大学或上高中的时候遇到过什么事情,这些对你都是非常有利的。

藤校精英养成记
——步步为"赢"的美国名校升学路

科学认识,助力学习

徐同学

我想给大家讲讲三点我的学习和在美高生活上的经验。

第一点是我觉得非常重要的一点,我们学生基本都是在一些寄宿学校里生活,所以寄宿学校里的时间管理是非常重要的一个能力,而且出国有很多功课,所以你要知道怎样安排好你所有的功课,做到合理分配时间完成你的功课还要兼顾到玩乐的时间就是最重要的。有时候,比如我,一般星期二、五,晚上做功课的时间会有很多人来找我玩,那我要知道自己要做掉多少功课、要回绝掉哪些人,然后还要抽出时间复习今天所讲的东西或预习明天要讲的课。

第二点就是因为大家都在同一所学校,有很多机会跟老师同学沟通,和老师沟通最重要的一点就是你不会的一定要跟老师谈,就是第一天放学要找老师谈,因为这些老师都会有很多时间,这也是我觉得私立学校很好的一点吧。有一次我要写一篇论文,老师一开始说他不会教我所有的,但我再去指教的时候他就把我所有的论文都给讲了一遍,让我受益匪浅。

第三点我觉得美国学校和中国学校完全不同的就是,美国学校你要讲究GPA,就是你从一开始就要非常认真地对待你的学业,中国相对来说比较重视期末考试。在美高,我一开始的历史成绩是非常差的,只有83分左右,因为我一开始没有很好地对待历史和英语这两门课。所以到了第二个学期,一开始的时候我就非常非常努力,最后得到超过92分的成绩,提高非常多。所以希望大家也不要一味追求期末成绩,期末成绩只是非常小的一部分,更多的是需要认真对待平时的作业和小测验,这些也是非常重要的。谢谢。

远方有诗和梦想

曹同学

比起高铁,我更愿与一群狐朋狗友搭绿皮火车。尽管拥挤的车厢里人语嘈杂,

第十三章
听孩子说读书和申请心得

但窗外的风景却从不会因赶时间而匆忙错过。昨天,我拖着成山的行李与家人告别,两眼迷茫地钻进飞往纽约的班机;今天,我却又开始憧憬在美高的第二年生活。在眼下的这个阶段把自己定位成一个过来人不免为时过早;相比之下,我倒觉得自己更像一位过客。回首在霍奇基斯中学的第一年,我一直正襟危坐在"奔向美高生活的高铁"上,每天匆忙地上课,匆忙地考试,匆忙地完成作业,之后再匆忙地社交,匆忙地参加运动和社团。在这期间我会时不时地抱怨、懊恼,甚至像个疯子一样嘲笑镜子里那个疲倦狼狈的自己。但是我丝毫不会感到绝望,或者丧失追求目标的动力,因为我知道,一切都才刚刚开始,总有一天我会踏上那趟梦寐以求的绿皮火车,以一个过来人的身份微笑着回味窗外的精彩。

初到霍奇基斯中学,人生地不熟的我便选了越野跑(cross country)作为我的秋季运动。记得第一次训练前,我抱着"在湖边散散步、踏踏青"的美好幻想,一脸坦然地来到了集合点,却在训练后挣扎着爬回了宿舍。我随后跟导师进行了沟通,他告诉我每一项运动无论再累再苦都有自己的乐趣。既然我选择了参加越野跑,就不要轻言放弃,以免事后留下遗憾。本想打退堂鼓的我在这次交流后重新振作了起来,开始为自己制定"迎难而上"的训练计划。每天我都会比其他队友早到15分钟,一是为了提早开始热身,二是为了向"前辈们"取取经。我的队长告诉我,在越野跑的赛场上,我只有一个对手,那就是自己。在整场比赛的过程中,我的身体会无休止地发出信号,让我减慢速度甚至索性放弃,而我要做的就是克服这些信号所带来的心理和生理上的痛苦,保持起始速度并最终完成比赛。功夫不负有心人,在我的顽强努力下,曾经的那个轻言放弃的"胆小鬼"终于变成了一位"勇士",并在最后一场比赛中打破了自己的个人纪录。赛季结束后,我又和我的导师就越野跑有了一次谈话。当他问我是否感受到了这项运动所带来的乐趣时,我告诉他,其实越野跑就像我们的生活,我们这一生都在为各种各样的目标而努力着,尽管奋斗的过程必然艰苦,但在我们冲过终点的那一刻,一拥而上的欣喜和成就感会告诉我们,付出过的一切都是值得的。

是啊,一切都是值得的,在霍奇基斯中学的这一年,熬过的夜是值得的,受过的伤是值得的,流过的汗是值得的,流过的泪也是值得的。在这里,没有明嘲暗讽,更没有钩心斗角,一切事物都归于一个再简单不过的道理——一分耕耘,一分收获。

第十四章

解读申请之路

藤校精英养成记
——步步为"赢"的美国名校升学路

第一节　美国高中申请总结

在了解了美国高中的申请之后，是不是可以用一句话概括，就是越来越难？这难不仅仅体现在申请人数的增加、竞争的日益激烈，更体现在学校录取学生标准的提高！

随着申请美国大学人数的增多、申请难度的加大，许多人将进入美国高中作为未来申请美国大学的一个跳板，而美国顶尖私立寄宿高中更是炙手可热。可以说，这些高中每年申请人数都是呈递增趋势，但其国际生的比例却是不变的。面对"僧多粥少"的局面，这些顶尖名校的姿态是非常高的，他们不仅要求学生要满足他们基本的申请条件，更希望能精挑细选出自己喜欢的学生。

此外，随着综合素质高的申请者的大量增多，无形中抬高了录取基本条件的平均值。不仅如此，面对模糊不清的"喜欢"的定义，包含但不仅限于上面谈及的软性指标。可以说，未来美国留学申请真的是越来越难。

那么我们应如何应对这个困难的留学申请形势？留学机构给大家的建议就是尽早准备，而且最好在小学一年级就开始规划并着手准备，相信很多国内的学生已经错过了这个最佳的留学规划时间。但是，即使是这样，我们还是建议起码要给自己或者孩子预留三年的准备时间。对于未来高中申请，我们一定要时刻准备，而不应该掉以轻心。

除此之外，我们还要提早培养、塑造、准备自己进入美国以后的学习（不仅指高中，更指大学）、生活所需的各项素质，而不仅仅是申请时所需的素质和材料。因为我们是提早准备的，所以我们不妨把战线拉长，然后合理分割每个时间段，并为每个时间段制定一个科学的成长目标，然后一步一个脚印，朝着目标努力！

第二节　从美国顶尖高中到美国顶尖本科，你该怎么做

许多人将美国高中当作是未来升入美国大学的一个跳板，那为了今后顺利过

第十四章
解读申请之路

渡到大学,申请者在选择高中学校的时候应该注意什么?一般而言,学生去美国读高中的下一个目标肯定是读大学。想要升入美国顶尖大学,首先必备的是良好的课业成绩,即 GPA。所以学生在选择美国中学的时候要思考一下,这所中学是否有利于自己拿 A。

另外,除了考虑能否拿 A,家长更多的是要考虑孩子的主观感受,毕竟去学习的主体是"孩子"。孩子自身对各方面的适应度和喜好程度,都将影响着其美国学习、生活能否成功进行。我们可以通过如下步骤,完成一个初期的留学测评。

第一,参访学校。"没有实践就没有发言权。"学生和家长只有实地参访,才能切身感受到学校的氛围、人文、环境、教学等。在某次的参访活动中,对于同样一个参访学校,同行的学生和家长给出了不同的主观评价。有两位学生明确表示不喜欢这样小规模的学校,他们更向往那种具有国际视野、更加开放的学校。而另外一个学生和家长则强烈表示非常喜欢这种具有浓厚家庭氛围的校园。

第二,学生水平和学校要求。最好的学校就是最适合自己的学校。向往名校固然是好的,但并不代表任何学生都能适应顶尖名校的教学节奏。如果去一个远高于自身条件的学校就读,如果不是有非常强的学习能力,那显然是很难跟上学校的教学进度,更不要谈拿 A、冲刺名校等这些目标了,因此不要盲目追求排名高的学校。

第三,主观意愿。去美国学习的是学生本人,而不是家长,所以家长是不能绝对独断地为孩子做出一切留学设想。在设定留学目标和留学细节的时候,家长更多地要尊重孩子的意愿。因为只有孩子自己从心底认可学校,才能发自内心地喜欢、融入,才能自发地接受学校的课业安排、活动任务,才能更积极地和同学、老师沟通交流。

第三节　专家解读

一、哈佛招生新议案将推动美国大学本科招生变革

2016 年美本申请的结果陆续放榜,每年这个时候,我们都要花大量时间阅读和

藤校精英养成记
——步步为"赢"的美国名校升学路

研究美国教育界的最新动向与趋势。今年,我被一篇名为《扭转美国一流本科录取潮流》的报告所吸引。这篇不足千字的英文报告,定义了包括哈佛大学在内的80所美国名校今后的招生标准改革。这篇由哈佛大学教育学院公布的关于顶尖美国本科最新录取标准的报告,主题是"让关爱他人之心在年轻人心中普及"。这篇报告不仅提示了未来美国大学录取的新方向,也对未来申请者给出了具体、明确的操作建议。更令这篇报告显得特殊的是,包括常春藤盟校、麻省理工学院、斯坦福大学等绝大多数美国名校,都表示支持"让关爱他人之心在年轻人心中普及"所倡导的这一招生理念改革。

这篇提示美国教育界招生取向变化的报告主要传达了几点意思。第一,关心他人和公益将成为学校的主要录取条件。长期以来,强调个人成就是美国教育的精髓。将关心他人和公益放在个人成就之上,无疑是对美式教育方向的一个大扭转。大多数亚裔专家对这个全新的大学招生理念表示质疑。他们认为作为一个教育机构,招生官理所应当首先考虑学生的学术水平,这样强调关心他人的理念,会削弱申请者的"硬实力",甚至很多亚裔家长认为这项报告是针对以考分高而闻名的亚裔学生的重磅炸弹。我并不这么认为。我想,这篇报告并非针对以高分而出名的中国学生,而是扭转甚至统一了招生官的招生标准,对美国本土学生和国际学生同样适用。我对这些全新的招生指标感到欣慰,以往的美国教育理念培育出了许多"优秀"的功利主义者。他们从最好的大学毕业,拿到从事薪资最高的工作,活跃在美国政界和商界,成了所谓的社会精英,但他们却并没有为社会创造有利价值。从2008年的美国金融危机到臭名昭著的"安然事件",这些受过高等教育、站在金字塔顶端的"精英"们处处体现出了功利主义教育的弊端,而扭转功利主义的社会现象是教育者的责任。

第二,倡导持续、有意义的社区服务。对于美国大学的申请者来说,社区服务早已不陌生。为了大学申请,许多高中生会有目的地参加义工和社区服务,以此来丰富自己的简历和大学申请材料。不过,今后这种社区服务经历的操作性会越来越小,我对未来的美本申请者表示担忧。我们都清楚,申请美国留学的中国孩子大多数家境是比较殷实的,父母有能力和资源带孩子去异地甚至异国做慈善或志愿者活动,这样的经历看起来很高端,但并不能真正体现孩子的爱心。从今以后,美

— 第十四章 —
解读申请之路

国大学的招生办将更加看重孩子在家庭以及自己生活的社区中做的义务服务。除此之外,招生官也会对学生做义工的时间长度有更苛刻的要求。蜻蜓点水式的志愿者服务不再会被考虑,持续一年以上的社区服务才更有实质意义。

第三,强调活动的质量而非数量。领导力不再是重点。这份哈佛议案指出,长长的炫耀式的志愿者清单将不再为申请者加分。相反,大学招生办倾向于学生在申请材料中陈述不超过四件志愿者经历。这几件为数不多的志愿者经历应是对申请者有特殊意义的,并从申请者的个人角度分享这个经历给自己带来的意义。在陈述这些志愿者服务的过程中,学生应该意识到一味强调自己的领导力未必会被招生办看重,招生官将更加看重这些经历和感受的真实性、多元性和道德性。

第四,培养孩子对他人贡献的感恩以及对未来一代的责任心。除了在志愿者经历中体现学生关心他人和公益,学生对前辈们为社会所做的贡献表示感恩,并为未来一代创造更美好的世界的责任心,将尤其受到招生官垂青。这项"软指标"不禁让人想到不久前"脸书"老板马克·扎克伯格为刚出生的女儿捐出自己99%的股份做公益一事。当许多富豪还在处心积虑地想着如何为后代保留巨额财富时,这个年轻富豪做的恰恰相反,他捐出大部分财产给公益,为给后代留下一个更美好、更公平的世界。这样的胸怀与格局,日益受到美国精英教育体系关注。

第五,降低标化考试的重要性,大学申请拼"人品"。华人学生一向以考试高分而闻名。降低标化考试成绩等学业指标,强调学生"人品"等软指标的举措,在一些华人教育专家看来是非常不公平的。其实,大学招生标准一直以来都是非常主观的,不同的招生官看重的价值观都有所不同,但有了这项哈佛议案以后,招生官就有了统一的价值观,这对任何申请者都将是更加公平的。

这篇扭转了美国一流大学申请大方向的报告,不仅是对美国教育理念提出的一个重要变革,实质上更是对美国社会多年来功利主义倾向的一个抨击。美国教育界的领导者已深刻意识到由于高等教育方向不当所导致的各种社会弊端,教育界期待培育出的未来精英们是充满同情心和社会责任感的。

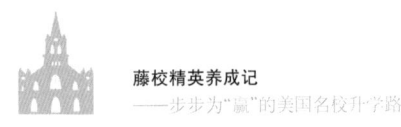

二、美国名校今年在北京上海的录取人数为啥明显下降

以北京、上海、广州、深圳为代表的中国一线城市,一直以来都是经济和文化的前沿阵地,集中了水平最高的教育资源和最多具有潜力的优秀学生,北京和上海也一直以来都是美国名校最重要的生源输送地。

但从最近几年的美本申请和招录情况来看,美国高校里排名前15的名校,在中国的录取人数总体没有减少,可在北京、上海的录取人数则有明显下降,今年下降的情况尤其突出。难道美国名校不再爱"北上广牛娃"了?这个现象很多人关心。到底是怎么回事,我们从原因和对策上试着对该问题进行一下分析和探讨。

其一,优秀生源分散所导致。

过去,许多学生都是在国内读高中,然后申请美国的大学,但现在有一部分非常优秀的学生,在高中甚至初中阶段就选择去美国读中学。他们在初二、初三时就把托福分数考到100～105分的水平,英语能力远超出大多数国内学生的平均水平。这些国内高中的顶尖学生分流,明显削弱了在国内高中申请美本名校的学生实力,导致录取人数减少。

当然,一分为二地说,这些在美国中学就读的学生,有一部分反而产生了许多其他问题,在申请美本名校时并没有占到优势。

比如他们本来在国内算是强项的英语,到了美国高中里,与母语为英语的美国本土学生相比,英文反而变成弱项,历史和生物课也有很高的英文要求,如果课程安排不理想,没有拿到好的成绩,就会影响到申请大学名校的录取。此外,有些在美国高中就读的学生,还是按照国内高中生的规划在安排活动,比如在暑假上没有特色的夏校,或者做"短期"志愿者。

其实这里存在一定的问题,因而并没有充分体现出提前在美国高中就读申请大学的优势。如果说在中国就读的高中生在暑期参加美国夏校,可以显示自己有能力在美国的教育体系里把书读好的话,那么美高学生可以直接通过GPA来体现这一点。所以美高的学生应该在假期去参加课外项目,而不是和中国学生一样选择普通的、没有特色的"夏校"里上课。与此同时,在美高就读的学生应该利用平常学期当中的课外时间来进行更能得到美国大学名校招生办认可的"长期"志

愿者。

其二，北京、上海重点高中的成绩单含金量提高。

2008年以后，随着中国出国留学的人数大幅增加，相对中小城市的中学来说，近几年许多北京、上海重点高中对于申请出国学生的成绩单有更为严格的把关。

而在整个申请过程中，学校GPA成绩和标化考试是两个硬指标。过去在成绩单管理较为宽松的时候，很多学生可以更集中精力专心去提高标化考试成绩，但现在如果没有好的在校成绩单来体现学生的学术实力，就算有很高的标化成绩，学生仍然不会有好的申请结果。

所以，在北京、上海，可能会有学生托福115分、SAT 2 300分，却因为这个学生的在校成绩是年级400人中的第80名，年级排名只是前20%，对于美本名校来说，成绩不在录取范围内——因为这个学生入学后很可能是垫底学生，招录这样的学生可能性很小，所以没能被美国大学前15名的名校录取。成绩单更为严格的把关，也削弱了北京、上海重点高中学生申请美本名校的竞争力，导致录取人数减少。不过北京、上海重点高中学生未来到名校就读后的适应能力会提高，长期来说还是好的。

其三，无效的同质化活动过多。

现在很多学生即使身处一线城市，所列的活动与二三线城市的申请者相差不大。其原因在于现在还有很多并不专业的留学中介和机构打着"活动规划"的幌子，去二三线城市"推销"活动。他们用看起来"高大上"的活动列表吸引学生，误导学生和家长花大量时间、金钱和精力"提前"参加"活动规划"。其实，真正有意义的活动往往是通过父母的社交圈或真正有实力的机构提供的资源进行的，通常是有针对性且独一无二的，而不是能够明码标价"规划"的商业化活动。北京、上海一线城市的申请者在"活动规划"上，因无效的同质化活动过多，并没有体现出经济和文化前沿阵地的资源优势。

其四，热门专业选择"扎堆"。

中国学生和家长对于专业选择历来都有非常明显的偏好，这也使很多"热门"专业的竞争异常惨烈。例如，如果同一所高中有10个学生同时申请西北大学的经济或数学专业，西北大学只会在这10人中录取2名学生。但如果这10名学生分别

申请哲学、艺术史、生命科学、计算机等专业,那么彼此的竞争就会下降,可能就会有三四人被录取。

北京、上海的申请者及家长,应该有更广泛的视野和专业选择,了解美本入学后可以宽松转换专业的政策,而不必要和二三线城市的学生一起扎堆申请"热门"专业。否则就枉费了身处在一线城市有更国际化视野、更多第一手信息的优势。

其五,申请文书写作误区类似。

美国大学的申请文书写作,一直是申请材料中一个非常重要的项目,但受制于思维习惯,中国孩子的申请文书还停留在写个人经历的阶段。实际上名校对申请文书的要求,除了反映申请者的写作能力、自身经历外,还是思考能力和成熟度的体现。一篇真正好的文书,应该有自己的观点和想法、体会和感悟,以及自己独特的见解。

北京、上海的学生在这部分原本应该比二三线城市的学生有优势,却因为过度参照前几年申请学生的文书"成功"经验,缺乏真正专业的申请指导,而没有体现出一线城市的孩子相对较成熟的思考能力和自身独特的见解的优势。

最后,SAT 考试安排不合理,影响申请者实力的发挥。

当前"刷分"和"泄题"乱象带来的不良影响波及较广,许多一线城市的申请者 SAT 考分优势并没有体现。因为在一线大城市,教育资源相对丰富,考生的英文程度相对较高,但因为"泄题""答案叫卖"等不良事件的影响,许多学生的高标化成绩在申请中的效果也大受影响。

另一方面,许多申请者因担心标化高分不足以录取名校,故花费大量时间参加"不靠谱"的活动,从而挤占了考试准备时间,影响了考分。

综上所述,北京、上海等一线城市的申请者不要总是参加"模拟联合国"这类二三线城市学生也能参加的活动,而美高学生要参加一些只有在美高才有的活动,如担任学校的宿舍长、生活辅导员、学科辅导老师等。另外,运动是美高的一大特色,也是活动中含金量较高的一项。如果不擅长运动,那么也应争取去当球队经理这种只有美高才有的职位。在活动规划、专业选择、文书讨论方面,学生和家长都要有全局视野和理性分析,听取科学指导和专业意见,不要盲目跟风。

在名校申请之路上,所有的学生和家长都应更自信、更理性、更客观,才能取得

更好的结果。

三、想进名校,读美高可能并不讨巧

(一)高中在国内读还是去美国读,很难说哪种方式更好

近年来越来越多的中国家长选择让孩子去美国读高中,希望能提前适应美国的教育体制和学习方式,同时也期盼能因此更容易地申请到美国名牌大学。不能不提醒的是,这也许是一个很大的误区,在美国念高中,与学生未来能否顺利升入美国顶尖大学没有必然联系,有时甚至还会起反作用。

(二)升学顾问的决定作用

每所美国高中都有一个升学辅导办公室,学校会根据年级人数来设置相应的升学顾问(college counselor)人数。根据学校情况不同,升学顾问的人数有多有少,一般一个升学顾问大约会负责 20 个学生。如果说学校的招生办公室是入口,那么升学辅导办公室则相当于出口。升学顾问代表所在学校与大学招生办联系,承担向大学招生办推荐本校学生的任务。升学辅导办公室的工作相当于帮助大学做前置筛选,这可以避免同校学生扎堆申请同一所大学的现象。

升学顾问最重要的工作之一是对每个学生进行校内"定位",规划学生的升学路径,为学生推荐最适合的大学。学生申请大学所需的三封推荐信中,最具重量级的一封就来自升学顾问。这封推荐信内容包括学生的学习成绩、特长爱好、参与学校社区活动的积极性、对学校做出的贡献等。升学顾问还会在信中评价学生在学校里的整体表现以及与同年级学生的比较,让大学招生办对学生有清晰全面的了解。

升学顾问在帮助学生选校时,会根据学生在英文和数学这两门主科的表现,以及高中阶段在班级或年级里的排名,为学生做出基本"定位",然后参考过去招录年份中相同水准学生被录取情况的历史数据,向学生推荐最适合的学校。所谓适合的学校,是学生可以被录取的学校,而不是学生一厢情愿的选择。如果出现扎堆申请的情况,升学顾问会劝阻一些学生,进行总体平衡。

美国高中设置升学顾问的目的是让所有的学生有大学可上,并不特别在意学

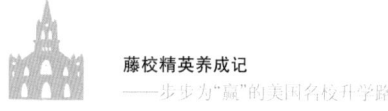

生所升的大学是不是学生自己最满意的,很多学生会因此去不了自己的理想大学。另外,在美国读高中的中国学生反映,无论给这些升学顾问看什么样的申请文书,他们都坚持鼓励态度,不会对文书进行大幅修改,也不会给学生很多具体意见。很多升学顾问对每个学生的建议与指导都是千篇一律的,缺乏有针对性的"量体裁衣"式指导。

(三)亚裔学生的竞争劣势

一般说来,中国家长和学生喜欢按照排名来选择大学,但美国的升学顾问不理解这种对学校排名的重视,他们觉得适合的学校才是最好的。在这种情况下,如果没有和升学顾问进行充分沟通,就会因文化差异造成相互不理解。还有一种情况是,顾问可能低估学生的条件。如果顾问对学生了解不全面或刻板地认为亚裔学生只是"死读书",就会低估学生的竞争力和条件,推荐一些中国学生从未听过的保底学校。

在没有充分沟通的情况下,升学顾问可能会对学生想去的学校不是很支持。而如果顾问持这样的态度,那么他在推荐信的内容和支持力度上就会降低,这样就有可能影响到学生的录取结果。这主要是因为文化差异或对亚裔的不理解,可说是偏见而不能算是歧视。

我建议中国学生和家长要了解美国人的思维方式,清楚升学顾问的立场、想法和所要承担的责任。双方相互理解后,才可以很好地沟通,升学顾问才会全力支持学生想要申请的学校。

实际上,大学在招生审核时,对不同族裔有不同的招生计划。因为亚裔学生历来重视学习,成绩好,录取分数也比较高。从数据看,亚裔学生相比其他族裔学生的竞争也更加激烈。例如,一个排名25名的学生,如果是韩国人,升学顾问可能会认为,因为韩国学生竞争特别激烈,这位学生可能只能去排名前30的大学。而如果这名学生是美国人,可能就可以去前20名的大学。如果这名学生是南美裔或非洲裔,则更有可能去藤校。所以,升学顾问对亚裔学生在大学选校上也相对保守,顾问的推荐也是依据历史数据、大学招录情况分析而得出的。

(四)国内高中的比较优势

相比美国高中,在国内高中申请美国大学在某些方面反而限制少很多。虽然

没有升学顾问的专业指导和定位,但选校名单不需要升学顾问的预先审核、预先同意,所以会有更大的选择范围和自由度,有更多尝试机会。因为没有定位限制,所以国内高中学生在申请中,可以通过材料更加充分地展现自己,发挥空间更大。再加之因为美国大学也很青睐国内高中名校的优秀生源,所以在国内知名高中就读、学习成绩好、标化成绩高的学生,有很大的竞争优势。而在美高读书的学生,则有可能因顾问定位反而处于劣势。

从申请角度讲,在美国就读高中的学生,如果选择的学校课程很适合,在校成绩好,课外活动表现出色,被升学老师认可度高,则能得到好的定位;而在国内读高中的学生,同样在国内名校,和美高学生有同等的条件,那么这两个学生都有机会申请到好学校,但反之也同样有可能申请不到好学校。所以,无论是在国内读高中还是去美国读高中,没有绝对的好坏之分。

两条路的主要差别可能要在进大学之后才能体现出来。因为美高留学生在美国高中读了4年后,已经适应了美国的教育体制、学习方式,对美国的价值观有所了解,在时间分配、资源利用方面也更加得心应手。所以,对美高留学生来说,到美国大学读书能够更好地实现无缝衔接。而对国内高中学生来讲,因为没有提前接触和利用美国的教育资源,所以可能需要拿出更多时间去适应。无论走哪条路,学生和家长都要理性选择,一旦做出选择,就要努力走好后来的路。

(五)高中申请美国大学要准备什么

首要材料是在校成绩(GPA),然后是 SAT 或 ACT 等标化考试(这两个考试类似于国内的高考),同时还需要准备相应的文书(包括自述文书、简历、推荐信等)、参加过的活动及获得过的奖项表单等。一些大学可能还会安排面试。

如果想要申请前10的美国大学,新 SAT 成绩要达到1 500分以上,ACT 成绩34分以上,GPA 至少3.8以上(满分4.0),在校成绩单要几乎全 A 的成绩。对于国际学生来说,还要准备托福考试。如果想要申请前10的美国大学,托福成绩要达到110分以上,其中口语部分要达到26分以上。

建议在美国高中留学的中国学生,一定要通过时间的积累,找到适合自己的学习方向、专长、课外活动、运动和有竞争力的社团活动等,并在各项活动中争取较好

的表现,为大学申请做准备。

  值得一提的是,2016年4月,由83所美国高校共同创建的一个新的大学联盟申请系统CAAS正式上线,该系统要求学生从9年级开始,记录自己的学习、活动、竞赛等情况,这意味着大学考察学生的时间提前了,如果没有事先准备,在大学申请时会比别人少很多优势。如果想申请藤校,更要尽早准备,提前做好规划。

附　录

附录一 2017年美国私立寄宿高中排名

学美综合排名	BI排名	英文校名	中文校名	州名	寄宿年级	学生数	学校类型	校务基金（百万）	基金排名	SAT	SAT排名	ACT	SSAT	SSAT排名	录取率	录取难度排名	三项指标
1	2	Phillips Academy Andover	安多弗菲利普斯中学	MA	9~12 PG	1122	混校	1012	2	2112	2	31	94%	1	14%	3	2.33
2	1	Phillips Exeter Academy	菲利普斯埃克塞特中学	NH	9~12 PG	1085	混校	1150	1	2082	5	30	94%	1	18%	9	3.67
3	5	Groton School	格罗顿学校	MA	8~12	381	混校	325	8	2123	1		91%	5	12%	1	4.00
4	3	St. Paul's School	圣保罗中学	NH	9~12	541	混校	573	3	2040	8		88%	9	16%	5	5.33
5	7	Milton Academy	米尔顿高中	MA	9~12	700	混校	255	12	2048	7		90%	6	16%	5	8.00
6	8	Middlesex School	米德尔塞克斯中学	MA	9~12 PG	375	混校	244	15	2100	3	29	80%	20	18%	9	9.00
7	6	The Lawrenceville School	劳伦斯维尔高中	NJ	9~12	816	混校	320	10	2060	6		85%	11	20%	12	9.33

附 录

（续表）

学美综合排名	BI排名	英文校名	中文校名	州名	覆盖年级	学生数	学校类型	校务基金（百万）	基金排名	SAT	SAT排名	ACT	SSAT	SSAT排名	录取率	录取难度排名	三项指标
8	10	Choate Rosemary Hall	乔特罗斯玛丽中学	CT	9~12 PG	865	混校	325	9	2 025	9	28	85%	12	19%	11	9.67
9	9	The Hotchkiss School	霍奇基斯中学	CT	9~12 PG	598	混校	362	6	1 985	13	29	85%	13	21%	16	11.67
10	4	Deerfield Academy	迪尔菲尔德中学	MA	9~12 PG	650	混校	532	4	1 900	34		85%	14	16%	5	14.33
11	14	The Taft School	塔夫脱中学	CT	9~12 PG	576	混校	250	14	1 950	19		85%	15	20%	12	15.00
12	17	The Loomis Chaffee School	卢米斯查菲中学	CT	9~12 PG	650	混校	180	19	1 970	16		79%	29	20%	12	15.67
13	12	The Thacher School	撒切尔中学	CA	9~12	240	混校	137	27	1 930	25		89%	8	13%	2	18.00
14	11	Peddie School	佩迪中学	NJ	9~12 PG	542	混校	326	7	1 930	25	27	75%	33	25%	23	18.33
15	20	St. George's School	圣乔治学校	RI	9~12	364	混校	138	26	1 930	25		75%	34	20%	12	21.00
16	26	St. Mark's School	圣马克中学	MA	9~12	356	混校	141	24	1 977	14	29.9	90%	7	27%	28	22.00

（续表）

学美综合排名	BI排名	英文校名	中文校名	州名	寄宿年级	学生数	学校类型	校务基金(百万)	校务基金排名	SAT	SAT排名	ACT	SSAT	SSAT排名	录取率	录取难度排名	三项指标
17	21	Blair Academy	布莱尔学院	NJ	9~12 PG	450	混校	88	35	1970	16	28	80%	21	22%	17	22.67
18	19	St. Andrew's School	圣安德鲁学校	DE	9~12	310	混校	195	18	1940	21	28	83%	19	30%	30	23.00
19	31	Episcopal High School	主教高中	VA	9~12	435	混校	220	16	1950	19		70%	44	34%	37	24.00
20	22	Culver Academies	卡尔弗学院	IN	9~12	811	混校	390	5				50%	77	38%	44	24.50
21	32	Emma Willard School	埃马威拉德中学	NY	9~12 PG	358	女	93	33	1989	12	27.7	50%	76	30%	30	25.00
22	18	Concord Academy	康科德学院	MA	9~12	378	混校	56	47	2085	4		84%	18	26%	26	25.67
23	37	Mercersburg Academy	默瑟斯堡学院	PA	9~12 PG	440	混校	252	13	1967	18		85%	16	39%	46	25.67
24	16	Cate School	凯特中学	CA	9~12	270	混校	80	37	1900	34	25	85%	17	17%	8	26.33
25	33	The Governor's Academy	伽文纳中学	MA	9~12	406	混校	100	31	1910	31	27	94%	1	24%	19	27.00

(续表)

学美综合排名	BI排名	英文校名	中文校名	州名	寄宿年级	学生数	学校类型	校务基金(百万)	基金排名	SAT	SAT排名	ACT	SSAT	SSAT排名	录取率	录取难度排名	三项指标
26	28	Northfield Mount Hermon School	北野山高中	MA	9~12 PG	650	混校	140	25			28	75%	35	30%	30	27.50
27	24	Cranbrook Schools	克兰布鲁克中学	MI	9~12	799	混校	200	17	1939	24	29	92%	4	38%	44	28.33
28	39	Brooks School	布鲁克斯学校	MA	9~12	376	混校	71	39				65%	57	24%	19	29.00
29	34	The Hill School	希尔中学	PA	9~12 PG	523	混校	153	20	1885	37	26	70%	45	32%	34	30.33
30	13	The Hockaday School	霍克黛女子学校	TX	8~12	1098	女	145	23				50%	78	25%	23	32.17
31	23	The Webb Schools	韦布学校	CA	9~12	404	混校	30	67	2000	11		70%	46	24%	19	32.33
32	15	St. Albans School	圣奥尔本斯中学	DC	9~12	575	男	60	43				80%	22	25%	23	33.00
33	35	Westminster School	威斯敏斯特学校	CT	9~12 PG	390	混校	92	34	1873	43	27	75%	36	26%	26	34.33
34	29	Georgetown Preparatory School	乔治城预备高中	MD	9~12	492	男	20	80	1975	15	28	50%	79	23%	18	37.67

藤校精英养成记
——步步为"赢"的美国名校升学路

(续表)

学美综合排名	BI排名	英文校名	中文校名	州名	寄宿年级	学生数	学校类型	校务基金(百万)	校务基金排名	SAT	SAT排名	ACT	SSAT	SSAT排名	录取率	录取难度排名	三项指标
35	38	Suffield Academy	萨菲尔德中学	CT	9~12 PG	414	混校	44	53	1910	31	25			29%	29	37.67
36	41	Western Reserve Academy	西储学院	OH	9~12	402	混校	150	22	1940	21		87%	10	50%	72	38.33
37	30	Berkshire School	伯克希尔中学	MA	9~12 PG	391	混校	117	29	1743	86				24%	19	44.67
38	47	Miss Porter's School	波特女子高中	CT	9~12	325	女	111	30	1872	44		68%	55	45%	61	45.00
39	27	Kent School	肯特高中	CT	9~12 PG	565	混校	80	37	1860	49		70%	47	40%	51	45.67
40	46	Portsmouth Abbey School	朴次茅斯修道院中学	RI	9~12	360	混校	42	55	1860	49		70%	48	31%	33	48.83
41		Dana Hall School	丹娜霍尔女子中学	MA	9~12	467	女	47	51	1885	37	28	58%	70	47%	65	51.00
42	44	Tabor Academy	泰伯学院	MA	9~12	496	混校	40	58	1854	58		80%	23	35%	38	51.33
43	48	Indian Springs School	印第安泉中学	AL	8~12	279	混校	12	106	2020	10	29	75%	38			51.33
44	36	Westover School	韦斯托弗学校	CT	9~12	210	女	61	42	1860	49	27	64%	64	46%	64	51.67

(续表)

美高综合排名	BI排名	英文校名	中文校名	州名	寄宿年级	学生数	学校类型	校务基金(百万)	基金排名	SAT	SAT排名	ACT	SSAT	SSAT排名	录取率	录取难度排名	三项指标
45	40	Woodberry Forest School	伍德伯里森林学校	VA	9~12	393	男	315	11	1781	77	25	52%	75	48%	67	51.67
46		Asheville School	阿什维尔中学	NC	9~12	290	混校	47	50	1860	49	27	63%	65	40%	51	52.33
47		Lake Forest Academy	湖森中学	IL	9~12 PG	436	混校	30	67	1880	40	27.2					53.50
48		Woodside Priory School	伍德赛德中学	CA	9~12	380	混校	8	122	1927	28	30	80%	24	15%	4	54.67
49	42	Oregon Episcopal School	俄勒冈主教高中	OR	9~12 PG	860	混校	21	77	1920	30	28			43%	58	55.00
50	25	The Masters School	迈斯特中学	NY	9~12	475	混校	39	60				70%	50	40%	51	55.50
51		Stevenson School	史蒂文森中学	CA	9~12	750	混校	35	63	1866	47	28	68%	56	43%	58	56.00
52		George School	乔治高中	PA	9~12	540	混校	151	21	1855	57	27			57%	91	56.33
53		Holderness School	霍尔德内斯学校	NH	9~12 PG	280	混校	60	43	1800	68		65%	58			56.33
54		Salisbury School	索尔兹伯里男子学校	CT	9~12 PG	305	男	60	43	1810	67		54%	73	37%	43	56.83

藤校精英养成记
——步步为"赢"的美国名校升学路

（续表）

学美综合排名	BI排名	英文校名	中文校名	州名	寄宿年级	学生数	学校类型	校务基金（百万）	基金排名	SAT	SAT排名	ACT	SSAT	SSAT排名	录取率	录取难度排名	三项指标
55	43	St. Stephen's Episcopal School	圣斯蒂分教会学校	TX	6~12	688	混校	13	105	1940	21	28			39%	46	57.33
56		Worcester Academy	伍斯特学院	MA	9~12	645	混校	50	48	1900	34	30	48%	89	60%	96	59.33
57		The Williston Northampton School	威利斯顿·诺塞普顿中学	MA	9~12	440	混校	44	54	1790	74	26	60%	68	40%	51	59.67
58		Pomfret School	庞弗里特中学	CT	9~12 PG	360	混校	39	60	1786	75		62%	67	39%	46	60.33
59		Grier School	格里尔高中	PA	7~12	305	女	20	80	1910	31		80%	25	50%	72	61.00
60		The Madeira School	马迪拉女子中学	VA	9~12	308	女	62	41				80%	26	53%	81	61.00
61		Chatham Hall	查塔姆霍尔学校	VA	9~12	141	女	55	48	1921	29	28	70%	51	65%	106	61.00
62		The Athenian School	雅典娜中学	CA	9~12	300	混校	8	122	1845	61				43%	58	61.22
63		The Pennington School	彭宁顿中学	NJ	8~12	485	混校	35	63	1740	87	25			35%	38	62.67
64		Westtown School	西城中学	PA	9~12	374	混校	87	36	1860	49		75%	37	63%	103	62.67

(续表)

学业综合排名	BI排名	英文校名	中文校名	州名	寄宿年级	学生数	学校类型	校务基金(百万)	校务基金排名	SAT	SAT排名	ACT	SSAT	SSAT排名	录取率	录取难度排名	三项指标
65		Foxcroft School	福克斯克罗夫特女子学校	VA	9~12	167	女	65	40	1860	49	27	50%	82	62%	102	63.67
66	50	St. Anne's-Belfield School	圣安妮贝尔菲尔德学校	VA	9~12	886	混校	32	66	1827	65		50%	80	35%	38	64.00
67		Canterbury School	坎特伯雷高中	CT	9~12 PG	320	混校	20	80	1820	66		60%	69	39%	46	64.00
68		Baylor School	贝勒中学	TN	6~12	1024	混校	130	28	1700	100	26	75%	39			64.00
69		Church Farm School	教会农场学校	PA	7~12	189	男	100	31	1757	81		50%	81	50%	72	64.33
70		The Stony Brook School	石溪中学	NY	7~12	332	混校	14	102	1846	60		20%	91	32%	34	65.33
71		Wyoming Seminary Upper School	怀俄明高级中学	PA	9~12	451	混校	57	46	1782	76	26	76%	32	53%	82	68.00
72		Saint Andrew's School	圣安德鲁学校	FL	9~12	575	混校	16	92	1840	62	27	65%	59	40%	51	68.33
73		Santa Catalina School	圣卡塔利娜学校	CA	9~12	259	女	15	96	1876	42		58%	71			69.00

藤校精英养成记
——步步为"赢"的美国名校升学路

(续表)

学费综合排名	BJ排名	英文校名	中文校名	州名	寄宿年级	学生数	学校类型	校务基金(百万)	基金排名	SAT	SAT排名	ACT	SSAT	SSAT排名	录取率	录取难度排名	三项指标
74		The Webb School	韦布中学	TN	6~12	295	混校	28	71	1857	55	27	80%	27	53%	82	69.33
75		Lawrence Academy	劳伦斯中学	MA	9~12	395	混校	26	73	1735	90		50%	83	39%	46	69.67
76		Garrison Forest School	格瑞森林中学	MD	8~12	298	女	38	62	1755	82	26	70%	52	50%	72	72.00
77		Avon Old Farms School	埃文老农场中学	CT	9~12	409	男	47	52	1705	98		50%	84	48%	67	72.33
78		The Perkiomen School	伯科曼学校	PA	6~12	385	混校	15	96	1745	84				35%	38	72.67
79		Miss Hall's School	霍尔女子中学	MA	9~12	206	女	20	80	1800	68				49%	71	73.00
80		Cushing Academy	库欣学院	MA	9~12	400	混校	42	55	1700	100		70%		48%	67	74.00
81		Saint James School	圣詹姆斯学校	MD	8~12	215	混校	22	76	1835	63	26		53	54%	85	74.67
82		Kimball Union Academy	金博尔联盟学院	NH	9~12	340	混校	28	71	1800	68	26	75%	40	55%	87	75.33
83		Trinity-Pawling School	圣三-珀林中学	NY	9~12	300	男	40	58	1710	97		55%	72	50%	72	75.67

（续表）

学费综合排名	BI排名	英文校名	中文校名	州名	寄宿年级	学生数	学校类型	校务基金(百万)	基金排名	SAT	SAT排名	ACT	SSAT	SSAT排名	录取率	录取难度排名	三项指标
84		Northwood School	北林高中	NY	9~12 PG	173	混校	9	120	1670	109	24					76.33
85	45	Millbrook School	米尔布鲁克学校	NY	9~12	304	混校	33	65	1660	111	23	65%	60	41%	57	77.67
86		Proctor Academy	普洛克学院	NH	9~12 PG	360	混校	25	74	1660	111	23	65%	61	40%	51	78.67
87		Shattuck-St. Mary's School	沙特克圣玛丽高中	MN	6~12 PG	439	混校	25	74	1745	84						79.00
88	49	Annie Wright Schools	安妮怀特中学	WA	9~12	184	女	17	88	1847	59				58%	93	80.00
89		The Cambridge School of Weston	韦斯顿剑桥中学	MA	9~12	335	混校	7	124	1895	37						80.50
90		Darlington School	达林顿学校	GA	9~12	815	混校	30	67	1735	90	23					83.33
91		Brewster Academy	布鲁斯特学院	NH	9~12	358	混校	15	96	1800	68		54%	74	58%	93	84.00
92		The Bolles School	博尔斯学校	FL	7~12	1650	混校	16	92	1634	116		65%	62	58%	93	84.33
93		Tallulah Falls School	塔卢拉弗中学	GA	7~12	425	混校	30	67			24.3			50%	72	85.00

（续表）

学校综合排名	BI排名	英文校名	中文校名	州名	寄宿年级	学生数	学校类型	校务基金（百万）	基金排名	SAT	SAT排名	ACT	SSAT	SSAT排名	录取率	录取难度排名	三项指标
94		The Ethel Walker School	埃塞尔沃克女子高中	CT	9~12	250	女	12	106	1724	92		65%	63	50%	72	90.00
95		St. Andrew's School	圣安德鲁学院	RI	9~12	225	混校	20	80						62%	102	91.00
96		Southwestern Academy	西南中学	CA	6~12 PG	144	混校	17	88						60%	96	92.00
97		Wilbraham & Monson Academy	韦伯拉汉·莫森中学	MA	8~12	431	混校	10	114						50%	72	93.00
98		Fryeburg Academy	福来伯学院	ME	9~12	578	混校	20	80	1800	68				80%	133	93.67
99		Villanova Preparatory School	维拉诺瓦预备高中	CA	9~12	261	混校	12	106	1763	80	26			64%	104	96.67
100		Foxcroft Academy	福克斯克罗夫特学院	ME	9~12	435	混校	6	129	1750	83				53%	82	98.00

注：
1. 综合排名是依据校务基金排名、毕业生SAT分数排名、录取难度排名三项指标平均所得的排名，仅供参考。
2. 此表中的数据主要出自Boarding School Review，部分直接得自学校。
3. SSAT均分是全体录取学生的均分，不代表排名靠前。
4. 未提供数据的学校录取排名无排名。
5. BI排名是美媒杂志Business Insider的排名，该排名至50位。
6. PG即Post Graduate，相当于大学预科。

附录二　部分美国高中简介*

Phillips Academy Andover MA

学校概况　安多弗菲利普斯中学是美国最优秀的私立高中之一。学校的课程很丰富,不仅包括了普通教育所需的基础课程,而且还设置了众多具有挑战性的高级课程,以满足不同学生的学习需求。小班化教学让学生有机会直接得到老师的指导和帮助。学校拥有最优秀的教师以及最先进的教学设施,学生不仅能够获得最好的学习资源,而且还被鼓励培养各种优秀的品质。学校致力于建立一个不同背景、性别、民族以及种族的学生相互尊重和理解的社区。此外,学校拥有众多杰出校友,包括美国前总统老布什和小布什,以及佛罗里达州前州长小布什等。

学校官网	http://www.andover.edu/
建校时间	1778 年
学校位置	位于马萨诸塞州的安多弗市
附近城市	距波士顿 21 英里**
附近机场	距波士顿洛根国际机场 34 千米
学校规模	500 英亩
学校性质	男女合校
年级设立	9～12 年级,PG
学生人数	1 150 人
住宿学生比例	73%
国际学生比例	9%
平均班级人数	13 人
师生比例	1∶5
教师拥有高级学位比例	73%
AP 课程	30 门
ESL 课程	不提供
课外活动	篮球、越野赛、曲棍球、足球、高尔夫、冰上曲棍球、足球、垒球、壁球、网球、排球、摔跤、游泳、潜水、健身等
申请文件	申请表格、学校成绩单、考试成绩、老师推荐信(数、英)、面试
申请截止时间	1 月 15 日
SSAT/IBT 要求	要求
申请费	100 美元
学费	52 600 美元
平均 SAT 成绩	2 118 分
知名校友	George Bush(美国第 41 任总统) Oliver Wendell Holmes(诗人、文学领袖) Benjamin Spock(著名儿科医生) Jack Lemmon(奥斯卡最佳男主角) George W. Bush(美国第 43 任总统) Julia Alvarez(诗人、小说家) Frederick Law Olmstead(纽约中央公园设计者) Chris Hughes(Facebook 创始人之一) Rebecca Dowling Adams(美国首位女性精英飞行员)

---

*　美国高中简介仅供参考,最新信息请参照学校官网。

**　1 英里≈1.6 千米。

藤校精英养成记
——步步为"赢"的美国名校升学路

Phillips Exeter Academy NH

学校概况 菲利普斯埃克塞特中学是一所拥有悠久历史的传统男女合校制的大学预备学院。学校以严谨的校风以及高品质的教学成为美国最优秀的寄宿学校。不仅为来自世界各地的优秀学子提供优质的教学资源,而且十分注重培养学生的各种优秀品质。其高质量的教学使得学生能够在学习中学会自主提问,深入思考与反思。

学校官网	http://www.exeter.edu/	师生比例	1∶5
建校时间	1781年	教师拥有高级学位比例	81%
学校位置	位于新罕布什尔州的埃克塞特市	AP课程	30门
		ESL课程	不提供
附近城市车程	距波士顿社区约1小时	课外活动	棒球、篮球、越野赛、单车、曲棍球、足球、高尔夫、冰上曲棍球、垒球、壁球、游泳、网球、田径赛、排球、水球、摔跤等
附近机场	距波士顿洛根国际机场约1小时,距曼彻斯特机场约45分钟车程		
		申请文件	申请表格、学校成绩单、考试成绩、老师推荐信(数、英)、面试
学校规模	672英亩		
学校性质	男女合校	申请截止时间	1月15日
年级设立	9~12年级,PG	SSAT/IBT要求	要求
学生人数	1 079人	申请费	100美元
住宿学生比例	80%	学费	49 880美元
国际学生比例	11%	平均SAT成绩	2 107分
平均班级人数	12人		

Groton School MA

学校概况 格罗顿学校是一所男女混合的寄宿制学校,以优良的教学质量而闻名,校友众多。学校不仅提供众多大学预备课程,而且鼓励学生积极参与社会生活。学校在培养学生的个人品格、道德意识以及运动和服务他人等方面都要求很高,并关注每个学生的个人成长与发展。学校环境优美,且设施齐全,设有篮球场、足球场、图书馆、科学实验室以及艺术中心等。

学校官网	http://www.groton.org/	学校位置	位于马萨诸塞州
建校时间	1884年	附近城市	距波士顿约2小时车程

— 附 录 —

学校规模	415 英亩
学校性质	男女合校
年级设立	8～12 年级
学生人数	380 人
住宿学生比例	86%
国际学生比例	8%
平均班级人数	12 人
师生比例	1∶5
教师拥有高级学位比例	75%
AP 课程	7 门，包括生物学、统计学、计算机科学 A、法国文学、拉丁语(维吉尔)、西班牙文学、乐理
ESL 课程	不提供
课外活动	棒球、篮球、赛艇、越野运动、曲棍球、美式橄榄球、冰球、英式足球、网球
申请文件	申请表格、学校成绩单、考试成绩、老师推荐信(数、英)、面试
申请截止时间	1 月 15 日
SSAT/IBT 要求	不要求
申请费	100 美元
学费	55 700 美元
平均 SAT 成绩	2 123 分

Milton Academy MA

学校概况 米尔顿高中是一所提供 9～12 年级的大学预科教育的走读、寄宿学校。学校在创造学术自由环境的同时也鼓励多元化思维，倡导创造性、公开性的思想交流。学校注重培养学生学习的热情以及尊重他人的品格。同时，学校致力于建造一个可以让学生发展能力、增长自信以及塑造品格的社区。课内外生动的学习、生活环境让学生可以勇于表达自己的观点，并为不断追求人生成功做好准备。

学校官网	http://www.milton.edu/
建校时间	1798 年
学校位置	位于马萨诸塞州的米尔顿镇
附近城市	距波士顿 14 千米
附近机场	距波士顿洛根国际机场 14 千米
学校规模	125 英亩
学校性质	男女合校
年级设立	9～12 年级
学生人数	700 人
住宿学生比例	50%
国际学生比例	14%
平均班级人数	14 人
师生比例	1∶5
教师拥有高级学位比例	75%
AP 课程	4 门，包括比较政府与政治、法国文学、拉丁语、美国政府与政治
ESL 课程	不提供
课外活动	高山滑雪、棒球、篮球、足球、曲棍球、高尔夫、冰球、长曲棍球、帆船、垒球、壁球、游泳、网球、田径、排球、摔跤、徒步旅行、户外教育、攀岩、飞盘等
平均 SAT 成绩	2 040 分
知名校友	T.S. Eliot(诗人、剧作家、文学批评家) Buckminster Fuller(建筑师、作家、设计师、发明家)

藤校精英养成记
——步步为"赢"的美国名校升学路

Robert F. Kennedy(美国司法部前部长,肯尼迪总统的弟弟)
James Taylor(歌手、作曲人)
David Lindsay-Abaire(普利策戏剧奖获得者)

Middlesex School MA

学校概况　米德尔塞克斯中学是一所男女合校制的大学预备学校,为9~12年级的学生提供寄宿或走读。百年来,学校一直注重培养学生在德、智、体以及创造性等方面的发展。学校关注每个学生的兴趣、发展跟需求,同时也尊重不同学生所带来的多样性与经历。学校鼓励每个学生都融入学校生活,并期望每个学生能够获得对当下以及未来的自身以及社会的理解。

学校官网	http://www.mxschool.edu/
建校时间	1901年
学校位置	位于马萨诸塞州
附近城市	波士顿
附近机场	距波士顿洛根国际机场20英里
学校规模	350英亩
学校性质	男女合校
年级设立	9~12年级,PG
学生人数	395人
住宿学生比例	70%
国际学生比例	11%
平均班级人数	12人
师生比例	1:4
教师拥有高级学位比例	70%
AP课程	23门,包括艺术史、生物、微积分AB、微积分BC、化学、汉语、计算机科学、英国文学、环境科学、法语、政府与政治、拉丁语、宏观经济学、微观经济学、音乐理论、物理B、物理C、西班牙语、西班牙文学、统计学、室内艺术、美国历史等
ESL课程	不提供
课外活动	高山滑雪、棒球、篮球、赛艇、越野运动、曲棍球、美式橄榄球、高尔夫、冰球、兜网球、英式足球、垒球、软式墙网球、网球、田径运动、摔跤
申请文件	申请表格、学校成绩单、考试成绩、老师推荐信(数、英)、面试
申请截止时间	1月31日
SSAT/IBT要求	要求SSAT和托福
申请费	120美元
学费	59 760美元
平均SAT成绩	2 100分
知名校友	Steve Carell(演员) William Weld(马萨诸塞州前州长) William Hurt(奥斯卡最佳男主角) Li Chung Pei(贝礼中,华裔建筑师) Jessica Tuck(演员) Conrad Aiken(作家)

The Lawrenceville School NJ

学校概况　劳伦斯维尔高中原名梅登黑德学院,1883年改名为劳伦斯维尔高中,是一所男女混合学

校。学校既有寄宿生也有走读生,提供9年级到大学的预科教育。学校的特色之一是标志性的建筑体系,由著名的纽约中央公园的设计者弗雷德里克·劳·奥姆斯特德(Frederick Law Olmsted)设计,并且现已成为国家历史建筑物。此外,学校提出了哈克尼斯(Harkness)教学体系,即在学校大多数的班级都采用小型圆桌教学,这种教学方式可以方便学生课堂讨论。作为一所拥有200多年历史的学校,劳伦斯维尔高中倡导学生在性别、地理位置、信仰、种族以及社会经济条件等方面的多样性,并在教学中关注全球化方方面面的知识以及注重学生对文化多样性的理解。

学校官网	http://www.lawrenceville.org/	平均班级人数	11人
		师生比例	1∶8
建校时间	1810年	教师拥有高级学位比例	78%
学校位置	位于新泽西州的劳伦斯维尔	ESL课程	不提供
附近城市	距普林斯顿5英里	课外活动	课余提供丰富多彩的课外活动,体育活动有棒球、篮球、赛艇、击剑、曲棍球、冰上曲棍球等
附近机场	距纽约肯尼迪国际机场80千米		
		申请文件	申请表格、学校成绩单、考试成绩、老师推荐信(数、英)、面试
学校规模	700英亩		
学校性质	男女合校	申请截止时间	1月15日
年级设立	9~12年级,PG	SSAT/IBT要求	要求,+SSAT 95%
学生人数	822人	申请费	100美元
住宿学生比例	69%	学费	59 860美元
国际学生比例	12%	平均SAT成绩	2 100分

St. Paul's School NH

学校概况 圣保罗中学是一所男女合校的寄宿制圣公会学校,学校的教育除了关注课程学习之外,也关注学生的课外活动、田径运动、寄宿生活以及教堂活动等。学校的教育理念是关注学生在智力、精神、体育以及感情等方面的发展。学校不仅校园环境优美,而且拥有众多先进的教学设施,有图书馆、艺术中心、教堂、数学与科学中心以及各种运动设施等。学校教育在向学生灌输知识的同时,也十分注重培养学生互相友爱、相互理解、相互信任的品质并教育他们尊重他人,尊重其他的宗教信仰等。另外,学校也拥有很多杰出的校友。

建校时间	1856年	附近机场	波士顿洛根国际机场、曼彻斯特机场
学校位置	位于新罕布什尔州		
附近城市	波士顿	学校规模	2 000英亩

藤校精英养成记
——步步为"赢"的美国名校升学路

学校性质	男女合校
年级设立	9～12年级
学生人数	525人
住宿学生比例	100%
国际学生比例	18%
平均班级人数	12人
师生比例	1:5
教师拥有高级学位比例	71%
AP课程	12门，包括艺术史、微积分AB、微积分BC、化学、法语、法国文学、音乐理论、物理B、物理C、西班牙语、工作室艺术等
ESL课程	不提供
课外活动	体育活动包括高山滑雪、降速滑雪、棒球、篮球、越野、足球、曲棍球、冰球、长曲棍球、北欧滑雪、壁球、网球、田径、排球、摔跤、健美操、骑单车、高尔夫、滑冰、游泳等 其他活动包括天文学会、社区服务、动物保护协会、电脑俱乐部、辩论俱乐部、环保协会、外语俱乐部、园艺协会、投资俱乐部、犹太学生组织、文学杂志社、数学俱乐部、学校报社、郊游俱乐部、学生会、学生出版社、学生广播电台、艺术俱乐部、室内管弦乐队、室内合唱团、合唱团、舞蹈、爵士合奏、摇滚乐队、弦乐合奏、侦探小组、戏剧象棋俱乐部、德国俱乐部、日本社团等
申请文件	申请表格、学校成绩单、老师推荐信、个人陈述、父母陈述、面试、财力证明等
申请截止时间	1月15日
SSAT/IBT要求	要求SSAT和IBT
申请费	125美元
学费	56 460美元
平均SAT成绩	2 060分
知名校友	John Kerry(马萨诸塞州参议员) Garry Trudeau(漫画家) Lorene Cary(作家、演说家) Jeff Halpern(北美冰球联盟全明星球员) Hobey Baker(著名冰球运动员、一战英雄) Edward Harkness(慈善家) Nick Stoller(导演、制片人)

Deerfield Academy MA

学校概况 迪尔菲尔德中学是美国第一所男女混合学校，也是最古老的学校之一。学校十分注重课程学习，以严苛的课程和课外活动来挑战学生的潜力。学校也十分注重培养学生的自信心、责任心以及独立学习的能力，同时也注重学生在体育以及艺术方面的发展。鼓励每个学生发展个性、自主探究和勇于创新。迪尔菲尔德是一所充满活力的学术型中学，卓越的师资队伍已经成为该校的一个优势。

建校时间	1797年
学校位置	位于马萨诸塞州的迪尔菲尔德市
附近城市	距斯普林菲尔德仅30英里，最近的小镇是格林菲尔德，仅需5分钟车程
附近机场	距布拉德利国际机场约55英里
学校规模	280英亩
学校性质	男女合校
年级设立	9～12年级，PG

学生人数	651 人
住宿学生比例	88%
国际学生比例	16.4%
平均班级人数	12 人
师生比例	1∶5
教师拥有高级学位比例	70%

AP 课程 14 门,包括艺术史、生物、微积分 AB、微积分 BC、化学、计算机科学 A、物理 2、工作室艺术、美国历史等

ESL 课程 不提供

课外活动 体育活动包括高山滑雪、棒球、篮球、越野、潜水、足球、曲棍球、高尔夫、冰球、长曲棍球、垒球、橄榄球、壁球、网球、游泳、田径、排球、水球、摔跤、有氧健身操、啦啦队、骑单车、花样滑冰、击剑、自由滑雪、徒步旅行、乒乓球、攀岩、帆船、单板滑雪、飞盘等 其他活动包括动物保护协会、亚洲俱乐部、国际象棋俱乐部、天文学会、社区服务、电脑俱乐部、辩论俱乐部、环保协会、美食俱乐部、外语俱乐部、荣誉委员会、国际俱乐部、投资俱乐部、犹太学生组织、文学杂志社、数学俱乐部、模拟联合国大会、学校报社、郊游俱乐部、学校辅导组、摄影协会、学生会、学生出版社、艺术俱乐部、铜管乐团、室内合唱团、合唱团、戏剧社、吉他合奏、爵士乐团、摇滚乐队、舞台乐队、弦乐合奏、瑜伽、舞蹈、拉美学会、意大利俱乐部等

申请文件	申请表格、学校成绩单、考试成绩、老师推荐信(数、英)、面试
申请截止时间	1 月 15 日
SSAT/IBT 要求	要求 SSAT
申请费	125 美元
学费	56 770 美元
平均 SAT 成绩	1 978 分

知名校友 King Abdullah(约旦国王) John McPhee(作家) Buddy Teevens(美式足球教练) Matthew Fox(演员)

The Hotchkiss School CT

学校概况 霍奇基斯中学是一所提供 9~12 年级大学预科教育的独立寄宿学校。学校也提供少量的中学毕业后的课程。学校注重培养学生的学习热情、责任心以及高尚的人格,同时也十分注重锻炼学生的学习能力,并积极鼓励学生参加校内外的各种课外活动。多年来,学校的毕业生都被许多美国一流大学录取。

建校时间	1891 年	学校性质	男女合校
学校位置	位于康涅狄格州	年级设立	9~12 年级,PG
附近城市	距纽约 2 小时、波士顿 3 小时左右的车程	学生人数	627 人
		住宿学生比例	92%
附近机场	距纽约肯尼迪国际机场 141 千米,距波士顿洛根国际机场 200 千米	国际学生比例	18%
		平均班级人数	12 人
学校规模	827 英亩	师生比例	1∶5

藤校精英养成记
——步步为"赢"的美国名校升学路

教师拥有高级学位比例	84%
AP 课程	23门，包括生物、微积分、化学、统计学、宏观经济学、微观经济学、英语、英国文学、法语、法国文学、西班牙语、西班牙文学、美国历史、欧洲历史、世界历史、艺术历史、乐理等
ESL 课程	不提供
课外活动	体育活动包括摔跤、足球、游泳、高尔夫、田径、垒球、网球、长曲棍球、冰球、野外曲棍球、英式足球、棒球、篮球等 其他活动包括入学导游、国际特赦组织、田径咨询委员会、年刊、文艺杂志社、各种委员会、戏剧俱乐部、环保俱乐部、朋辈咨询团、舞会俱乐部、校报社、坎特雷妇女协会
申请文件	申请表格、学校成绩单、考试成绩、老师推荐信(数、英)、面试
申请截止时间	1月15日
SSAT/IBT 要求	要求 SSAT
申请费	70 美元
学费	56 545 美元
平均 SAT 成绩	2 105 分

Choate Rosemary Hall CT

学校概况 乔特罗斯玛丽中学是一所男女合校，拥有寄宿生和走读生。学校不仅注重对学生知识的培养，而且也十分关注学生的个性培养。在关注学术教育的同时，也同样侧重培养学生的综合能力与自信心、创造性思维以及独立的个性。学校在创新精神培养方面颇具特色，鼓励学生根据自身的兴趣积极参加科学实验，发展艺术、音乐等方面的才能。学校以优越的教学设施为每个学生提供发展才能的机会。同时，该校拥有众多的杰出校友，包括美国前总统约翰·肯尼迪、美国前商务部长罗伯特·莫斯巴赫尔(Robert Mosbacher)、世界500强之一的科勒公司总裁罗伯特·莫斯巴赫尔(Robert Mosbacher)、诺贝尔经济学奖获得者道格拉斯·诺思(Douglass North)等。

建校时间	1890 年
学校位置	位于康涅狄格州的沃灵福德
附近城市	距纽约、波士顿2小时的车程，距纽黑文(耶鲁大学所在城市)只有12英里
附近机场	距纽约肯尼迪国际机场1.5小时的车程
学校规模	458 英亩
学校性质	男女合校
年级设立	9~12年级，PG
学生人数	862 人
住宿学生比例	75%
国际学生比例	17%
平均班级人数	12 人
师生比例	1∶6
教师拥有高级学位比例	67%
AP 课程	20门，包括艺术史、微积分AB、微积分BC、化学、计算机科学A、宏观经济学、微观经济学、环境科学、欧洲历史、法语文学、美国政府与政治学、拉丁文、音乐理论、物理C、西班牙文学、统计学、美国历史、汉语言文学、心理学、西班牙语言文学
ESL 课程	不提供

课外活动 体育活动包括越野、长曲棍球、橄榄球、足球、排球、垒球、棒球、水球、飞盘、田径等。课后和周末,学生都可根据自身安排参加学校的各种社团活动或俱乐部活动,比如看电影、徒步旅行、购物、游泳、舞会、学校之间的体育联赛

申请文件 申请表格、学校成绩单、考试成绩、老师推荐信(数、英)、面试

申请截止时间	1月10日
SSAT/IBT 要求	要求 SSAT 或托福
申请费	100 美元
学费	45 070 美元
平均 SAT 成绩	2 025 分

The Taft School CT

学校概况 塔夫脱中学建立于1890年,是小常春藤十校联盟之一,靠近耶鲁大学。校园环境优美,且建筑风格颇具特色。学校早期建立的监督体系,即一种对教师以及学生进行自我约束管理的方法。在教育方面,学校十分注重文科教育。此外,学校也十分注重社区服务,倡导为社会或他人的奉献精神。学校教学设施齐全,校内设有语言中心、艺术中心、科教中心、计算机实验室、图书馆以及各种运动场地等。

建校时间	1890年
学校位置	位于康涅狄格州的沃特敦
附近城市	距纽约90英里,距波士顿120英里
附近机场	布拉德利国际机场
学校规模	220英亩
学校性质	男女合校
年级设立	9~12年级,PG
学生人数	594人
住宿学生比例	82%
国际学生比例	20%
平均班级人数	11人
师生比例	1:5
教师拥有高级学位比例	72%
AP 课程	32门,包括生物、微积分、化学、物理、统计学、计算机科学、环境科学、宏观经济学、微观经济学、法语、西班牙语、英国文学、法国文学、拉丁文学、西班牙文学、欧洲历史、美国政治、美国历史、艺术历史等
ESL 课程	不提供
课外活动	曲棍球、篮球、壁球、摔跤、网球、棒球、高尔夫、田径、戏剧、视觉艺术、音乐、舞蹈
申请文件	申请表、申请短文、推荐信、成绩单、标化考试成绩、面试等
申请截止时间	1月15日
SSAT/IBT 要求	IBT 一般需要高于105分,SSAT 一般需要平均90%
申请费	100 美元
学费	56 550 美元
平均 SAT 成绩	1 945 分

藤校精英养成记
——步步为"赢"的美国名校升学路

The Loomis Chaffee School CT

学校概况 卢米斯查菲中学是美国最著名的私立学校之一,为9～12年级的学生进入大学做准备。同时,通过优质的学术课程以及丰富的社区生活,学校希望学生能够在德、智、体各方面全面发展。学校教育也十分注重培养学生关注公共利益。学生在掌握技能以及知识的同时,也培养着为国家以及全球化事业奉献的意识。

建校时间	1874 年
学校位置	位于康涅狄格州的温莎
附近城市	哈特福德
附近机场	距波士顿洛根国际机场144千米,距纽约肯尼迪国际机场165千米
学校规模	300 英亩
学校性质	男女合校
年级设立	9～12 年级,PG
学生人数	625 人
住宿学生比例	70%
国际学生比例	17%
平均班级人数	12 人
师生比例	1∶4
教师拥有高级学位比例	60%
AP 课程	38 门,包括生物、微积分、化学、统计学、宏观经济学、微观经济学、英语、英国文学、法语、法国文学、西班牙语、西班牙文学、美国历史、欧洲历史、世界历史、艺术历史、乐理等
ESL 课程	不提供
课外活动	体育活动包括摔跤、足球、游泳、高尔夫、田径、垒球、网球、长曲棍球、冰球、野外曲棍球、英式足球、棒球、篮球等其他活动包括入学导游、国际特赦组织、田径咨询委员会、年刊、文艺杂志社、各种委员会、戏剧俱乐部、环保俱乐部、朋辈咨询团、舞会俱乐部、校报社、坎特伯雷妇女协会
申请文件	申请表格、学校成绩单、考试成绩、老师推荐信(数、英)、面试
申请截止时间	1 月 15 日
SSAT/IBT 要求	要求 SSAT
申请费	160 美元
学费	57 760 美元
平均 SAT 成绩	1 930 分

知名校友
George Schultz(美国前国务卿)
Ella T. Grasso(康涅狄格州前州长)
Arthur Ochs Sulzberger(《纽约时报》前总裁)
Henry R. Kravis(金融家、KKR 公司创始人之一)
James Widdoes(演员、导演)
Gretchen Ulion(1998 年冬奥会女子冰球团体金牌获得者)
John D. Rockefeller Ⅲ(成功的商人和慈善家)
Winthrop Rockefeller(阿肯色州前州长)
Jason Wu(吴季刚,著名华裔设计师)

The Hill School PA

学校概况 希尔中学是一所具有英式传统的"家庭寄宿学校",设有很多挑战性的大学先修课程、荣

— 附 录 —

誉课程以及独立学习课程。另外,学校还拥有人文类和理科类的特色交叉学术项目。学校在学科教育的同时也注重培养学生的领导才能,有由学生自己管理的慈善委员会。学校还要求学生定期参加宗教性的教堂礼拜并坚持让学生穿正装。

学校官网	http://www.thehill.org/	ESL 课程	不提供
建校时间	1851 年	课外活动	棒球、篮球、越野赛、曲棍球、足球、冰上曲棍球、高尔夫、垒球、壁球、游泳、网球、田径赛、水球、摔跤等
学校位置	位于宾夕法尼亚州		
附近城市	费城		
附近机场	费城国际机场、纽约肯尼迪国际机场	申请文件	申请表格、学校成绩单、考试成绩、老师推荐信(数、英)、面试
学校规模	200 英亩	申请截止时间	1 月 31 日
学校性质	男女合校	SSAT/IBT 要求	要求
年级设立	9～12 年级,PG	申请费	100 美元
学生人数	520 人	学费	55 660 美元
住宿学生比例	75%	平均 SAT 成绩	1 855 分
国际学生比例	20%	知名校友	James Baker Ⅲ(美国前国务卿) Tobias Wolff(斯坦福大学教授、作家) Oliver Stone(奥斯卡最佳导演奖获得者) Peter S. Rummell(房地产商) Clark Hoyt(记者、普利策奖获得者) Lamar Hunt(堪萨斯城酋长队创始人、美式足球联盟创始人)
平均班级人数	12～14 人		
师生比例	1∶7		
教师拥有高级学位比例	66%		
AP 课程	28 门		

The Thacher School CA

学校概况 撒切尔中学是一所高质量的美国私立寄宿制中学。学校坐落在山谷之中,地理位置得天独厚,学校拥有先进的设施以及出色的学术项目。建校以来,学校除了为学生提供高质量的教学之外,也十分注重学生个人的全面发展以及人生观的塑造。学校要求学生在课堂上或者实验室的表现优秀之外,也希望培养学生的仁爱之心、良好的学习能力以及积极参与学校生活的态度。另外,学校也鼓励学生积极参与体育和艺术活动,帮助他们成为全方面发展的学生。

建校时间	1889 年	附近城市	洛杉矶
学校位置	位于加利福尼亚的奥哈伊谷	附近机场	洛杉矶国际机场
		学校规模	425 英亩

藤校精英养成记
——步步为"赢"的美国名校升学路

学校性质	男女合校	ESL 课程	不提供
年级设立	9~12 年级	课外活动	体育活动包括越野、网球、排球、篮球、足球、田径 其他活动包括舞会、电影之夜、咖啡吧、徒步旅行、乘车去洛杉矶吃晚餐和看电影等
学生人数	242 人		
住宿学生比例	87%		
国际学生比例	12%	申请文件	申请表格、学生小论文、学校成绩单、老师推荐信(数、英)、个人推荐信、体检报告、其他补充材料等
平均班级人数	11 人		
师生比例	1∶6		
教师拥有高级学位比例	80%	申请截止时间	1 月 15 日
AP 课程	18 门,包括微积分 AB、计算机科学、统计学、西班牙语、生物、化学、环境科学、物理 B、心理学、人文地质学、美国史、艺术史、音乐理论、音乐工作室、宏观经济、微观经济等	SSAT/IBT 要求	要求 SSAT 和 IBT
		申请费	125 美元
		学费	57 200 美元
		平均 SAT 成绩	2 075 分

Peddie School NJ

学校概况 佩迪中学是一所优秀的大学预备学校,学生包括 9~12 年级以及毕业后的寄宿生和走读生。学校既有很突出的学科教育,又十分注重体育和科学。学校激励学生追求更高的成就,注重增长知识的同时也十分注重培养学生的智慧、社会责任感以及道德感。

学校官网	http://www.peddie.org/	平均班级人数	12 人
建校时间	1864 年	师生比例	1∶6
学校位置	位于新泽西州的海茨敦	教师拥有高级学位比例	73%
附近城市	距普林斯顿约 8 千米,距纽约及费城 50 千米	AP 课程	18 门,包括生物学、微积分 AB、微积分 BC、英语语言、英语文化、环境科学、法语、乐理、物理学、西班牙语、美国政府、美国历史、艺术史、心理学、化学等
附近机场	距纽瓦克自由国际机场 41 千米		
学校规模	280 英亩	ESL 课程	不提供
学校性质	男女合校	课外活动	棒球、篮球、越野赛、曲棍球、足球、高尔夫、垒球、游泳、网球、田径赛、摔跤、赛艇、长曲棍球等
年级设立	9~12 年级,PG		
学生人数	564 人		
住宿学生比例	63%	申请文件	申请表格、学校成绩单、考试成绩、老师推荐信(数、英)、面试
国际学生比例	17%	申请截止时间	1 月 15 日,滚动招生

― 附 录 ―

SSAT/IBT 要求	不要求	学费	56 100 美元
申请费	50 美元		

Cate School CA

学校概况 凯特中学是一所男女合校的大学预备寄宿学校,学校校风好,教学品质很高,从这里毕业的学生几乎都被美国顶级的大学录取。同时,凯特中学有着悠久的历史,既秉承了美国的传统教育,又在不断发展创新,多次被刊登在美国各大媒体上。

建校时间	1910 年
学校位置	位于加利福尼亚州南部圣巴巴拉的卡平特里亚
附近城市	距圣巴巴拉仅 15 分钟车程
学校规模	150 英亩
学校性质	男女合校
年级设立	9~12 年级
学生人数	270 人(2015 年)
住宿学生比例	82%
国际学生比例	16%
平均班级人数	10~12 人
师生比例	1:5
教师拥有高级学位比例	71%
AP 课程	19 门,包括艺术史、生物、化学、电脑科学、经济学、英语、环境科学、法语、法国文学、政体、微积分学 AB、微积分学 BC、物理学 B、物理学 C、西班牙语、西班牙文学、统计学、工作室艺术、美国史
ESL 课程	不提供
课外活动	体育活动包括壁球、网球、排球、水球、篮球、足球、棒球、长曲棍球、田径、游泳、冲浪、越野、飞盘、跆拳道等 其他活动包括远日野营、班级旅行、舞会、皮划艇旅行、校园现场音乐会、月光冲浪、公共服务日、春日狂欢、慈善徒步运动等
申请文件	申请表格、学校成绩单、考试成绩、老师推荐信(数、英)、面试
申请截止时间	1 月 15 日
SSAT/IBT 要求	要求 SSAT 或 ISEE
申请费	125 美元
学费	58 050 美元
平均 SAT 成绩	2 098 分

The Hockaday School TX

学校概况 霍克黛女子学校是一所私立寄宿女子大学预科学校,提供从幼儿园到 12 年级的课程。学校十分注重学生的学业表现,除了提供常规的高中课程之外,还开设了大学先修课程。学校在为优秀的年轻女生提供优质教育的同时,也注重挖掘女生的潜力,并致力于培养学生的自信、领导力和社会责任心。另外,学校也十分注重体育以及艺术方面的培养,培养学生热爱体育的精神以及艺术熏陶。

藤校精英养成记
——步步为"赢"的美国名校升学路

建校时间	1913 年
学校位置	位于得克萨斯州的达拉斯
学校规模	88 英亩
学校性质	女子学校
年级设立	prek～12 年级
学生人数	1 098 人
住宿学生比例	15%
国际学生比例	10%
平均班级人数	15 人
师生比例	1∶10

教师拥有高级学位比例	65%
AP 课程	20 门，包括生物、微积分学 AB、微积分学 BC、环境科学、欧洲历史、法国语言和文化、拉丁语、西班牙语言和文化、统计学、世界历史、化学、中文与文化、计算机科学 A、物理 C（电学和磁学）、艺术工作坊（绘画）、美国历史、比较政府与政治、人类地理学、经济、英语文学
课外活动	篮球、赛艇、越野、潜水、曲棍球、高尔夫、长曲棍球、足球、垒球、游泳、网球、田径、排球
学费	57 130 美元
平均 SAT 成绩	2 065 分

St. Andrew's School DE

学校概况 圣安德鲁学校是一所圣公会私立学校，成立于 1929 年，拥有特色的加勒比海风格的建筑。学校的学术水平优秀，课外活动丰富。学校的教育宗旨是希望通过富有挑战的教学手段来丰富或者帮助学生改变生活方式，并致力于培养学生的听说表达能力，帮助学生拓展对人文历史的视野并加强他们的分析技巧。学校最近翻建了校区，并增加了一个新型的自然科学中心、一个体育运动以及水上运动中心和一个艺术表演中心。

建校时间	1929 年
学校位置	位于特拉华州
学校规模	2 200 英亩
学校性质	男女合校
年级设立	9～12 年级
学生人数	299 人（2015 年）
住宿学生比例	100%
国际学生比例	18%
平均班级人数	12 人
师生比例	1∶5
ESL 课程	不提供
课外活动	棒球、篮球、越野赛、曲棍

	球、足球、游泳、网球、排球、摔跤、潜艇、长曲棍球、壁球等
申请文件	申请表格、父母陈述、数学老师推荐信及表格、英语老师推荐信及表格、特殊体育爱好表格、特殊艺术表演爱好表格、学校成绩单
申请截止时间	1 月 15 日
SSAT/IBT 要求	要求 SSAT 和 IBT
申请费	120 美元
学费	57 000 美元
平均 SAT 成绩	1 953 分
知名校友	William H. Whyte（畅销书 The Organization Man 的作者）

—附 录—

Bülent Atalay(作家、科学家)
Erin Burnett(CNBC 新闻主持人)
Hume Horan(美国外交官、驻五国大使)
Loudon Wainwright Ⅲ(作曲家、歌手、演员)
Kirk Varnedoe(艺术史学家、作家)
Dominic Seiterle(加拿大赛艇选手、奥运金牌获得者)

Concord Academy MA

学校概况 康科德学院是一所男女合校,是兼走读和寄宿制学校。学校治学严谨,校风良好,教学质量高,注重大学准备课程、课后辅导以及多元的课外活动。在教学过程中,学校的学术课程强调思考,启发学生的灵感,并加强对学生阅读、写作、演讲等能力的培养;注重提升学生的分析以及组织观察能力,促进学生有效管理实践以及其他技术性的发展。此外,学校还积极倡导权威的学术、自由的言论、个性的尊重以及不断涌现的创意,目的是给学生营造一个渴望知识的环境氛围。同时,康科德学院的教师团队以及学生群体也体现出了与众不同的个性、多样性和高素质,师生共同构建严谨的学习氛围,磨砺思维,创新进取。在这个关怀和挑战并存的环境中,有利于学生发展自身的潜能。

建校时间	1922 年	师生比例	1∶6
学校位置	位于马萨诸塞州	教师拥有高级学位比例	87%硕士以上
学校规模	39 英亩	AP 课程	不开设 AP 课程,但有很多高级课程等同甚至超过 AP 的学术难度
学校性质	男女合校		
年级设立	9~12 年级	课外活动	高山滑雪、棒球、篮球、越野、曲棍球、高尔夫、长曲棍球、帆船、足球、垒球、壁球、网球、飞盘、排球、摔跤、田径
学生人数	382 人		
住宿学生比例	40%	学费	56 360 美元
国际学生比例	9%	平均 SAT 成绩	2 085 分
平均班级人数	12 人		

St. George's School RI

学校概况 圣乔治学校是一所有圣公会传统的私立学校。学校实行小班圆桌制,这种模式可以帮助鼓励学生积极参与课堂讨论与辩论。学校在提供挑战性强的大学预科课程的同时,也积极鼓励学生了解自己的学科以及老师。学校对学生要求严格并侧重学生的学习和成就,同时也十分注重培养学生尊重他人的精神,以帮助不同背景的学生获得德、智、体全方位的发展。

藤校精英养成记
——步步为"赢"的美国名校升学路

建校时间	1896 年	课外活动	体育活动包括越野、垒球、英式足球、篮球、田径、棒球、网球、曲棍球、长曲棍球、冰球、游泳、壁球 其他活动包括户外活动社团（攀岩、远足、远航、滑雪等）、社区服务、野外生存、机器人社团、技术工程协会、校报、数学社、辩论社、文化协会、商业协会舞蹈协会、乐队、学生会、法语社、西班牙语协会、汉语协会等
学校位置	位于罗得岛州的纽波特		
附近城市	普罗维登斯		
附近机场	距波士顿洛根国际机场 99 千米		
学校规模	125 英亩		
学校性质	男女合校		
年级设立	9~12 年级	申请文件	SSAT 和 IBT 成绩、申请人与父母陈述、学校成绩单、老师推荐信（数、英）、个人推荐信
学生人数	371 人		
住宿学生比例	88%	申请截止时间	2 月 1 日
国际学生比例	16%	SSAT/IBT 要求	要求 SSAT 和 IBT
平均班级人数	11 人	申请费	100 美元
师生比例	1∶7	学费	59 750 美元
教师拥有高级学位比例	66%	平均 SAT 成绩	1 930 分
AP 课程	26 门，包括微积分初中级、微积分中高级、化学、英国文学、欧洲史、法语、法国文学、西班牙语、西班牙文学、宏观经济学、微观经济学、音乐理论、物理中级、物理高级、摄影艺术、美国政治、美国历史、世界历史、统计学、生物、拉丁语、乐理学、环境科学等	知名校友	Howard Dean（佛蒙特州前州长） Prescott Bush（康涅狄格州参议员） Claiborne Pell（罗得岛州参议员） Tucker Carlson（微软全国有线广播电视公司记者） William Vanderbilt（罗得岛州前州长）
ESL 课程	不提供		

Blair Academy NJ

学校概况　布莱尔学院是一所提供大学预科教育的男女合校的寄宿学校。学校在侧重大学准备教育的同时，也十分注重培养学生的社会责任感。学校鼓励学生积极参与社区服务并锻炼他们的领导能力。同时，学校也十分关注每个学生的影响力，通过协调员和班长制平等地对待每个学生，促进学生的全面健康发展。学校突出的强项之一是希望能够在学业成绩与个人期望中间获得一种平衡。在这里，学生除了接受优秀的预科教育的同时也享受着在领导技能、服务意识、竞技和艺术潜力等方面有所提高的教育。支持性、培育性以及以家庭为本的社区是布莱尔学院多年坚守的传统。

建校时间	1848 年	附近城市	纽约、费城
学校位置	位于新泽西州的布莱尔斯敦	附近机场	利哈伊谷国际机场
		学校规模	463 英亩

学校性质	男女合校
年级设立	9~12年级,PG
学生人数	460人
住宿学生比例	80%
国际学生比例	18%
平均班级人数	11人
师生比例	1:6
教师拥有高级学位比例	62%
AP课程	24门,包括微观经济学、投资理财、微积分A、微积分AB、微积分BC、统计学、音乐、环境学、生物学、化学、物理、欧洲历史学、美国历史学、艺术史等
ESL课程	不提供
课外活动	体育活动包括越野赛、高山滑雪、棒球、篮球、田径、摔跤、网球、垒球、高尔夫、赛艇、足球、排球、壁球、游泳 其他活动包括学术荣誉、怀疑论者、弦乐团、学生自治、学生报纸、学生摇滚乐队等
申请文件	申请表格、学校成绩单、考试成绩、老师推荐信(数、英)、面试
申请截止时间	1月15日
SSAT/IBT要求	要求SSAT和托福
申请费	140美元
学费	57 900美元
平均SAT成绩	1 970分

Emma Willard School NY

学校概况 埃马威拉德中学是一所具有悠久传统的女子走读、寄宿学校,是美国大学预科寄宿女校的"领头羊"。学校在提供挑战性强的学术课程的同时,也注重培养学生的好奇心以及良好的学习习惯。学校设有优质、严谨的学术课程,同时师资力量雄厚,也开设了众多的高级升学课程。另外,学校还设有辅助课程,积极鼓励学生参加校内外的活动。学校也十分侧重培养学生的优良品行以及技能,帮助学生树立正确的人生观,以及为他人服务的精神、自信和勇气。

建校时间	1814年
学校位置	位于纽约州的特洛伊
附近城市	距纽约以北3小时车程
学校规模	137英亩
学校性质	女校
年级设立	9~12年级,PG
学生人数	358人
住宿学生比例	62%
国际学生比例	22%
平均班级人数	13人
师生比例	1:6
教师拥有高级学位比例	79%
AP课程	18门,包括素描与绘画、英语、美国史、艺术史、法语、西班牙语、统计学、微积分AB、微积分BC、物理C(机械学)、物理C(电学与磁学)、化学、生物等
ESL课程	不提供
课外活动	体育活动包括篮球、划艇、越野、曲棍球、长曲棍球、足球、垒球、游泳、网球、排球、田径等 其他活动包括芭蕾、爵士舞、唱诗班、歌剧、音乐赏析、表演、制陶术、摄影、颜色与设计等
申请文件	申请表格、学校成绩单、考试成绩、老师推荐信(数、英)、面试

藤校精英养成记
——步步为"赢"的美国名校升学路

申请截止时间	1月15日	平均SAT成绩	1 991分
SSAT/IBT要求	要求	知名校友	Jane Fonda(演员)
申请费	100美元		
学费	59 990美元		

St. Mark's School MA

学校概况 圣马克中学是一个历史悠久的圣公会教会背景学校。学校有着严格的学术教育,并十分关注学生在其他各方面能力的培养。学校积极鼓励学生挑战自己,挑战困难并激励学生不断磨炼自己的意志,锻炼自身的能力。此外,学校的地理位置优越,临近波士顿,可以帮助学生更好地融入美国的文化与生活。

建校时间	1865年	教师拥有高级学位比例	75%
学校位置	位于马萨诸塞州	ESL课程	不提供
附近城市	距波士顿25英里	课外活动	棒球、篮球、越野赛、曲棍球、足球、高尔夫、冰上曲棍球、垒球、壁球、网球、摔跤、长曲棍球
附近机场	布拉德利国际机场		
学校规模	250英亩		
学校性质	男女合校	申请文件	面试、标化考试及语言考试成绩、申请表格、推荐信等
年级设立	9~12年级	申请截止时间	1月31日
学生人数	364人	SSAT/IBT要求	要求SSAT和IBT
住宿学生比例	75%	申请费	100美元
国际学生比例	13%	学费	55 500美元
平均班级人数	12人	平均SAT成绩	2 011分
师生比例	1∶6		

Westminster School CT

学校概况 威斯敏斯特学校是一所优秀的小型寄宿学校,提供9~12年级的大学预科教育。学校对于学术要求十分严格,校风严谨,且十分重视文科的基础教育。学校在重视智力教育的同时,也十分注重培养学生的领导能力、尊重他人、宽容和团队精神。学校积极鼓励学生参与体育和艺术方面的活动,帮助学生发展更多的潜能。学校实行小班制教学,且毕业生的名校录取率很高。

— 附录 —

建校时间	1888 年
学校位置	位于康涅狄格州的锡姆斯伯里
附近城市	距康涅狄格州首府哈特福德 15 英里,距波士顿 110 英里
附近机场	布拉德利国际机场
学校规模	200 英亩
学校性质	男女合校
年级设立	9~12 年级,PG
学生人数	390 人
住宿学生比例	70%
国际学生比例	16%
平均班级人数	12 人
师生比例	1:4
教师拥有高级学位比例	70%
AP 课程	24 门,包括艺术、艺术史、生物、微积分 AB、微积分 BC、化学、相对政府、计算机、经济、环境科学、欧洲历史、法语、拉丁文学、拉丁语、乐理、物理、心理学、西班牙语、西班牙文学、统计、艺术工作室、美国历史等
ESL 课程	不提供
课外活动	棒球、篮球、曲棍球、游泳、跳水、越野赛、田径赛、垒球、网球、足球、壁球、高尔夫、冰球
申请文件	申请费、申请表格、老师推荐信、学校成绩单、家长陈述、存款证明等
申请截止时间	1 月 15 日
SSAT/IBT 要求	要求 SSAT 和 IBT
申请费	150 美元
学费	59 900 美元
平均 SAT 成绩	1 873 分

The Governor's Academy MA

学校概况 伽文纳中学是美国最早的一所私立寄宿制中学。学校提供 9~12 年级的中学课程,包含传统和创新的多元化课程。学校在关注课程教育的同时,也十分注重培养学生的创新能力。另外,学校也有众多的课外社团与活动,可以帮助学生发展在艺术、戏剧等各个方面的潜能。学校还具备先进的教学设施以及优秀的学习环境,有利于激发学生的求知欲。

学校官网	http://www.thegovernorsacademy.org/
建校时间	1763 年
学校位置	位于马萨诸塞州的拜菲尔德
学校规模	450 英亩
学校性质	男女合校
年级设立	9~12 年级
学生人数	408 人
住宿学生比例	67%
国际学生比例	12%
平均班级人数	12 人
师生比例	1:5
教师拥有高级学位比例	88%
AP 课程	23 门
ESL 课程	提供
课外活动	足球、越野、篮球、冰球、棒球、垒球、网球、高尔夫、排球、曲棍球、高山滑雪、长曲棍球、田径、摔跤
申请文件	申请表格、学校成绩单、考试成绩、老师推荐信(数、英)、面试

223

藤校精英养成记
——步步为"赢"的美国名校升学路

申请截止时间	1月31日
SSAT/IBT 要求	要求
申请费	125 美元
学费	57 500 美元

Cranbrook Schools MI

学校概况 克兰布鲁克中学是一所男女混合制学校,在美国高中中享有盛誉。学校为学生提供综合性的大学预备课程之外,还注重学生在艺术、体育等各方面的发展。学校的师资团队优秀,且在教学中实行小班制,学校的 AP 成绩名列前茅。学校每年录取率约为 33%,是美国竞争最激烈的高中之一。学校还拥有 49 项校际运动队,并在冰球、长曲棍球、网球和高尔夫项目中获得州立冠军。此外,学校校园环境优美,且设施齐全,有自然科学中心、表演艺术中心、音乐大楼、舞蹈工作室、美术工作室、运动设施、餐厅和图书馆等设施。

建校时间	1922 年
学校位置	位于密歇根州的布卢姆菲尔德山
附近城市	距底特律大约 30 分钟车程
毗邻机场	芝加哥国际机场
学校规模	319 英亩
学校性质	男女合校
年级设立	9~12 年级
学生人数	804 人
住宿学生比例	32%
国际学生比例	13%
平均班级人数	16 人
师生比例	1:8
教师拥有高级学位比例	85%
AP 课程	15 门,包括生物学、微积分 AB、微积分 BC、化学、计算机科学 A、法语、法语文化、拉丁语、物理学 B、物理学 C、西班牙文化、统计、世界历史、欧洲历史、美国历史
ESL 课程	提供
课外活动	体育活动包括越野赛跑、曲棍球、高尔夫、冰球、长曲棍球、足球、滑雪、游泳、潜水、网球、田径、排球、篮球、棒球、赛艇其他活动包括年鉴、报纸、文学杂志、戏剧、辩论、自然科学、计算机等
申请文件	申请表格、学校成绩单、考试成绩、老师推荐信(数、英)、面试
申请截止时间	1月31日
SSAT/IBT 要求	要求 SSAT 和 IBT
申请费	50 美元
学费	45 200 美元
平均 SAT 成绩	1 939 分
知名校友	Mitt Romney(马萨诸塞州前州长,2008 年共和党总统候选人提名) Scott McNealy(Sun Microsystems 总裁)

The Webb Schools CA

学校概况 韦布学校是一所优秀的美国私立中学。学校除了向学生提供高质量的大学预科教育的同时，也积极鼓励学生培养发现性思维。韦布学校坚持以换位思考为教学的核心理念，实行个性化教育，同时培养学生尊重他人的优良品德。另外，学校交通方便，离洛杉矶国际机场仅1小时车程。地处克莱尔蒙特(Claremont)，环境优美，气候宜人。

建校时间	1922年	教师拥有高级学位比例	83%
学校位置	位于加利福尼亚州	AP课程	11门，包括生物学、微积分AB、微积分BC、环境科学、法国语言和文化、西班牙语言和文化、西班牙文学和文化、统计学、化学、中文语言、物理C
学校规模	70英亩		
学校性质	男女合校		
年级设立	9~12年级		
学生人数	413人	课外活动	羽毛球、棒球、篮球、越野、潜水、足球、高尔夫、美式足球、垒球、游泳、网球、田径、排球、水球、摔跤等
住宿学生比例	65%		
国际学生比例	20%	学费	58 225美元
平均班级人数	16人	平均SAT成绩	2 000分
师生比例	1:8		

Culver Academies IN

学校概况 卡尔弗学院是一所提供大学预备课程的男女合校寄宿制的私立军事中学。学校的教学宗旨是重视学生的德、智、体等方面的全面发展，在关注学科教育的同时也侧重培养学生的领导力和责任感。除了完整的学科课程之外，学校还开发了一系列优秀的课程项目，包括学术课程、领导力、宗教和体育项目等。学生不仅接受严格的管理，同时要求在学习上高度自律并拥有极强的社会责任心。

建校时间	1894年	师生比例	1:8
学校位置	位于印第安纳州北部	教师拥有高级学位比例	89%
附近城市	芝加哥、印第安纳波利斯	AP课程	25门，包括生物、微积分AB、微积分BC、化学、比较政府与政治、计算机科学、英语语言学、欧洲历史、法语、法国文学、德语、拉丁文学、宏观经济学、微观经济学、物理B、物理C、西班牙语、西班牙文学、统计学、美国政府与政治、美国历史、德语语言等
学校规模	1 800英亩		
学校性质	男女合校		
年级设立	9~12年级		
学生人数	811人		
住宿学生比例	93%		
国际学生比例	21%	ESL课程	提供
平均班级人数	14人	课外活动	体育活动包括垒球、篮球、足球、高尔夫、划船、帆船、橄榄球、棒球、越野赛、冰上曲棍球、田径、摔跤等

其他活动包括国际特赦组织、艺术俱乐部、中文俱乐部、计算机俱乐部等

申请文件	申请表格、学校成绩单、考试成绩、老师推荐信(数、英)、面试
申请截止时间	1月15日
SSAT/IBT要求	要求SSAT和IBT
申请费	50美元
学费	46 500美元
知名校友	K.S. Bud Adams(田纳西泰坦队老板)

Hal Holbrook(奥斯卡奖提名演员)
Frank Batten[Weather Channel(气象频道)创始人]
George Steinbrenner(纽约扬基队老板)
Bernardo Qunitana(ICA公司董事长兼首席执行官)
Mitchell Henderson(普林斯顿篮球队主教练)
Molly Engstrom(两次获得奥运奖牌的冰球运动员)
Jon Scieszka(童书作家)
Dr. Sally Hodder(艾滋病毒研究人员)
Miles White(雅培公司董事长兼首席执行官)

Episcopal High School VA

学校概况 主教高中是一所全寄宿的学校。学校注重培养学生的学术成就,激发学生的学习热情。鼓励学生发展创造性思维、合作精神以及个人激情的培养。学生有着严格的管理措施,以确保学生正常的学习和生活。另外,学校的师资力量雄厚,并拥有丰富的教育和文化资源。在日常教学过程中,学校实行小班化制度并借助现代技术来提高学生的学习效率。除了丰富的学术课程之外,学校还开设了众多的艺术课程和体育项目,以激发学生在这些方面的潜能。学校还为高年级的学生提供实习活动、国外学习以及参加社区服务等机会。

学校官网	http://www.episcopal-highschool.org
建校时间	1839年
学校位置	位于弗吉尼亚州的亚历山德里亚
学校规模	130英亩
学校性质	男女合校
年级设立	9~12年级
学生人数	440人
住宿学生比例	100%
国际学生比例	11%
平均班级人数	11人
师生比例	1:6
教师拥有高级学位比例	84%硕士以上

AP课程	35门,包括艺术史、生物学、微积分AB、微积分BC、环境科学、欧洲历史、法国语言和文化、人类地理学、宏观经济学、微观经济学、乐理、物理B、西班牙语言和文化、西班牙文学和文化、统计学、拉丁语、美国历史、化学、中文与文化、计算机科学A、计算机科学AB、德国语言和文化、物理C(电学和磁学)、艺术工作坊(二维设计)、艺术工作坊(三维设计)、艺术工作坊(绘画)、美国政府与政治等
课外活动	棒球、篮球、赛艇、越野、曲棍球、美式足球、高尔夫、室内足球、长曲棍球、足球、垒球、壁球、网球、田径、排球、冬季田径、摔跤等
学费	54 250美元
平均SAT成绩	1 845分

Northfield Mount Hermon School MA

学校概况 北野山高中是一所著名的寄宿制大学预备学校。学校不仅获得了美国东部各州学校联合会认证,而且是美国教育认可的示范型学校。学校以优质的教学资源以及创新的教学方式,使得学生在优质的学习环境中提升自身的未来竞争力。学校的宗旨是培养全方位的人才,在关注学术课程的同时也关注其他领域的学科;在培养学生的领导才能以及尊重他人的基本素养的同时也鼓励学生发掘自身的天赋跟兴趣。

学校官网	http://www.nmhschool.org/
建校时间	1879年
学校位置	位于马萨诸塞州西部,覆盖了康涅狄格河河岸上1 353英亩风景优美的区域,临近佛蒙特州和新罕布什尔州的边界
附近城市	布拉特尔伯勒、格林菲尔德、纽约
附近机场	布拉德利国际机场
学校规模	1 100英亩
学校性质	男女合校
年级设立	9~12年级、PG
学生人数	650人(2015年)
住宿学生比例	81%
国际学生比例	23%
平均班级人数	11人
师生比例	1:6
教师拥有高级学位比例	70%
AP课程	28门
ESL课程	提供
课外活动	体育活动包括足球、篮球、排球、垒球、攀岩、冲浪、自行车等 其他活动包括摄影小组、文艺杂志小组、美食委员会、击剑、学生会、剪报小组、瑜伽小组、戏剧小组、木艺小组、唱诗班、侦探小组
申请文件	申请表格、学校成绩单、考试成绩、老师推荐信(数、英)、面试
申请截止时间	2月1日
SSAT/IBT要求	要求
申请费	100美元
学费	59 500美元
平均SAT成绩	1 855分
知名校友	Lawrence Ferlinghetti(诗人、City Lights书店和出版社创始人之一) Laura Linney(奥斯卡奖提名演员) Uma Thurman(奥斯卡奖提名演员) S. Prestley Blake(Friendly冰淇淋创始人之一) Amy Domini(Domin社会投资公司创始人及首席执行官) William Rhodes(花旗银行总裁、董事长兼首席执行官,花旗集团高级副董事长) Frank Shorter(美国反兴奋剂协会创始主席、奥运会马拉松金牌获得者)

藤校精英养成记
——步步为"赢"的美国名校升学路

Woodberry Forest School VA

学校概况 伍德伯里森林学校坐落在弗吉尼亚州的麦迪逊镇,是一所优秀的全日制寄宿男校,提供9～12年级的中学教育。学校的教学设施完备并且课外活动丰富。另外,学校的师资团队具有深厚的教学背景和丰富的教学经验。学校注重培养学生的品质以及服务他人的精神。学校推行学生管理荣誉制度,并注重学生在智育以及道德上的培养。此外,学校的体育、艺术以及科技项目也十分突出。

建校时间	1889 年	平均班级人数	10 人
学校位置	位于弗吉尼亚州的麦迪逊镇	师生比例	1∶6.5
附近城市	距华盛顿 118 千米	教师拥有高级学位比例	54%
附近机场	华盛顿杜勒斯国际机场	课外活动	骑行俱乐部、国际关系俱乐部、话剧社、啦啦队、辩论小组、唱诗班等
学校规模	1 200 英亩		
学校性质	男校	申请文件	申请费、申请表格、老师推荐信、学校成绩单、家长陈述、存款证明等
年级设立	9～12 年级		
学生人数	395 人	SSAT/IBT 要求	要求 SSAT 和 IBT
住宿学生比例	100%	学费	53 500 美元
国际学生比例	11.1%	平均 SAT 成绩	1 819 分

Brooks School MA

学校概况 布鲁克斯学校是一所有圣公会传统的男女合校中学。学校提供大学预科课程,小班教学模式可以让学生与教师密切合作。学校开设了丰富的、富有挑战性的学术课程,其中还包括众多的高级课程。学校不仅重视科学文化教育,而且也十分关注学生在体育和艺术方面的培养。此外,学校还开设了很多特色的项目,例如学校独特的夏季科学计划,即在麻省理工、哈佛大学的实验室或者加拿大拉布拉多海岸参与研究。学校的学习氛围浓厚,并为学生提供各种机会,以帮助学生激发他们的学习热情以及潜能。

建校时间	1926 年	学校规模	251 英亩
学校位置	位于马萨诸塞州的比安多弗市	学校性质	男女合校
		年级设立	9～12 年级
附近城市	离大波士顿地区只有 40 分钟的车程	学生人数	351 人
		住宿学生比例	70%

― 附 录 ―

国际学生比例	11%	部、兄弟姐妹联谊会、校园表演团、校园广播台、围棋俱乐部、社区服务委员会、辩论赛俱乐部、电影、主题舞会、戏剧、室内运动锦标赛、宿舍竞赛、音乐会和波士顿周边旅游等	
平均班级人数	12 人		
师生比例	1:6		
教师拥有高级学位比例	77%		
AP 课程	19 门,包括艺术史、生物学、微积分 AB、微积分 BC、化学、英语文化、环境科学、法语、物理学、西班牙语、西班牙文化、美国政府、美国历史、世界历史等	申请文件	申请表格、学校成绩单、考试成绩、老师推荐信(数、英)、面试
		申请截止时间	1 月 15 日
		SSAT/IBT 要求	要求
ESL 课程	不提供	申请费	100 美元
课外活动	体育活动包括高尔夫、冰球、足球、摔跤、篮球、划船、冰球、垒球、田径赛、越野赛等其他活动包括艺术联谊、交际舞会、圣经俱乐	学费	59 800 美元
		平均 SAT 成绩	1 812 分
		录取率	9.3%

Georgetown Preparatory School MD

学校概况 乔治城预备高中是一所历史悠久的寄宿制男校,同时也是唯一一所寄宿制耶稣会会士学校。学校在学术上,特别是文学艺术课程上保持着严谨的态度。学校提供富有挑战性的大学预备课程,开设了丰富的 AP 课程,并在体育以及视觉艺术的教学上十分突出。学校的师资力量雄厚,而且课外社团活动十分丰富,演说辩论以及关系社在全国竞赛中经常获得杰出的成绩。此外,学校也十分注重社区服务,注重培养服务他人以及社会责任感。

学校官网	http://www.gprep.org/	国际学生比例	13%
建校时间	1789 年	平均班级人数	16 人
学校位置	位于马里兰州	师生比例	1:8
附近城市	邻近美国国家卫生研究院与海军医学中心	教师拥有高级学位比例	83%
附近机场 35 分钟车程	距华盛顿各主要机场皆约	AP 课程	25 门,包括历史小说、戏剧创作、世界文学、俄罗斯文学、莎士比亚文学、诗歌、散文、法语、西班牙语、日语、代数、几何、微积分、统计学、现代欧洲史、人文学、美国史、20 世纪的中国、国际关系、生物、物理、化学等
学校规模	93 英亩		
学校性质	男校		
年级设立	9~12 年级	ESL 课程	提供
学生人数	491 人	课外活动	体育活动包括越野、橄榄球、足球、篮球、曲棍球、室内田径、游泳、跳水、摔跤、棒球、击剑、高尔夫、长曲棍球、橄榄球、网球、田径
住宿学生比例	23%		

藤校精英养成记
——步步为"赢"的美国名校升学路

其他活动包括国际关系俱乐部、物理兴趣小组、政治评论、校园部、数学俱乐部、国际象棋俱乐部、中国历史和文化俱乐部、绿洲、环保俱乐部、皮划艇俱乐部、西班牙语俱乐部、演讲与辩论等	
申请文件	申请表格、学校成绩单、考试成绩、老师推荐信(数、英)、面试
申请截止时间	1月16日
SSAT/IBT 要求	要求

申请费	50美元
学费	58 460美元
平均SAT成绩	1 935分

知名校友
Brian Cashman(纽约扬基队总经理)
A.J. Wood(美国国家足球运动员)
Mo Rocca(喜剧演员)
William Bidwill(亚利桑那红雀队老板)
Roy Hibbert(美国职业篮球运动员)

Suffield Academy CT

学校概况 萨菲尔德中学是一所男女合校的住宿制学校。学校在关注学生学业的同时还提供学生培养领导能力的机会。除了常规的中学课程之外,学校还提供课后辅导课程,帮助学生进入好的大学。学校积极鼓励学生参加课内外活动,培养他们的领导才能,让不是天生就具有领导能力的学生也有机会培养这方面的能力,其独特的领袖项目使学生在学术和社交方面受益匪浅。学校的师资团队优良。

建校时间	1833年
学校位置	位于康涅狄格州的萨菲尔德
附近城市	距哈特福德17英里,距纽约2.5小时车程,距波士顿2小时车程
附近机场	哈特福德机场
学校规模	350英亩
学校性质	男女合校
年级设立	9~12年级,PG
学生人数	413人
住宿学生比例	67%
国际学生比例	17%
平均班级人数	10人
师生比例	1∶5
教师拥有高级学位比例	80%

AP课程	15门,包括数学、微积分AB、微积分BC、经济学、计算机科学、英语文学、生物、化学、物理、美国历史等
ESL课程	提供
课外活动	体育运动包括篮球、棒球、垒球、越野、足球、排球、网球、游泳 其他活动包括野营、环境保护协会、骑马社、艺术社、旅行社团、多元化社团等
申请文件	SSAT成绩和IBT成绩、推荐信、申请表格、面试
申请截止时间	1月15日,滚动招生
SSAT/IBT要求	要求SSAT和IBT
申请费	100美元
学费	59 500美元
平均SAT成绩	1 910分

知名校友
Leigh Perkins(Orvis公司总裁兼首席执行官)

— 附 录 —

James Tisch(Loews 公司首席执行官)
Roger Faxon[EMI(百代)唱片首席运营官]
Barry Scherr(达特茅斯学院教务长)
Archer Mayor(推理小说畅销书作家)
Vinnie Del Negro(美国男子职业篮球联赛运动员、教练)

Mercersburg Academy PA

学校概况 默瑟斯堡学院是一所私立的男女合校寄宿制高中。学校为不同背景的学生提供优质的、充满活力的课程和活动。学校不仅关注学生的课程学习,同时也关注学生品质、体能、道德等方面的发展。学校拥有专业素质优良的师资队伍,在教学中注重培养学生勤奋的品质,高尚的人格以及健全的体能。在过去的 100 多年教学中,学校为普林斯顿大学输送了大部分的学生,并且在毕业生中有很多知名校友。

学校官网	http://www.mercersburg.edu/
建校时间	1836 年
学校位置	位于宾夕法尼亚州的默瑟斯堡
附近城市	靠近费城,距华盛顿地区 90 分钟左右车程
附近机场	华盛顿杜勒斯国际机场、巴尔的摩华盛顿国际机场
学校规模	300 英亩
学校性质	男女合校
年级设立	9~12 年级、PG
学生人数	441 人
住宿学生比例	85%
国际学生比例	23%
平均班级人数	12 人
师生比例	1:4
教师拥有高级学位比例	72%
AP 课程	27 门
ESL 课程	不提供
课外活动	体育活动包括棒球、篮球、足球、美式足球、垒球、网球、排球、高尔夫、曲棍球、舞蹈、壁球、摔跤、游泳、长曲棍球等 其他活动包括亚洲学生俱乐部、自行车、杂志社团、保龄球、汽车俱乐部、读书俱乐部、社区服务、计算机试验、音乐会俱乐部、音乐赏析俱乐部等
申请文件	申请表格、学校成绩单、考试成绩、老师推荐信(数、英)、面试
申请截止时间	1 月 15 日
SSAT/IBT 要求	要求 SSAT 和托福
申请费	100 美元
学费	56 350 美元
平均 SAT 成绩	2 000 分
知名校友	有 9 名奥林匹克运动会金牌获得者、7 名罗氏奖学金获得者、4 名美国国会荣誉勋章获得者及 1 名诺贝尔奖获得者(1976 年,Burton Richter 获得了诺贝尔物理学奖)。新泽西州前国会议员 Stewart H. Appleby;马里兰州前州长 Harry Hughes;宾夕法尼亚州前州长及美国首席检察官 Dick Thornburgh;美驻罗马尼亚大使及 Advance Auto Parts(美国大型汽车零配件零售商)前 CEO Nicholas Taubman;奥斯卡奖最佳男演员 Jimmy Stewart

藤校精英养成记
——步步为"赢"的美国名校升学路

Western Reserve Academy OH

学校概况 西储学院是一所男女合校,兼有寄宿和走读的学校,师生比例为1∶7。学校接受世界各国的优秀学子,要求学生追求卓越,诚信生活,并保持善良,富有同情之心。该校的办学宗旨为培养出色、健全和充满热情的学生,他们会通过大学预科课程来不断激发学生的求知欲。该校的价值标准就是卓越、诚信、热情。该校的标语是"What Will You Pioneer"。西储学院的社会使命是让学生在校期间,通过志愿活动以及自己对世界、团体以及个人价值的进一步认知来对本地以及世界做出一定的贡献。

学校官网	http://www.wra.net	师生比例	1∶7
建校时间	1826年	教师拥有高级学位比例	87%
学校位置	位于俄亥俄州的哈得孙镇	AP课程	24门
附近城市	距克利夫兰市(Cleveland) 48千米	课外活动	体育活动包括棒球、篮球、足球、美式足球、垒球、网球、排球、高尔夫、射击、舞蹈、壁球、摔跤、游泳、陆上曲棍球等 其他活动包括拳击俱乐部、象棋俱乐部、法语俱乐部、投资俱乐部等
附近机场	克利夫兰国际机场		
学校规模	190英亩		
学校性质	男女合校	申请文件	申请表格、学校成绩单、考试成绩、老师推荐信(数、英)、面试
年级设立	9~12年级		
学生人数	400人	SSAT/IBT要求	要求SSAT和托福
住宿学生比例	66%	申请费	100美元
国际学生比例	26%	学费	53 700美元
平均班级人数	12人	平均SAT成绩	1 920分

Kent School CT

学校概况 肯特高中是一所独立的男女合校,女生所占比例为45%,男生所占比例为55%。学校除了教学,在体育方面也非常出色,每年参加多达32种不同的体育项目活动。学校为学生提供了27门AP课程教学,其中有五个分级的语言课程教学,包括中文、拉丁舞、古希腊文。学校为学生提供多种机会去发展自己的兴趣,也会鼓励他们去尝试自己不擅长的领域,从而让学生在学业上、体育上以及艺术上全面发展。

学校官网	http://www.kent-school.edu/	建校时间	1906年
		学校位置	位于康涅狄格州

― 附 录 ―

附近城市	邻近胡萨托尼克河，是唯一一所离肯特镇只有5分钟路程的学校		德语、法国文学、西班牙语、西班牙文学、物理、生物、化学、计算机科学、环境科学、艺术史等
学校规模	1 200英亩	ESL课程	提供
学校性质	男女合校	课外活动	高山滑雪、芭蕾、棒球、篮球、赛艇、越野运动、舞蹈、潜水、马术、曲棍球、花样溜冰、美式橄榄球、高尔夫、冰球、兜网球、越野自行车、滑板滑雪、英式足球、垒球、软式墙网球、游泳、网球
年级设立	9～12年级、PG		
学生人数	570人		
住宿学生比例	91%		
国际学生比例	26%		
平均班级人数	12人	申请文件	申请表格、学校成绩单、考试成绩、老师推荐信（数、英）、面试
师生比例	1∶7		
教师拥有高级学位比例	77%	申请截止时间	1月15日
		SSAT/IBT要求	要求
AP课程	27门，包括英语文学、心理学、经济学、美国历史、美国政府与政治、法语、	申请费	170美元
		学费	58 450美元

Berkshire School MA

学校概况 伯克希尔中学是一所男女合校。学校要求学生追求学业、艺术以及体育上的卓越发展，并培养多样性，建立对学习的热爱以及保护环境的决心，鼓励学生去问、探索、发现，去认识自己和别人，拥抱新的经历。

建校时间	1907年	国际学生比例	19%
学校位置	位于马萨诸塞州西部的谢菲尔德	平均班级人数	12人
		师生比例	1∶4
附近城市	到波士顿及纽约仅需2小时车程	教师拥有高级学位比例	61%
附近机场	距康涅狄格州哈特福德的布拉德利国际机场仅约75分钟，距纽约州奥尔巴尼国际机场90分钟	AP课程	18门，包括物理、化学、生物、环境科学、统计学、微积分、计算机科学、西班牙语、法语、英语、中文、英国文学、美国历史、美国政府与政治、欧洲历史、视觉艺术、影音艺术、经济学
学校规模	400英亩	ESL课程	提供
学校性质	男女合校	课外活动	体育活动包括滑雪、棒球、长曲棍球、网球、高尔夫、垒球、田径、划船、爬山、足球、越野、曲棍球、排球、篮球、壁球、攀岩、户外生存、舞蹈、戏剧、冰球、冬季登山、造
年级设立	9～12年级、PG		
学生人数	399人		
住宿学生比例	91%		

藤校精英养成记
——步步为"赢"的美国名校升学路

船、山地车运动、皮筏艇
其他活动包括国际俱乐部、文学杂志社、摄影俱乐部、演讲和辩论俱乐部、哲学俱乐部、法语俱乐部、航天俱乐部、象棋俱乐部

申请文件	申请表格、学校成绩单、考试成绩、老师推荐信(数、英)、面试
申请截止时间	1月15日
申请费	100美元
学费	58 500美元
平均SAT成绩	1 780分

Asheville School NC

学校概况 阿什维尔中学是一所男女合校。学校独特的地理位置为有名的户外节目提供了便利,像攀岩、划独木舟和山地自行车运动。学校的核心价值观为坚持不懈、诚信、尊重、怜悯心。

建校时间	1900年
学校位置	位于北卡罗来纳州的阿什维尔市
附近机场	罗利-达勒姆国际机场
学校规模	300英亩
学校性质	男女合校
年级设立	9～12年级
学生人数	285人
住宿学生比例	80%
国际学生比例	30%
平均班级人数	13人
师生比例	1∶11
教师拥有高级学位比例	73%
AP课程	17门,包括生物、微积分AB、微积分BC、化学、英国文学、法语、拉丁语、乐理、物理B、物理C、西班牙语、统计、美国历史、欧洲历史、世界文学、英语语言、组合数学
ESL课程	不提供
课外活动	体育活动包括滑雪、棒球、篮球、登山、越野、舞蹈、马术、曲棍球、足球、摔跤、游泳、网球、田径赛、排球等 其他活动包括远足野营、爬冰、国际俱乐部、滑雪、学生会、学生环保意识等
申请文件	申请表格、学校成绩单、考试成绩、老师推荐信(数、英)、面试
申请截止时间	12月10日、2月1日,滚动招生
SSAT/IBT要求	要求SSAT和托福
申请费	100美元
学费	54 900美元
平均SAT成绩	1 860分

Tabor Academy MA

学校概况 泰伯学院地理位置优越,是一所男女合校。学校位于海边,拥有全美最好的海洋科学项目和航海训练。学校的核心价值观为怜悯之心、尊重、信任、城市以及个人责任感。学院欢迎不同种族、不同性别、不同阶层、不同信仰的人,支持不同文化之间的深度交流。

— 附 录 —

建校时间	1876 年
学校位置	位于马萨诸塞州的马里恩
附近城市	波士顿
附近机场	波士顿国际机场
学校规模	88 英亩
学校性质	男女合校
年级设立	9~12 年级
学生人数	516 人
住宿学生比例	66%
国际学生比例	19%
平均班级人数	12~14 人
师生比例	1:6
教师拥有高级学位比例	74%
AP 课程	17 门,包括生物学、微积分、化学、英国文学、环境科学、欧洲历史、法国文学、德语、拉丁文学、宏观经济学、物理、统计学、视觉艺术、美国历史等
ESL 课程	不提供
课外活动	棒球、篮球、越野赛、曲棍球、高尔夫、冰上曲棍球、垒球、足球、壁球、网球、田径赛、摔跤等
申请文件	SSAT 和 IBT 成绩、推荐信、面试、申请表格
申请截止时间	1 月 31 日
SSAT/IBT 要求	要求 SSAT 和 IBT
申请费	100 美元
学费	59 900 美元(2017—2018 年)
平均 SAT 成绩	1 700 分
知名校友	Paul Fireman[锐步(Reebok)公司创始人及总裁] John Fish[萨福克(Suffolk)建设公司总裁] George Graboys(美国国民银行首席执行官) Robert I. Dodge Ⅲ(美国住房及城市发展部高级官员) Lewis Lipsitt(布朗大学教授、儿童发展心理学专家) Thomas Graboys(哈佛大学教授、作家) Bruce Sundlun(罗得岛州前州长) Kevin White(波士顿前市长) Travis Roy(作家)

Portsmouth Abbey School RI

学校概况 朴次茅斯修道院中学是一所中等规模、校园优美的天主教临海学校。学校为 9~12 年级提供走读和住宿方式的学习。学校的目标是帮助学生在知识中不断成长。学校仍保有 1 500 年历史的本笃会古典传统教育,不让学校变成商业化的学习环境。学校提倡:敬畏上帝和人类本身;尊重学习和秩序,对我们所生活的社区负责。

学校官网	http://www.portsmouthabbey.org/
建校时间	1926 年
学校位置	位于纳拉甘西特湾海岸
附近城市	距波士顿约 55 英里,距普罗维登斯约 23 英里。距波士顿车程约 1.5 小时,距罗得岛的避暑胜地纽波特 30 分钟车程,到纽约大概 4 小时的车程
附近机场	波士顿洛根国际机场、肯尼迪国际机场、费城国际机场
学校规模	525 英亩
学校性质	男女合校

235

藤校精英养成记
——步步为"赢"的美国名校升学路

年级设立	9~12年级
学生人数	360人
住宿学生比例	70%
国际学生比例	11%
平均班级人数	12人
师生比例	1∶7
教师拥有高级学位比例	80%
AP课程	19门，包括艺术史、生物学、微积分AB、微积分BC、计算机科学A、计算机科学AB、欧洲历史、法语、拉丁语（维吉尔）、拉丁文学、物理B、西班牙语、统计学等
ESL课程	不提供
课外活动	体育活动包括棒球、篮球、赛艇、越野、击剑、曲棍球、橄榄球、冰球、长曲棍球、足球、垒球、游泳、网球、田径、摔跤、高尔夫、帆船 其他活动包括阿巴拉契亚服务、学生报纸、艺术与文学杂志、数学联盟、人权组、朴次茅斯文化认知、创造性写作、社团服务、辩论俱乐部、
年鉴、模拟联合国、社会团体小组、学生会、人文学科论坛、广播站、环境俱乐部等	
申请文件	申请表格、学校成绩单、考试成绩、老师推荐信（数、英）、面试
申请截止时间	1月31日
SSAT/IBT要求	要求SSAT和托福
申请费	110美元
学费	56 490美元（2016—2017年）
平均SAT成绩	1 835分
知名校友	John E. Pepper, Jr.(迪士尼公司董事长) Robert F. Kennedy(美国司法部前部长) Edward M. Kennedy(马萨诸塞州参议员) Peter M. Flanigan(尼克松总统助理) Benedict Fitzgerald(编剧) Charlie Day(演员、编剧、制片) William Ruckelshaus(首位美国环境保护署署长、美国联邦调查局前局长)

Miss Porter's School CT

学校概况 波特女子高中是一所女子学校。学校获康涅狄格州私立学校联合会、新英格兰学校联合会、寄宿学校联合会以及康涅狄格州教育部认证。学校非常注重课堂教学。学校也非常注重对学生艺术方面的培养，学生也非常乐意参加这些活动。

学校官网	http://www.porters.org
建校时间	1843年
学校位置	位于美国的康涅狄格州
附近城市	在哈特福德的西面9英里处；距纽约111英里
附近机场	最近的机场为布拉德利国际机场，从学校驱车大约30分钟就能到达
学校规模	50英亩
学校性质	女校
年级设立	9~12年级
学生人数	325人
住宿学生比例	65%
国际学生比例	17%
平均班级人数	10人
师生比例	1∶6
教师拥有高级学位比例	25%
AP课程	22门，包括生物、微积分、历史、计算机科学、环境科学、物理、法语、法国

— 附 录 —

文学、拉丁语、拉丁文学、西班牙语、西班牙文学、欧洲历史、美国历史、艺术历史、视觉艺术等

ESL 课程	不提供
课外活动	高山滑雪、羽毛球、篮球、赛艇、越野运动、马术、曲棍球、高尔夫、兜网球、英式足球、垒球、软式墙网球、游泳、网球、田径运动、极限飞碟、排球
申请文件	申请表格、学校成绩单、考试成绩、老师推荐信(数、英)、面试
申请截止时间	1月15日
SSAT/IBT 要求	要求
申请费	125 美元
学费	56 760 美元
平均 SAT 成绩	1 902 分

Dana Hall School MA

学校概况 丹娜霍尔女子中学是一所女子寄宿和走读中学。学校强调学术写作和研究能力的同时,极其重视女性领导力的培养,教会了许多女孩子如何成为有想法的人,公民和领导。学校致力于培养学生在学业上、艺术上以及体育上全面发展。在强调学生的诚信、领导力、多样性以及服务的同时,学校也要求学生尊重自己和他人。

建校时间	1881 年
学校位置	位于马萨诸塞州的韦尔斯利
附近城市	波士顿以西 12 英里
学校规模	55 英亩
学校性质	女校
年级设立	9~12 年级
学生人数	484 人
住宿学生比例	35%
国际学生比例	15%
平均班级人数	12 人
师生比例	1∶6
教师拥有高级学位比例	63%
AP 课程	17 门,包括英国文学、法语、拉丁语、汉语、西班牙语、微积分 BC、微积分 AB、统计学、化学、生物、美国历史、欧洲历史、室内艺术、艺术史等
ESL 课程	提供
课外活动	体育活动包括越野、曲棍球、足球、篮球、击剑、冰球、排球、壁球、游泳、长曲棍球、垒球、网球、高尔夫 其他活动包括攀岩、瑜伽、飞盘、舞蹈、健身、力量和素质、赛艇、合唱团、社区服务咨询委员会、烹饪俱乐部、器乐课、街舞、音乐剧、纪律委员会、环境俱乐部、绿色团队、国际学生协会、数学俱乐部、模拟审判俱乐部、模拟联合国、郊游俱乐部、同伴教育、骑马、机器人俱乐部等
申请文件	申请表格、学校成绩单、考试成绩、老师推荐信(数、英)、面试
申请截止时间	1月15日,滚动招生
SSAT/IBT 要求	要求 SSAT 和 IBT
申请费	100 美元
学费	58 600 美元
平均 SAT 成绩	1 950 分(Class,2015 年)

藤校精英养成记
——步步为"赢"的美国名校升学路

The Pennington School NJ

学校概况 彭宁顿中学是一所男女合校。学校为学生提供大学预备课程，重点促进学生在学业、运动、社区服务以及表演等方面的发展，并为国际学生提供 ESL 课程，帮助他们继续在美国读完高中。学校致力于挖掘每个学生的才能，并将其发展起来。

建校时间	1838 年
学校位置	位于新泽西州的彭宁顿
学校规模	54 英亩
学校性质	男女合校
年级设立	8~12 年级
学生人数	510 人
住宿学生比例	24%
国际学生比例	12%
平均班级人数	13 人
师生比例	1∶6
教师拥有高级学位比例	73%硕士以上

AP 课程	19 门，包括生物学、微积分 AB、微积分 BC、法国语言和文化、德国语言和文化、宏观经济学、乐理、物理 B、西班牙语言和文化、统计学、化学、英国语言和作文、英国文学与作文、欧洲历史、拉丁语、美国政府与政治、美国历史、艺术史、计算机科学 A
ESL 课程	提供
课外活动	棒球、篮球、啦啦队、越野、曲棍球、美式足球、高尔夫、冰球、垒球、长曲棍球、足球、游泳、网球、田径、水球等
学费	56 490 美元（2016—2017 年）
平均 SAT 成绩	1 700 分

Oregon Episcopal School OR

学校概况 俄勒冈主教高中拥有经验丰富的老师，和学生一起在人文学科及科学项目中探索。学校的使命就是培养学生的学习能力，让学生在身体素质、艺术、精神上等有所增强。学校注重学生的思维发展、勇气以及奉献精神。

学校官网	http://www.oes.edu/
建校时间	1869 年
学校位置	位于俄勒冈州
附近城市	波特兰城（离市中心波特兰城 15 分钟路程），2 小时内还可以到达俄勒冈海岸
附近机场	距波特兰国际机场 30 分钟车程

学校规模	59 英亩
学校性质	男女合校
年级设立	9~12 年级，PG
学生人数	868 人
住宿学生比例	20%
国际学生比例	47%
平均班级人数	16 人

— 附 录 —

师生比例	1∶7
教师拥有高级学位比例	76%
AP 课程	9 门,包括文化、物理学、微积分 AB、心理学、美国历史、数学、计算机科学、语言等
ESL 课程	提供
课外活动	体育活动包括篮球、越野赛、剑术、花样滑雪、高尔夫、曲棍球、滑板滑雪、足球、网球、田径赛、排球等
申请文件	申请表格、学校成绩单、考试成绩、老师推荐信(数、英)、面试
申请截止时间	1 月 26 日
SSAT/IBT 要求	要求
申请费	75 美元
学费	60 900 美元
平均 SAT 成绩	2 005 分
知名校友	Virginia Euwer Wolff(儿童文学作家) Jon Robinson(演员)

The Madeira School VA

学校概况 马迪拉女子中学是一所女校,为聪颖好学、才思敏捷的独立女孩而设立。学校建立之初就是为了帮助女性去认识这个正在改变的世界,让她们有信心去创造自己的生活、实现自己的梦想,它的使命就是培养可以改变世界的女性。

学校官网	http://www.madeira.org/
建校时间	1906 年
学校位置	位于弗吉尼亚州的麦克莱恩
附近城市	离华盛顿特区 12 英里
学校规模	376 英亩
学校性质	女校
年级设立	9~12 年级
学生人数	315 人(2015 年)
住宿学生比例	53%
国际学生比例	15%
平均班级人数	12 人
师生比例	1∶9
教师拥有高级学位比例	88%
AP 课程	22 门,包括英语、西班牙语、法语、拉丁语、摄影、欧洲史、美国史、微积分、生物、统计学、物理等
ESL 课程	提供
课外活动	网球、足球、排球、棒球、橄榄球、篮球、舞蹈、骑马、长曲棍球、垒球、游泳、田径等
申请文件	申请表格、学校成绩单、考试成绩、老师推荐信(数、英)、面试
申请截止时间	2 月 1 日
SSAT/IBT 要求	要求 SSAT 和 IBT
申请费	125 美元
学费	58 158 美元
知名校友	Katherine Graham(《华盛顿邮报》发行人) Francis Sternhagen(著名女演员) Alice Rivlin(美国行政管理与预算局前局长) Stockard Channing(著名女演员)

239

藤校精英养成记
——步步为"赢"的美国名校升学路

Shattuck-St. Mary's School MN

学校概况 沙特克圣玛丽高中是一所男女合校,是美国中西部地区最古老的大学预科学校之一。学校不仅拥有美丽安全的校园,也可以享受附近城市的娱乐及文化资源。学校是小班授课,平均每班不超过 16 人,有多个大学学分课程,还有丰富的艺术课程。学校的使命是培养学生的创新能力、独立思考能力,并教导学生在日渐发展的时代中做一个诚信的公民。

建校时间	1858 年	师生比例	1:9
学校位置	位于明尼苏达州	AP 课程	18 门
附近城市	距明尼阿波利斯市 45 分钟车程	ESL 课程	提供
学校规模	250 英亩	课外活动	棒球、篮球、越野赛、高尔夫、冰上曲棍球、足球、网球、田径赛、排球等
学校性质	男女合校	申请截止时间	滚动招生
年级设立	6~12 年级,PG	SSAT/IBT 要求	要求 IBT 或 SSAT(6~8 年级接受 SLEP 成绩)
学生人数	481 人	申请费	125 美元
住宿学生比例	75%	学费	51 250 美元
国际学生比例	28%	知名校友	Marlon Brando(奥斯卡最佳男主角奖获得者)
平均班级人数	12 人		

The Masters School NY

学校概况 迈斯特中学是一所男女合校。学校的教学非常严格,采用哈克尼斯式教学法。学校不仅看重学业,也同样注重对学生体育和艺术方面的挖掘。学校除了提供优秀的大学预备课程,也设有出色的表演及视觉艺术教育。学校鼓励学生积极参与、深度理解,并进行有意义的沟通。学校鼓励学生去学习、去争取、去努力、去做一些事情,为世界的发展做出自己的贡献。

建校时间	1877 年	学生人数	475 人
学校位置	位于纽约州的多布斯费里	住宿学生比例	30%
学校规模	96 英亩	国际学生比例	17%
学校性质	男女合校	平均班级人数	14 人
年级设立	9~12 年级	师生比例	1:8

— 附 录 —

教师拥有高级学位比例	75%硕士以上
AP 课程	19 门,包括艺术学、生物学、微积分 AB、微积分 BC、化学、欧洲历史、法国语言和文化、拉丁文学、乐理、物理 B、西班牙语言和文化、西班牙文学和文化、统计学、中文与文化、英国语言和作文、英国文学与作文、物理 C(电学和磁学)、艺术工作坊(绘画)、美国历史
ESL 课程	提供
课外活动	棒球、篮球、啦啦队、越野、曲棍球、美式足球、高尔夫、冰球、长曲棍球、足球、垒球、游泳、网球、田径、水球等
学费	59 500 美元

Indian Springs School AL

学校概况 印第安泉中学是一所男女合校。学校的核心价值观是创新思维、求知欲、诚信、包容心、尊重、参与。

学校官网	http://www.indiansprings.org/
建校时间	1952 年
学校位置	位于亚拉巴马州
附近城市	距伯明翰(亚拉巴马州的最大城市)26 千米
附近机场	距伯明翰国际机场 34 千米
学校规模	350 英亩
学校性质	男女合校
年级设立	8~12 年级
学生人数	309 人
住宿学生比例	28%
国际学生比例	17%
平均班级人数	12 人
师生比例	1∶8
教师拥有高级学位比例	82%
AP 课程	17 门,包括生物学、微积分 BC、环境科学、欧洲历史、法语、法国文学、拉丁语(维吉尔)、拉丁文学、乐理、物理 B、西班牙语、统计学等
ESL 课程	不提供
课外活动	棒球、篮球、越野运动、高尔夫、英式足球、垒球、网球、极限飞碟、排球
申请文件	申请表格、学校成绩单、考试成绩、老师推荐信(数、英)、面试
申请截止时间	2 月 15 日
SSAT/IBT 要求	不要求
申请费	75 美元
学费	49 859 美元
平均 SAT 成绩	2 016 分
知名校友	Preston Haskell(杰克逊维尔美洲虎队老板之一) Neely Bruce(著名钢琴家) Mark Gitenstein(美国驻罗马尼亚大使) Charles Plosser(美国联邦储备银行前主席) Russell Williams(Adobe Photoshop 首席架构师) Sally Nemeth(演员) Mike McCullers(电影《Baby Momma》的编剧兼导演) SeMe Sung(旧金山 Pottery Barn 设计师) John Green(作家) Barry Tobias[美国国家航空航天局(NASA)任务控制工程师]

藤校精英养成记
——步步为"赢"的美国名校升学路

Stevenson School CA

学校概况 史蒂文森中学是一所男女合校。学校重视学生的挑战能力、创造力、好奇心,以及责任感等多个方面的发展。该校提供丰富的 AP 课程,包括中文、微积分等。学校为学生提供科技实验室、大学咨询中心、健康中心等各种部门。学校帮助学生成功进入大学,培养他们对学习和成功的热情,帮助他们塑造一个快乐的生活。

建校时间	1952 年
学校位置	位于加利福尼亚州的圆石滩
附近城市	距旧金山 2 小时车程
附近机场	旧金山国际机场
学校规模	60 英亩
学校性质	男女合校
年级设立	9~12 年级
学生人数	500 人
住宿学生比例	62%
国际学生比例	25%
平均班级人数	14 人
师生比例	1 : 7
教师拥有高级学位比例	60%
AP 课程	22 门,包括艺术史、生物学、英语Ⅳ、英语文学、微积分 AB、微积分 BC、计算机科学、物理 B、物理 C、生物、化学、环境科学、美国史、欧洲史、宏观和微观、世界史、拉丁语等
ESL 课程	不提供
课外活动	棒球、篮球、越野赛、潜水、足球、曲棍球、游泳、垒球、网球、田径赛、水球、排球等
申请文件	推荐信(数学老师、英语老师及班主任的推荐信)、至少最近一年的成绩单、两篇短文(其中一篇用于面试)、面试
申请截止时间	2 月 1 日
SSAT/IBT 要求	要求 IBT 和 SSAT(9 或 10 年级)、要求 IBT 和 SAT(11 年级或以上)
申请费	75 美元
学费	64 900 美元
平均 SAT 成绩	1 910 分
知名校友	Paul Saffo(科技预测专家、作家、未来研究所教授) Chris Flavin(世界观察研究所所长) Carie Crandall(纽约证券交易所董事总经理) David Drummond(谷歌公司高级副总裁) Cynthia Chapman(Caddell & Chapman 律师事务所律师) Ms. Shea Pepper(英国广播公司美国频道创意总监) Sylvain White(电影导演) Jonathan Ferrantelli(电影后期制作) Robert Grube(2007 年美国全国大学体育协会高尔夫冠军队成员)

St. Anne's-Belfield School VA

学校概况 圣安妮贝尔菲尔德学校是一所男女合校。学校所在城市是一个历史悠久环境优美的城市,气候宜人,类似中国的山东青岛。学校课外活动丰富,有多种俱乐部和社团,如舞蹈俱乐部、西班牙语俱乐部等。学校的核心价值观包括:关注学生自我品质的发展;不断学习知识,发展技能,让学生寻找到人生难题的答案;提倡学生不断反省自己的行为和决定等。

建校时间	1910 年		语、法国文学、法语、微积分 AB、微积分 BC、生物、化学、物理
学校位置	位于弗吉尼亚州的夏洛茨维尔	ESL 课程	提供(针对 9 和 10 年级)
附近城市	华盛顿特区	课外活动	体育活动包括越野、曲棍球、足球、网球、橄榄球、排球、篮球、壁球、游泳、长曲棍球、垒球、棒球、田径
附近机场	华盛顿杜勒斯国际机场、巴尔的摩华盛顿国际机场、罗利国际机场		其他活动包括俱乐部和社团服务,是学生们的教育、领导和服务不可或缺的一部分,俱乐部有舞蹈俱乐部、西班牙语俱乐部、法语俱乐部、学术俱乐部、时事俱乐部、国际生俱乐部、戏剧俱乐部、人类栖息地俱乐部等
学校规模	50 英亩		
学校性质	男女合校		
年级设立	9~12 年级		
学生人数	883 人	申请文件	标化考试成绩、语言成绩、面试等
住宿学生比例	18%	申请截止时间	2 月 3 日
国际学生比例	13%	SSAT/IBT 要求	要求 IBT 和 SSAT(IBT 75 分以上)
平均班级人数	14.7 人		
师生比例	1:9	申请费	150 美元
教师拥有高级学位比例	82%	学费	53 300 美元
AP 课程	13 门,包括美国历史、统计学、西班牙文学、西班牙语、音乐理论、拉丁	平均 SAT 成绩	1 934 分

Westover School CT

学校概况 韦斯托弗学校是一所私立的走读、寄宿女校。学校为学生提供良好的教学环境和发展环境,激发他们的智力、艺术和体育天分。学校鼓励每位学生不断追求卓越,尝试新事物。

建校时间	1909 年	学校性质	女校
学校位置	位于康涅狄格州的米德尔伯里	年级设立	9~12 年级
		学生人数	204 人
附近城市	纽黑文、波士顿、纽约	住宿学生比例	61%
附近机场	纽约肯尼迪国际机场	国际学生比例	20%
学校规模	145 英亩	平均班级人数	11 人

藤校精英养成记
——步步为"赢"的美国名校升学路

师生比例	1∶8
教师拥有高级学位比例	65%
AP课程	28门，包括艺术史、生物、微积分AB、微积分BC、计算机科学、英语写作、英语文学、欧洲历史、法语、拉丁语、音乐理论、物理B、西班牙语、统计学、室内艺术、美国历史等
ESL课程	提供
课外活动	体育活动包括篮球、越野、高尔夫、垒球、网球、排球、瑜伽、曲棍球、划船、攀岩、滑雪、滑板等；其他活动包括舞蹈、芭蕾、街舞、爵士、形体、模拟联合国、年刊、艺术文学杂志、报纸等
申请文件	申请表格、学校老师推荐信、IBT和SSAT成绩、学校面试
申请截止时间	2月1日，滚动招生
申请费	100美元
学费	58 500美元
平均SAT成绩	1 800分

Holderness School NH

学校概况　霍尔德内斯学校是一所有圣公会传统的男女合校。学校要求学生达成课业和运动上的平衡发展，学校有独特的课程设计和领导能力，为学生提供个性化、充满关怀的教育环境。学校致力于在一个充满爱的环境中发掘学生在思想、身体以及精神上的潜力，鼓励他们为改善人类的生活而奋斗。

学校官网	http://www.holderness.org/
建校时间	1879年
学校位置	位于新罕布什尔州的普利茅斯镇
附近机场	距曼彻斯特机场约70分钟，距波士顿洛根国际机场约2小时
学校规模	620英亩
学校性质	男女合校
年级设立	9～12年级，PG
学生人数	280人
住宿学生比例	85%
国际学生比例	15%
平均班级人数	12人
师生比例	1∶6
教师拥有高级学位比例	60%
AP课程	19门，包括生物、文学与写作、语言与写作、欧洲史、美国史、统计学、微积分AB、微积分BC、西班牙语语言、西班牙文学、法语语言、拉丁文等
ESL课程	不提供
课外活动	体育活动包括越野、曲棍球、山地自行车、攀岩、美式足球、英式足球、滑雪、自由滑雪、篮球、曲棍球、雪鞋健行、棒球、自行车、高尔夫、网球、长曲棍球、垒球等；其他活动包括露营、舞蹈、登山、户外教育、学生会、社区服务、工程社团、数学社团、户外社团等
申请文件	申请表格、学校成绩单、考试成绩、老师推荐信（数、英）、面试
申请截止时间	2月1日
SSAT/IBT要求	要求
申请费	100美元
学费	58 500美元
平均SAT成绩	1 800分

George School PA

学校概况 乔治高中是一所基督教贵格会学校,为学生提供了一个安静的学习、寻找真理以及思考人生的环境。学校提供多门 AP 课程,以及多姿多彩的课外活动。学校鼓励学生去看到自己的内心深处,认识真正的自己,让他们在智力上、精神上以及性格上能够全面发展。学校的核心价值观就是变革式的教学和学习、个人诚信、团队精神和多样性,以及对他人的责任心。

学校官网	http://www.georgeschool.org/
建校时间	1893 年
学校位置	位于宾夕法尼亚州的市郊
附近城市	到费城和纽约分别有 40 分钟和 2 小时的车程,距历史悠久的新城只有 1 英里的距离
学校规模	265 英亩
学校性质	男女合校
年级设立	9~12 年级
学生人数	529 人
住宿学生比例	54%
国际学生比例	26%
平均班级人数	14 人
师生比例	1∶7
教师拥有高级学位比例	60%
AP 课程	18 门,包括英语文学、法语、美国历史、拉丁语、西班牙语、微积分 AB、统计、生物、化学、物理、人类地理学、经济学、计算机科学等
ESL 课程	提供
课外活动	体育活动包括篮球、棒球、长曲棍球、橄榄球、垒球、网球、越野、马术、游泳、高尔夫等 其他活动包括国际特赦组织、烹饪俱乐部、投资俱乐部、制陶俱乐部等
申请文件	申请表格、学校成绩单、考试成绩、老师推荐信(数、英)、面试
申请截止时间	2 月 1 日,滚动招生
SSAT/IBT 要求	要求
申请费	100 美元
学费	57 550 美元
知名校友	Mario Capecchi(2007 年诺贝尔生理学或医学奖获得者) Kenneth Wilson(1982 年诺贝尔物理学奖获得者) Blythe Danner(演员) George Segal(演员) Stephen Sondheim(作曲家) Julian Bond(美国民权运动领袖) Barbara Dodd Anderson(慈善家)

Lake Forest Academy IL

学校概况 湖森中学是一所男女合校。学校提供 ESL,以及丰富的课外活动,如棒球、篮球、啦啦队、垒球、摔跤等,也提供多种 AP 课程,包括艺术史、生物学、拉丁文学等。学校采取小班制教学,以此来加深学生和老师之间的了解。

藤校精英养成记
——步步为"赢"的美国名校升学路

学校官网	http://www.lfanet.org/
建校时间	1857 年
学校位置	位于伊利诺伊州
附近城市	芝加哥
附近机场	奥黑尔国际机场
学校规模	150 英亩
学校性质	男女合校
年级设立	9～12 年级，PG
学生人数	430 人
住宿学生比例	48%
国际学生比例	26%
平均班级人数	12 人
师生比例	1∶7
教师拥有高级学位比例	71%

AP 课程	21 门，包括艺术史、生物学、微积分 AB、微积分 BC、计算机科学 A、计算机科学 AB、环境科学、欧洲历史、法语、法国文学、拉丁语（维吉尔）、拉丁文学、宏观经济学、微观经济学、乐理、物理 B、西班牙语、西班牙文学、统计学、世界历史等
ESL 课程	提供
课外活动	棒球、篮球、啦啦队、越野运动、曲棍球、美式橄榄球、高尔夫、冰球、帆船、英式足球、垒球、游泳、网球、田径运动、排球等
申请文件	申请表格、学校成绩单、考试成绩、老师推荐信（数、英）、面试
申请截止时间	2 月 1 日，滚动招生
SSAT/IBT 要求	要求
申请费	100 美元
学费	59 900 美元
平均 SAT 成绩	1 830 分

Baylor School TN

学校概况 贝勒中学是一所男女合校。学校提供 ESL（国际生英语）课程，以及 30 多种课外活动，有社区服务、户外教学、冒险活动等。学校的戏曲课程曾被 *Sports Illustrated* 杂志评为全美最好的 25 个项目之一。学校的价值观包括诚实、尊重、信仰、领导力、学业、品质、个性。

建校时间	1893 年
学校位置	位于田纳西州，坐落于田纳西河河畔，被田纳西山脉环抱
附近机场	亚特兰大机场、查塔努加都会机场
学校规模	670 英亩
学校性质	男女合校
年级设立	6～12 年级，其中 9～12 年级提供寄宿
学生人数	1 040 人
住宿学生比例	18%

国际学生比例	21%
平均班级人数	15 人
师生比例	1∶8
教师拥有高级学位比例	70%
AP 课程	19 门，包括英语文学、英文语言、物理、环境科学、化学、生物、计算机科学、美国历史、欧洲历史、人文地理、微积分 AB、微积分 BC、统计、西班牙语、西班牙文学、法语、拉丁语等
ESL 课程	提供
课外活动	体育活动包括足球、篮球、

垒球、保龄球、击剑、高尔夫、游泳、跳水、潜水、排球、摔跤、网球、啦啦队、舞蹈、芭蕾、越野、长曲棍球、棒球等

其他活动包括30多种课外活动、有社区服务、体育运动、户外教学、冒险活动以及各种各样的俱乐部、协会

申请文件	申请表格、学校成绩单、考试成绩、老师推荐信(数、英)、面试
申请截止时间	1月29日,滚动招生
SSAT/IBT 要求	要求 SSAT/SLEP 和托福
申请费	150美元
学费	52 430美元
平均SAT成绩	1 805分

The Webb School TN

学校概况 韦布中学是一所男女合校。学校的校园是由加利福尼亚州韦布男校、维维安韦布女校,以及古生物学基地组成,这为学生提供了良好的学习环境。学校曾获得10次罗氏奖学金,而今,很多毕业生已经成为商业、教育以及艺术界的佼佼者。这得益于学校得天独厚的条件,它鼓励学生通过积极参与学业、体育以及娱乐活动来全面提高自己。学校的道德准则为平等对待他人,尊重契约精神,尊重他人,包括对手,礼待他人,在胜利和失败面前都要有礼貌,记住你的行为代表着你,也代表着学校。

建校时间	1870年
学校位置	位于田纳西州的贝尔巴克尔
附近城市	纳什维尔、亚特兰大
附近机场	纳什维尔国际机场
学校规模	150英亩
学校性质	男女合校
年级设立	6~12年级
学生人数	315人
住宿学生比例	37%
国际学生比例	18%
平均班级人数	10人
师生比例	1:7
教师拥有高级学位比例	74%
AP课程	23门,包括微积分 AB、微积分 BC、统计学、生物、化学、环境科学、拉丁语、经济学、欧洲历史、物理 C(电学和磁学)、艺术工作坊(二维设计)、艺术工作坊(绘画)、美国历史、世界历史、法国语言和文化、物理 C(机械学)、西班牙语言和文化等
ESL课程	提供
课外活动	体育活动包括足球、篮球、网球、高尔夫等

其他活动包括象棋、钓鱼、新闻社、瑜伽、合唱团、弦乐团、读书会、中国社团、数学等

申请文件	申请表格、学校成绩单、考试成绩、老师推荐信(数、英)、面试
申请截止时间	2月20日
SSAT/IBT 要求	要求 SSAT 和 IBT
申请费	100美元
学费	48 800美元
平均SAT成绩	1 796分
录取率	71%

藤校精英养成记
——步步为"赢"的美国名校升学路

Westtown School PA

学校概况 西城中学是一所男女合校。学校致力于让每个学生在一个多样性的团体中发展自己的特长,尊重每个学生的意愿,尊重学生的多样性,并培养学生的服务意识、管理意识以及责任感。

建校时间	1799年
学校位置	位于宾夕法尼亚州的西切斯特
附近城市	离开费城25英里,离开特拉华州的威尔明顿11英里
附近机场	费城国际机场
学校规模	640英亩
学校性质	男女合校
年级设立	9～12年级
学生人数	363人
住宿学生比例	73%
国际学生比例	17%
平均班级人数	15人
师生比例	1∶8
教师拥有高级学位比例	77%
AP课程	取消,提供Advanced课程,学生可参加AP考试
ESL课程	提供
课外活动	体育活动包括棒球、篮球、越野、舞蹈、曲棍球、高尔夫、长曲棍球、足球、垒球、游泳、网球、田径、排球、摔跤、冬季田径 其他活动包括烹饪俱乐部、话剧社、电影俱乐部、校园出版物编辑部、未来商业领袖协会、国际学生组织、数学俱乐部、环保组织等
申请文件	申请表、推荐信两封、成绩单、SSAT和IBT成绩、面试
申请截止时间	2月1日,滚动招生
SSAT/IBT要求	要求SSAT和IBT
学费	57 400美元

Salisbury School CT

学校概况 索尔兹伯里男子学校是一所男子学校。学校设立9～12年级课程,并会根据学生的学习风格安排学习计划。学校的格言警句为外观莫如实质(Esse Quam Videri)。学校注重培养学生们对学习和自信的热情,为他们的智力、身体、道德以及精神的发展提供必要的基础。学校注重发展学生的兄弟之情,培养他们的创新能力、同感能力、领导能力,让他们懂得谦虚、诚信以及对他人的尊重。

建校时间	1901年
学校位置	康涅狄格州
附近城市	纽约、波士顿
附近机场	肯尼迪国际机场
学校规模	725英亩
学校性质	男子学校
年级设立	9～12年级,PG
学生人数	310人

住宿学生比例	90%	网球、冰球、高尔夫等	
国际学生比例	19%	其他活动包括吉他、电影制作、食品、数学俱乐部、科学俱乐部等	
平均班级人数	12人	申请文件	申请表格、学校成绩单、考试成绩、老师推荐信(数、英)、面试
师生比例	1∶5		
教师拥有高级学位比例	60%	申请截止时间	2月1日,滚动招生
AP课程	14门,包括生物学、统计学、世界历史、微积分AB、微积分BC、化学、拉丁语、物理C、美国历史、法国语言和文化、微观经济学、环境科学、计算机科学、西班牙语言与文化	SSAT/IBT要求	要求SSAT、托福,可接受TABS
		申请费	150美元
		学费	59 600美元
ESL课程	不提供	平均SAT成绩	1 810分
课外活动	体育活动包括足球、篮球、	录取率	38%

Worcester Academy MA

学校概况 伍斯特学院是一所男女混校。该校提供9~12年级的课程,小班授课。学校提供ESL,以及丰富的课外活动,其中包括戏剧技巧、电影研究等。学校鼓励学生参加学校举办的各种活动,发掘学生的才能,并希望每个学生能够全面发展。

建校时间	1834年	AP课程	21门,包括微积分AB、微积分BC、欧洲历史、生物学、美国历史、化学、经济学、乐理等
学校位置	位于马萨诸塞州的伍斯特市		
附近城市	波士顿、纽约	ESL课程	提供
附近机场	波士顿洛根国际机场	课外活动	体育活动包括足球、越野、曲棍球、篮球、滑雪、排球、游泳、田径、高尔夫、网球等
学校规模	71英亩		
学校性质	男女合校		
年级设立	9~12年级	其他活动包括戏剧技巧、当代表演设计、舞美、戏服设计、电影研究、制片、戏剧创作、合唱团、弦乐团、音乐研究、乐理、爵士、音乐剧、模拟联合国、数学等	
学生人数	525人		
住宿学生比例	35%		
国际学生比例	20%	申请文件	申请表格、学校成绩单、考试成绩、老师推荐信(数、英)、面试
平均班级人数	14人		
师生比例	1∶8	申请截止时间	1月25日
教师拥有高级学位比例	53%	SSAT/IBT要求	要求SSAT和托福
		申请费	125美元

藏校精英养成记
——步步为"赢"的美国名校升学路

学费	61 939 美元	知名校友	John Barrett、John F. Dryden、Ernest Martin Hopkins、John Hope 等
平均 SAT 成绩	1 850 分		
录取率	30%（来源不明）		

St. Stephen's Episcopal School TX

学校概况 圣斯蒂芬教会学校是一所男女合校。学校为学生提供了良好的教育环境。老师们非常注重学生们的学业、体育以及艺术方面的发展，并尊重孩子们自己的意愿。学校为学生提供严谨的学习环境，创办了多姿多彩的学生机构，培养富有创意的思想家，支持社会正义，培养国际领导者，丰富学生们的精神，并培养他们的服务意识，促进校内以及校外的公平。

建校时间	1950 年	AP 课程	取消，学生可参加 AP 考试
学校位置	位于得克萨斯州	ESL 课程	提供
附近机场	奥斯汀国际机场	课外活动	芭蕾、棒球、篮球、网球、舞蹈、高尔夫、足球、游泳、篮球
学校规模	370 英亩		
学校性质	男女合校	申请文件	申请表格、学校成绩单、考试成绩、老师推荐信（数、英）、面试
年级设立	6～12 年级		
学生人数	688 人	申请截止时间	1 月 25 日，滚动招生
住宿学生比例	26%	SSAT/IBT 要求	要求 SSAT、ISSE、托福/SLEP
国际学生比例	14%		
平均班级人数	19 人	申请费	125 美元
师生比例	1：8	学费	59 890 美元
教师拥有高级学位比例	67%	平均 SAT 成绩	1 913 分
		录取率	35%（来源不明）

Chatham Hall VA

学校概况 查塔姆霍尔学校是一所圣公会女校。学校提供 9～12 年级的课程。该校的荣誉准则（Honor Code）为：我不会欺骗，我不会欺诈，我不会偷盗，我会报告所有违反荣誉准则的行为。该校的这些价值观让学生们紧密地联系起来，建立了长久而友好的友谊。

建校时间	1894 年	附近城市	离华盛顿特区仅 3 小时车程
学校位置	位于弗吉尼亚州的查塔姆市	学校规模	362 英亩

学校性质	女校	ESL课程	提供
年级设立	9~12年级	课外活动	体育活动包括篮球、足球、游泳、越野、网球、排球等 其他活动包括旅游、各种俱乐部和协会，如戏剧、音乐、舞蹈等
学生人数	145人		
住宿学生比例	82%		
国际学生比例	22%	申请文件	申请表格、学校成绩单、考试成绩、老师推荐信(数、英)、面试
平均班级人数	9人		
师生比例	1:5	申请截止时间	1月20日，滚动录取
教师拥有高级学位比例	79%	SSAT/IBT要求	要求托福和SSAT
AP课程	16门，包括英语文学、欧洲历史、人文地理、美国历史、微积分、生物、化学、物理、拉丁文学、法语、西班牙语、音乐理论、统计等	学费	50 500美元
		平均SAT成绩	1 895分

Garrison Forest School MD

学校概况 格瑞森林中学是一所女校。学校提供8~12年级的课程教学。学校的核心价值观为：真实、勇敢、富有同情心、保持好奇心，并充满活力。学校将公平、城市、友好和尊重作为教育经历的一部分。

学校官网	http://www.gfs.org/	师生比例	1:7.6
建校时间	1910年	教师拥有高级学位比例	72%
学校位置	位于马里兰州	AP课程	13门，包括艺术史、美国历史、英语、西班牙语、法语、微积分AB、微积分BC、拉丁语、生物、化学、环境科学、中文、心理学
附近城市	距纽约3.5小时、费城1.5小时、华盛顿特区1小时车程		
附近机场	距巴尔的摩华盛顿国际机场20分钟车程	ESL课程	提供
		课外活动	体育活动包括曲棍球、足球、网球、马术、篮球、长曲棍球、高尔夫、羽毛球、垒球、室内田径 其他活动包括校内出版物编辑部、辩论俱乐部、时尚俱乐部、政治俱乐部、机器人俱乐部、数学俱乐部等
学校规模	110英亩		
学校性质	女校		
年级设立	8~12年级		
学生人数	264人		
住宿学生比例	24%	申请文件	申请表格、学校成绩单、考试成绩、老师推荐信(数、英)、面试
国际学生比例	5%		
平均班级人数	14人(来源不明)	申请截止时间	1月31日，滚动招生

藤校精英养成记
——步步为"赢"的美国名校升学路

SSAT/IBT 要求	要求 SSAT 和托福	学费	58 700 美元
申请费	50 美元	平均 SAT 成绩	1 775 分

Saint Andrew's School FL

学校概况 圣安德鲁学校是一所圣公会男女合校。学校提供 9~12 年级的教学课程。学校课程的特点之一就是充分利用现代科技,通过学习管理软件与学生保持互动。学校提供 ESL 课程、多种 AP 课程,以及丰富的课外活动。其中 AP 课程包含多方面,如艺术史、生物学、欧洲历史、英国文学、西班牙文学等。

建校时间	1961 年
学校位置	位于佛罗里达州
附近城市	迈阿密、杰克逊维尔、亚特兰大
附近机场	迈阿密国际机场
学校规模	81 英亩
学校性质	男女合校
年级设立	9~12 年级
学生人数	579 人
住宿学生比例	17%
国际学生比例	17%
平均班级人数	12 人
师生比例	1∶8
教师拥有高级学位比例	74%
AP 课程	25 门,包括艺术史、生物学、微积分 AB、微积分 BC、中文与文化、计算机科学 A、环境科学、欧洲历史、法国语言和文化、人类地理学、拉丁语、宏观经济学、微观经济学、乐理、西班牙语言和文化、西班牙文学和文化、统计学、化学、英国语言和作文、英国文学与作文、物理 C(电学和磁学)、美国政府与政治、美国历史、物理 C(机械学)
ESL 课程	提供
课外活动	羽毛球、芭蕾、篮球、骑马、曲棍球、航海、长曲棍球、垒球、舞蹈、网球、足球、排球
申请文件	申请表格、学校成绩单、考试成绩、老师推荐信(数、英)、面试
申请截止时间	2 月 1 日
SSAT/IBT 要求	要求 SSAT、ISSE、托福、SAT、PSAT
申请费	100 美元
学费	55 700 美元
平均 SAT 成绩	1 825 分
录取率	60%

Pomfret School CT

学校概况 庞弗里特中学是一所男女合校。学校招收 9~12 年级的学生。学校风景优美,艺术气息浓厚,参访的人可以去艺术大楼看一看,体会一下学校内的艺术气息。学校的校风活泼,师资强,且师生都非常亲切。

— 附 录 —

学校官网	http://www.pomfretschool.org/	师生比例	1∶6
建校时间	1894 年	教师拥有高级学位比例	83%
学校位置	位于康涅狄格州的东北部小镇庞弗里特	ESL 课程	不提供
附近机场	波士顿洛根国际机场、肯尼迪国际机场、费城国际机场	课外活动	棒球、篮球、越野赛、曲棍球、足球、高尔夫、冰上曲棍球、垒球、壁球、网球、排球、摔跤等
学校规模	500 英亩	申请文件	申请表格、学校成绩单、考试成绩、老师推荐信(数、英)、面试
学校性质	男女合校		
年级设立	9~12 年级、PG	申请截止时间	1 月 15 日
学生人数	350 人	SSAT/IBT 要求	要求
住宿学生比例	77%	申请费	125 美元
国际学生比例	16%	学费	59 400 美元
平均班级人数	11 人	平均 SAT 成绩	1 786 分

Woodside Priory School CA

学校概况　伍德赛德中学是一所男女合校。学校不提供 ESL 课程,提供多种 AP 课程以及丰富的课外活动,非常具有挑战性和竞争力。学校采用小班的教学模式,与学生有良好的沟通,且以严谨的学术项目和大学升学率而闻名。学校接受来自世界各地的学生,并尊重每个学生,提倡学生的个性化,发掘他们的才能。

建校时间	1957 年	师生比例	1∶6
学校位置	位于加利福尼亚州	教师拥有高级学位比例	78%
附近城市	圣何塞、奥克兰、旧金山	AP 课程	22 门,包括艺术史、微积分 AB、微积分 BC、环境科学、法国语言和文化、宏观经济学、微观经济学、西班牙语言和文化、西班牙文学和文化、统计学、化学、计算机科学 A、英国文学与作文、人类地理学、日本语言和文化、心理学、美国政府与政治、计算机科学 AB、艺术工作坊(绘画)等
附近机场	圣何塞国际机场		
学校规模	50 英亩		
学校性质	男女合校		
年级设立	9~12 年级		
学生人数	350 人		
住宿学生比例	18%	ESL 课程	不提供
国际学生比例	11%	课外活动	体育活动包括篮球、垒球、高尔夫、曲棍球、游泳、网球、足球、排球等其他活动包括美国癌症组织、合唱团、舞蹈队、
平均班级人数	12 人		

253

藤校精英养成记
——步步为"赢"的美国名校升学路

马术俱乐部、时尚设计俱乐部、爵士乐、文学杂志社、管乐团、机器人、滑雪俱乐部、科技俱乐部等	
申请文件	申请表格、学校成绩单、考试成绩、老师推荐信(数、英)、面试
申请截止时间	1月11日

SSAT/IBT 要求	要求 SSAT 和托福
申请费	125 美元
学费	66 675 美元
平均 SAT 成绩	1 827 分
录取率	13%

Canterbury School CT

学校概况 坎特伯雷高中是一所天主教男女合校。学校提供 9~12 年级的课程。注重学生的诚信、尊重、怜悯心,以此为基础组建了这个团体。在这里,学生和老师建立了永久的联系,每一个学生都可以在友好而又有挑战性的环境中成长。

建校时间	1915 年
学校位置	位于康涅狄格州的米尔福德
附近城市	离纽约仅 90 英里,距哈特福德(康涅狄格州首府)45 英里
学校规模	150 英亩
学校性质	男女合校
年级设立	9~12 年级,PG
学生人数	330 人
住宿学生比例	65%
国际学生比例	15%
平均班级人数	11 人
师生比例	1:6
教师拥有高级学位比例	75%
AP 课程	16 门,包括生物、微积分、化学、统计学、宏观经济学、英国文学、法语、西班牙语、西班牙文学、美国历史、欧洲历史、世界历史等
ESL 课程	提供
课外活动	体育活动包括摔跤、足球、游泳、高尔夫、田径、垒球、网球、长曲棍球、冰球、野外曲棍球、英式足球等 其他活动包括入学导游、国际特赦组织、田径咨询委员会、年刊、文艺杂志社、各种委员会、戏剧俱乐部、环保俱乐部、朋辈咨询团、舞会俱乐部、校报社、坎特伯雷妇女协会
申请文件	申请表格、学校成绩单、考试成绩、老师推荐信(数、英)、面试
申请截止时间	1月31日
SSAT/IBT 要求	要求
申请费	125 美元
学费	58 600 美元
平均 SAT 成绩	1 652 分
录取率	40%

Avon Old Farms School CT

学校概况 埃文老农场中学是一所男校。学校提供9~12年级的课程。学校注重帮助每一个学生发掘自己独特的才能，找到他们热爱的东西。学校致力于成为最好的大学预科学校，培养每一个孩子成为一个正直的人，聪明、公平、团结，有服务意识，并且追寻真理的所在。学校知道并了解男孩，所以有能力帮助他们发掘自己的潜力，变得独立而又坚强。

建校时间	1927年
学校位置	位于康涅狄格州
附近城市	纽约、波士顿、费城
附近机场	肯尼迪国际机场
学校规模	863英亩
学校性质	男校
年级设立	9~12年级，PG
学生人数	404人
住宿学生比例	75%
国际学生比例	19%
平均班级人数	12人
师生比例	1∶6
教师拥有高级学位比例	65%
AP课程	20门，包括生物学、微积分AB、微积分BC、统计学、世界历史、化学、英国文学与作文、环境科学、拉丁语、宏观经济学、微观经济学、艺术工作坊(绘画)、美国政府与政治、美国历史、法国语言和文化、物理C(电学和磁学)、西班牙语言和文化、西班牙文学和文化、艺术工作坊(二维设计)、法国文学
ESL课程	不提供
课外活动	体育活动包括篮球、垒球、高尔夫、曲棍球、游泳、网球、足球、排球 其他活动包括艺术社、自行车俱乐部、野营俱乐部、创意写作社、环境俱乐部、电影俱乐部、食品俱乐部、历史俱乐部、音乐社、文学社、橄榄球俱乐部、戏剧制作俱乐部等
申请文件	申请表格、学校成绩单、考试成绩、老师推荐信(数、英)、面试
申请截止时间	1月15日
SSAT/IBT要求	要求
申请费	125美元
学费	58 900美元
平均SAT成绩	1 715分
录取率	39%

附录三　美国大学排名

2017 年排名	2016 年排名	2015 年排名	英　文　名　称
1	1	1	Princeton University
2	2	2	Harvard University
3	4	4	University of Chicago
3	3	3	Yale University
5	4	4	Columbia University
5	4	4	Stanford University
7	7	7	Massachusetts Institute of Technology
8	8	8	Duke University
8	9	8	University of Pennsylvania
10	10	12	Johns Hopkins University
11	12	11	Dartmouth College
12	10	10	California Institute of Technology
12	12	13	Northwestern University
14	14	16	Brown University
15	15	15	Cornell University
15	18	19	Rice University
15	18	16	University of Notre Dame
15	15	16	Vanderbilt University
19	15	14	Washington University in St. Louis
20	21	21	Emory University
20	21	21	Georgetown University
20	20	20	University of California-Berkeley

(续表)

2017年排名	2016年排名	2015年排名	英 文 名 称
23	23	25	University of Southern California
24	23	25	Carnegie Mellon University
24	23	23	University of California-Los Angeles
24	26	23	University of Virginia
27	27	27	Tufts University
27	29	29	University of Michigan-Ann Arbor
27	27	27	Wake Forest University
30	30	30	University of North Carolina-Chapel Hill
31	30	31	Boston College
32	34	33	College of William and Mary
32	33	33	University of Rochester
34	34	35	Brandeis University
34	36	35	Georgia Institute of Technology
36	32	32	New York University
37	37	38	Case Western Reserve University
37	37	40	University of California-Santa Barbara
39	41	42	Boston University
39	47	42	Northeastern University
39	41	42	Rensselaer Polytechnic Institute
39	41	54	Tulane University
39	39	42	University of California-Irvine
44	47	40	Lehigh University
44	41	38	University of California-Davis

2017年排名	2016年排名	2015年排名	英 文 名 称
44	39	37	University of California-San Diego
44	41	42	University of Illinois-Urbana-Champaign
44	51	48	University of Miami
44	41	47	University of Wisconsin-Madison
50	47	48	Pennsylvania State University-University Park
50	52	54	Pepperdine University
50	47	48	University of Florida
50	NA	NA	Villanova University
54	52	54	Ohio State University-Columbus
54	52	48	University of Washington
56	57	54	George Washington University
56	61	58	Southern Methodist University
56	61	62	University of Georgia
56	52	53	University of Texas-Austin
60	66	58	Fordham University
60	61	62	Purdue University-West Lafayette
60	61	58	Syracuse University
60	57	58	University of Connecticut
60	57	62	University of Maryland-College Park
60	57	68	Worcester Polytechnic Institute
66	61	62	Clemson University
66	52	48	Yeshiva University
68	66	62	Brigham Young University-Provo

（续表）

2017年排名	2016年排名	2015年排名	英 文 名 称
68	66	62	University of Pittsburgh
70	72	70	Rutgers, the State University of New Jersey-New Brunswick
71	72	71	Baylor University
71	75	76	Stevens Institute of Technology
71	69	71	University of Minnesota-Twin Cities
74	72	71	American University
74	75	76	Clark University
74	70	68	Texas A&M University-College Station
74	75	76	University of Massachusetts-Amherst
74	70	71	Virginia Tech
79	82	76	Miami University-Oxford
79	82	85	University of California-Santa Cruz
79	75	76	University of Delaware
82	75	88	Colorado School of Mines
82	75	85	Michigan State University
82	82	76	Texas Christian University
82	82	71	University of Iowa
86	89	88	Binghamton University-SUNY
86	75	76	Indiana University-Bloomington
86	86	76	Marquette University
86	86	88	University of Denver
86	89	95	University of San Diego
86	86	88	University of Tulsa

藤校精英养成记
——步步为"赢"的美国名校升学路

（续表）

2017年排名	2016年排名	2015年排名	英 文 名 称
92	96	95	Florida State University
92	89	95	North Carolina State University-Raleigh
92	89	88	University of Colorado-Boulder
92	89	85	University of Vermont
96	99	95	Drexel University
96	96	99	Saint Louis University
96	89	88	Stony Brook University-SUNY
99	102	103	Auburn University
99	99	106	Loyola University Chicago
99	89	76	SUNY College of Environmental Science and Forestry
99	99	103	University at Buffalo-SUNY

注：排名标准及来源：《美国新闻与世界报道》(*U.S News & World Report*)。

附录四　留学行前准备及须知

一、体检篇

1. 体检所需材料

美国高中学校体检和注射要求的表格等、身份证(或护照)、2张2寸照片、笔、钱(600~1 000美元)、水(有尿检,检查前大量饮水)、零食(如巧克力、牛奶等,快速补充体力)。

2. 关于体检

基本流程：填写健康检查申请表→录入个人信息→体检项目审核→交费→按申请表提示进行体检→交表。

体检项目：身高、体重、血压、脉搏、发育情况、营养情况、皮肤、淋巴结、视力、辨色力、耳鼻喉、甲状腺、肺部、心脏、腹部、脊柱、四肢、胸部X线检查等。

体检建议：体检前夜晚饭不要吃得太油腻；晚饭以后不要吃零食；早点休息。

3. 免疫接种

基本流程：填写健康检查申请表→录入个人信息→审核→交费→填写预防接种申请表→递交预防接种申请表→实施接种→领取"国际预防接种证书"。

注意事项：

第一,咨询当地的保健中心,根据个人接种疫苗的情况安排好疫苗接种时间。

第二,接种者当天不宜空腹,但不要吃刺激性食物,不要做剧烈运动。如果出现发热症状,应暂缓接种疫苗。

第三,如实填写预防接种申请表并认真回答接种科医生的问题,以便于医生进行接种前禁忌证和慎用症的筛查。

第四,接种疫苗后,应观察30分钟后再离开。

4. 证书领取

"国际旅行预防接种证书"在接种后当场签发,确保所有疫苗接种都记录在册；"国际旅行健康证明书"在体检完毕后2~4个工作日内签发(实际以各体检中心通知为准)。

二、行李篇

远赴重洋,携带什么行李?什么行李应该多带?什么东西不应该带?这都让许多学生和家长非常头疼。其实,具体携带哪些行李是由个人情况而定的,但是为了方便学生们有针对性地整理行李,特此准备了一些最好携带和可忽略不带的物品,以供大家参考。

1. 重要文件清单

护照(6个月以上有效期)、I-20 表格原件、美国高中入学通知书、机票、SEVIS 费收据、I-94 填写(目前 I-94 已经电子化,在入关时,海关工作人员会将访客的信息录入系统,同时在护照上盖章,说明可以在美停留的最后期限)、美元零钞。

编者提醒,以上文件在入境美国海关时将被海关查看,请留好以上文件的复印件,以备万一。

然后就是携带一些日用服饰、学习工具、通信设备、常用药品等。

2. 海关禁止携带物品

在准备行李的时候,要提早了解海关的规定,哪些能出境,哪些要申报,哪些是严格禁止。这些禁忌和要求都要做到心里有数,要不然辛苦准备的东西若违反了规定,到了海关被扣下罚款、物品没收不说,还极有可能耽误自己的行程,那就得不偿失了。

赴美入境填写申报单时,一定要如实申报携带入境的任何东西,包括食品、药材、水果、种子等。切忌抱着蒙混过关的心态。

那么到底哪些是被禁止的呢?这里给出相关建议:

(1) 新鲜、脱水或罐装的肉类、肉制品。

(2) 植物种子、蔬菜、水果及土壤。

(3) 昆虫及其他对植物有害的虫类。

(4) 非罐装或腌熏的鱼类及鱼子。

(5) 野生动物及标本。

(6) 毒品及危险药品。

(7) 盗印(无版权)书籍及录音、录影带。

(8) 彩券。

(9) 军火弹药。

3. 行李规定

一般而言,赴美旅客的免费行李额为两件,每件不超过 23 千克,一件行李的长、宽、高总和不超过 158 厘米,两件行李的长、宽、高总和不超过 273 厘米。行李内禁止托运打火机、火柴、液态物品以及纸质资料、货币、有价证券、电子器材等。行李上应拴挂小卡片,记录旅客姓名、联系电话以及往返城市。

三、机票篇

留学生出发前,麻烦事越少越好,网上订机票看起来是小事,但如果出差错,会增加很多麻烦。所以建议留学生尽量选择服务好、有信誉的网上订票公司,而且尽量提前预订,学生在到美国后宜及早申请美国的银行卡,并对美国的航空服务有一个大概的了解。

选择正确的网站和合适的航空公司至关重要,网上最常见的较适合留学生的机票网站有 Fly China、Cheap Tickets、Expedia、Hotwire、Orbitz 等。我们也可以在搜索网站上打入 flight Chicago to Beijing 或 flight New York to Shanghai 等,许多相应机票网页会弹出,但需要有选择性进行筛选与辨认。

四、外汇篇

动辄几万甚至几十万美元的学费,怎样交到校方手中才能够最快且手续费最低?毫无疑问,现金是最方便的支付手段。但殊不知携带外币现金超过规定金额是违法的。超过规定的金额不仅不能带走,还可能面临其他处罚。据我国法律规定,如果携带 5 000 美元以下现钞出境的话无须申领外币携带证,但是超过 5 000 美元就需要向指定银行申请携带证。通常情况下,可以带出美元现金的上限是 1 万美元。如果特殊情况需要携带 1 万美元以上的现钞出境,就需本人向所在省市的外汇局申请携带证(有效期一般为 30 天)方可。

因此,建议学费通过外币汇票来携带,汇票受益人为学校(需先行核实学校接

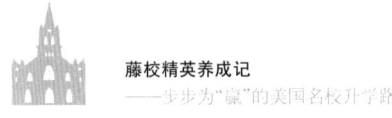

受哪些学费支付方式);生活费通过旅行支票来携带,同时配备一张国际信用卡解决日常在美国高中的生活消费。

五、机场篇

乘坐飞机都需要经过重重把关的安全检查,安全检查一般包括行李物品检查、证件检查和身体检查。

第一,行李物品检查。旅客进入机场大厅时首先将行李物品放入X射线安检设备(不是电视检测机)的传送带上,工作人员通过电视荧光屏检查后贴上"××机场行李安全检查"的不干胶条。如果在检查过程中发现有异物,检查人员会要求开包检查。

第二,证件检查。旅客办理完毕行李托运和登机手续后,将护照、机票、登机牌等交检查员核验并在登机牌上加盖安全检查印章。

第三,身体检查。旅客通过特设的探测门,进行身体检查。

六、入境篇

搭机抵达美国国境,必须在最先着陆的机场办理入境手续,亦即在机场接受移民官及海关关员的检验。前者检查旅客来美资格,后者查验旅客的行李是否应扣关税,或有违禁物品应予没收。

1. 入境移民检查

在到达检查站前,请准备好护照、SEVISI-20 或 DS-2019 表、I-94 入境离境记录卡(I-94 卡是唯一证明你合法入境美国的证件,务必妥善保管)和 CF-6059 海关申报单,便于向海关与边境保护局的官员出示检验。

一般而言,移民局官员会询问你一些问题,如"在美的住所""访美的目的""打算在美国停留的时间"以及"携带多少钱"等。回答提问时,你一定要说明你是学生或交流访问学者,以及你就读的学校或参加的交流项目的名称和地址。

问题问完之后,就要进行指纹校对和采集头像。后就会在 I-20 或 IAP-66 及 I-94 上盖章,盖章注明入境日期(这个日期是访美者被允许在美国居住的最后期限),签字注明签证身份及再次合法入境的期限,并将此卡订在护照内页上。学生签

证(F-1 类)和交流学者签证(J-1 类)在美国停留时间是学业完成的必要年限。

2. 领行李、缴交报关单及验关

(1) 根据走道上的指示走到领行李处,依电脑屏幕或告示找到自己航班班次(登机牌上面有班次)的行李招领台。

(2) 从转盘上取下自己的行李,小心核对行李号码,因为不少皮箱看起来一模一样。

(3) 机场备有手推车,一些机场的小车免费。也可以找搬运工人代劳,小费 1 美元。

(4) 国际机场很大,领行李时常容易找错转盘,有时航空公司也会疏忽。找不到行李别紧张,持登机牌上的行李注册存根向航空公司查询,万一还是找不回来,则须填写报失单,并记下机场服务人员的姓名及电话,以备日后询问。

(5) 排队验关时,不妨选最短一行排队受检。不要左顾右盼,犹豫不决,更不可看另一行通关迅速而临时换行,而变成行迹可疑遭受仔细盘查。检查行李时要递上证件,海关稽查员将要你申报带入美国的物品,然后他们将检查你的行李,并核对你在飞机上填写的海关申报单。如果你隐瞒需报关纳税的物品,将受重罚。所以建议你如实申报。

(6) 随时注意自己的行李、证件,不可离身,以防被人趁机盗取。

(7) 携带入境的金额超过 1 万美元,应主动向海关申报,并填报美国海关 4790 表(Custom Form 4790)。

3. 换机

(1) 一般出了海关后,托运行李马上就可以放上转机托运行李的传送带。这时带好随身行李,尽早到要转换的航空公司机场柜台去报到。

(2) 有的机场需要坐巴士从国际航站楼转到国内航站楼,通常出示登机牌后司机会告诉你在第几站下,然后找到正确的登机口。如果机场大,为节省时间,不妨问一下咨询台。

(3) 在换机手续办妥,找到确定的机门后,如果有多余时间,可以活动一下,并去洗手间。但千万不要忘记照管好自己的随身物品及证件。

七、生活篇

1. 衣

美国很多高中地理位置比较偏远,购物并不方便,如果没有车的话更是寸步难行。但是,美国可以说是网购者的天堂。各种各样牌子的衣服基本上都可以在网上购买到,而且经常还比在实体店买到的要便宜很多。

2. 食

美国寄宿制中学的留学生可以直接在学校餐厅就餐,省时省事。考虑到国际学生的不同饮食习惯,学校也会按照不同国家的饮食习惯安排一些特别的食物;作为留美的中学生,大多数学生都比较容易适应。

美国是一个多民族融合之地,在城市里可以尝到世界美食。对于吃腻校内食物的学生,可以选择在外面餐厅就餐。中国餐馆是最重要的外来菜之一,其他风味的美食也不难找到。各种多元化的美食,可以满足你大快朵颐的小小愿望。不过,在正规餐厅里就餐后要付15%~20%的小费,在快餐店或自助餐厅里不必付小费。

3. 住

针对欲赴美留学的高中学生,我们一般建议选择私立寄宿中学,单从住宿上来看,寄宿在学校相较于住在寄宿制家庭更加舒适、安全。美国寄宿高中,在教学楼上课,课后及周末可以在学校进行室内或户外的活动。学生住在学校提供的宿舍楼内,宿舍楼里设有厨房、小商店、交流及休闲区,学校会安排2~3名老师负责楼内的管理及学生课业的辅导。宿舍一般分为单人间、双人间等,盥洗室大多是公用的。宿舍楼多为男女分栋,学生通常早上7点起床,晚上10点半或11点熄灯,熄灯后学校多会关掉校园网络系统。

4. 行

美国寄宿高中的学生在周末要想外出活动,必须征得家长的同意书,并向相关负责老师请假。大部分的学校在周末会有专门的班车带着学生去逛街,购买一些生活必需品或个人用品。当然,高年级学生也可以自己叫车出去,但是为了安全考虑,建议最好结伴。